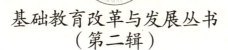

基础教育改革与发展丛书
（第二辑）

丛书总主编　朱林生

淮安中小学语境教学探索

HUAIAN ZHONGXIAOXUE
YUJING JIAOXUETANSUO

孔凡成　杨红梅　宋明镜○编著

苏州大学出版社
Soochow University Press

图书在版编目(CIP)数据

淮安中小学语境教学探索 / 孔凡成,杨红梅,宋明镜编著. —苏州:苏州大学出版社,2015.12
(基础教育改革与发展丛书 / 朱林生主编. 第2辑)
ISBN 978-7-5672-1545-0

Ⅰ.①淮… Ⅱ.①孔… ②杨… ③宋 Ⅲ.①语文课—教学研究—中小学 Ⅳ.①G633.302

中国版本图书馆 CIP 数据核字(2015)第 319114 号

书　　名	淮安中小学语境教学探索
编　　著	孔凡成　杨红梅　宋明镜
责任编辑	周建国
出版发行	苏州大学出版社
	(地址:苏州市十梓街1号　邮编:215006)
印　　刷	苏州工业园区美柯乐制版印务有限责任公司
开　　本	700 mm×1 000 mm　1/16
字　　数	304 千
印　　张	18.5
版　　次	2015 年 12 月第 1 版
	2015 年 12 月第 1 次印刷
书　　号	ISBN 978-7-5672-1545-0
定　　价	45.00 元

苏州大学出版社网址　http://www.sudapress.com

《基础教育改革与发展丛书》第二辑
编 委 会

主　　任：朱林生

副 主 任：纪丽莲　赵宜江　张元贵

编　　委：(按姓氏笔画排序)

　　　　　　孔凡成　吴克力　陈　浩

　　　　　　张德顺　周友士　侯一波

　　　　　　夏如波　葛　军　薛祝其

　　　　　　魏　惠

总 序

目前，我国正处在从人力资源大国向人力资源强国、从教育大国向教育强国迈进的关键时期，在这特殊的历史阶段，基础教育正面临着一系列重大变革，需要我们用智慧去研究新情况、解决新问题，去创新我们的办学模式、教育模式和教育方法。淮阴师范学院长期坚持服务基础教育的办学理念，形成了鲜明的教师教育办学特色，在办学过程中，与区域中小学以及教育主管部门建立了亲密的战略合作伙伴关系，与基础教育之间建立了一种卓有成效的对话机制，注重在对话中发现问题，并提出解决问题的途径，取得了颇为丰硕的基础教育研究成果，在传承地方优秀教育理念、引领地方基础教育观念更新、推动地方教育与改革发展等方面做出了自身应有的贡献，成为区域基础教育改革与发展的直接参与者与有力推进者。

在这一背景下形成的《基础教育改革与发展丛书》（以下简称《丛书》）既是对该校近年来基础教育研究成果的总结，又是对当地基础教育改革发展的基本走向以及高等师范院校如何更好服务和引领基础教育改革与发展的战略思考。

《丛书》分三辑出版。第一辑为论文汇编，主要涵盖语文、数学、外语、物理、化学、生物、思想政治等学科的课程与教学研究，带有基础性和综合性的课程教学原理研究以及教育管理理论与实践研究。第二辑为专题研究，内容立足当前基础教育和教师教育改革与发展的热点和难点问题，深入、集中研究其中具有重大理论价值和重要实践指导意义的相关问题。第三辑为专著，主要围绕学科教学和基础教育改革与发展中的具有前瞻性、前沿性的深层次理论和实践问题，探索教育教学基本规律。

《丛书》突出彰显了以下几个方面的特点：

《丛书》是淮阴师范学院致力于更新基础教育理念和教师教育观念、引领地方基础教育发展、传承先进教育文化的产物。近年来，我国基础教育改革风起云涌,基础教育理念持续更新,新理念、新观念层出不穷;与之相对应,基础教育师资培养模式等也在持续变革,教师教育观念不断更新,教师教育体系在探索中持续重构。《丛书》体现了淮阴师范学院在基础教育理念和教师教育观念方面所进行的持续探索与努力,必将在推动基础教育改革与发展方面发挥重要作用。

《丛书》是淮阴师范学院从事教师教育的教师们教学相长的产物。书中的研究成果是他们长期思考与实践的结晶,同时《丛书》的编写对其专业成长必然发挥重要的促进作用。通过参与教育科学研究以及《丛书》的编写,他们的专业研究水平得到了很大的提升,同时也对其他教师的专业发展起到积极的示范作用。

《丛书》是淮阴师范学院致力于开放办学的产物。首先,《丛书》的作者队伍包括了淮阴师范学院的在职教师,以及与之有长期合作研究关系的部分淮安市中小学的教师,《丛书》在很大程度上是大学从象牙塔走向社会变革的一线并与变革的实施者直接对话的结果。其次,丛书所涉及的领域,诸如教师素质提高、教师专业发展、义务教育均衡发展、课程资源开发利用、课堂教学改革创新等问题,皆来源于基础教育实践的教育教学改革和学校管理方面的现实问题。再者,《丛书》的研究成果来源于教育实践,是教育理论与教育实践不断融通的产物,它又必将回归教育实践,通过各种方式对基础教育改革与发展实践产生积极影响。

相信《丛书》的出版将在提升淮阴师范学院基础教育研究品位、扩大其社会贡献度与美誉度等方面发挥积极作用,同时也将为全国其他一直致力于和基础教育表里通融、互通共进的师范院校提供参考和增添信心,共同为促进基础教育改革的深化,从而促进整个教育水平的提高做出更大的贡献。

2011 年 12 月
于中国教育科学研究院

目 录
Contents

前 言 …………………………………………………………… 1

第一章 淮安语境教学理论探索

第一节 概念界定 …………………………………………… 2
第二节 成因探究 …………………………………………… 4
第三节 理论框架 …………………………………………… 11

第二章 淮安小学语文语境教学课例研习

第一节 识字语境教学的早期范例
　　　　——评斯霞《我们爱老师》课堂纪实 …………… 22
第二节 指导语境学法操作与运用的典型课例
　　　　——评于永正《惊弓之鸟》课堂实录 …………… 39
第三节 在虚拟语境中读、写
　　　　——评于永正《再见了，亲人》课堂实录 ……… 51
第四节 在语境中显现知识学习的魅力
　　　　——评张化万《启事》教学 ……………………… 68
第五节 在文化场的氛围中学习经典
　　　　——评王崧舟《枫桥夜泊》课堂实录 …………… 72
第六节 让汉语规律在教学中具象化
　　　　——评咸高军《黄河的主人》课堂实录 ………… 90

第三章　淮安中学语文语境教学课例研习

第一节　阅读语境教学的典范
　　　　——评于漪《晋祠》教学实录 …………………… 110

第二节　情景语境作文教学的典型范例
　　　　——评洪宗礼《你看他（她）像谁》教学实录 …… 142

第三节　在语境的隐现中实现多元解读
　　　　——评严华银《黄鹂》教学设计 ………………… 158

第四节　语境教学在文言文教学中的精彩体现
　　　　——评黄厚江《阿房宫赋》教学实录 …………… 167

第五节　勾前联后　比照显现
　　　　——评程红兵《我的叔叔于勒》课堂实录 ……… 182

第六节　借助多重语境　揣摩精彩语言
　　　　——评李镇西《荷塘月色》教学实录 …………… 189

第七节　生活化语文：语境教学的形象化注解
　　　　——评董旭午《荷塘月色》实录 ………………… 206

第八节　创设编剧语境　感受诗歌魅力
　　　　——评宋明镜《〈石壕吏〉教学设计》 …………… 212

第四章　淮安语境教学实践研究

第一节　淮安语境教学实践概述 ……………………… 221
第二节　淮安理论研究者下水实践 …………………… 223
第三节　淮安实践者参与行动研究 …………………… 242

参考文献 …………………………………………………… 280

前　言

　　语境教学是世界母语教学的发展趋势。自20世纪八九十年代起,美国、英国等主要发达国家逐步开展语境教学研究。2006年,美国学者进一步提出教学设计第三浪潮将从功能语境教学设计开始。目前,语境教学思想已经渗透到西方母语课程内容建设、教材编制和课堂教学改进之中。

　　在我国,语境教学现象源远流长,如孔子的因材施教就是情景语境教学的具体体现;曹雪芹在《红楼梦》里描述的"大观园试才题对额""老学士闲征姽婳词",形象地勾勒出理想中的语境评价。20世纪以来,叶圣陶主张创设境遇、夏丏尊主张创设教育背景和重视读者对象,斯霞开展随课文分散识字实验,于永正进行"言语交际表达训练"实验,顾黄初倡导语文"生命·生活·生态"说,倪文锦主张语文命题语境化,王荣生主张课程研究要有语境意识,李海林建构言语教学论,郑国民倡导教材"主题—情境"编制模式,潘新和主张"母语教学就是语境教学",荣维东提倡交际语境写作范式,等等,充分显示了我国语境教学研究所取得的成就。但是,我国的语境教学系统研究仍处于起步阶段。不过,就是在这样的背景下,淮安语文人却知难而上,对语境教学开展系统研究。其中尤以淮阴师范学院为主阵地,他们与淮安市中小学教师开展合作研究,取得了明显成效。目前,淮安语文人已经出版了中国大陆第一本语境教学研究方面的专著《语境教学研究》,比较系统地阐述了语境教学的基本理论;出版了第一本系统反思李吉林情境教学实验的专著《从情境到语境——小学语文课堂教学的发展走向》,指出语文教学要走向语境化发展之路。从这个意义上说,语境教学研究是淮阴师范学院和淮安市学科教学研究领域的一个亮点,一个增长点,是淮阴师范学院也是淮安市在落实特色教育发展中的一个创新点。

　　《淮安中小学语境教学探索》分三部分。第一部分为理论探索;第二部分为语境教学经典课例研习,着重记录淮安语境教学研究者在"国培"讲学、江苏省语文骨干教师培训以及与淮安市部分中小学教师交流语境教学过程中一起研习的课例;第三部分为淮安语境教学实践。全书共四章,第一、二、三章主要执笔人为孔凡成,第四章由杨红梅组稿并对小学语文课堂教学设计及实录做点评,宋明镜点评了第四章中学语文课堂教学设计及实录。杨红梅对第二章小学语境教学经典课例研习评析文章做了审订,宋明镜对第三章中学语境教学经典课例研习评析做了审订。此外,吉咸乐老师对全书做了审读工作。该书体现了引领性、实践性和地方性等特征,可以为推进淮阴师范学院中小学语文教师教育专业课程建设、淮安市中小学语文教育发展提供新的助力,为我国语文教育发展提供新的样本。

在研究和写作过程中,我们得到了多方的鼓励和支持。感谢创造经典课例的各位名师大家!你们的创造性成果,对于促进语境教学理论的发展,推动语境教学实践,推进语文课程建设,促成语文教学范式转变,有着重大意义。感谢淮阴师范学院副校长纪丽莲教授、教科院书记顾书明教授、教科院副院长何杰教授、文学院院长李相银教授、文学院副院长许芳红教授、原学科办主任兼研究生处处长杨春龙教授、学科办副主任兼研究生处副处长孙爱军教授、现学科办主任兼研究生处处长吴克力教授、学科办副主任兼研究生处副处长范新阳教授等,倾力支持,大力提携!感谢教科院陈太忠老师、学科办张丽老师辛勤指点,点拨做法!感谢淮阴师范学院第一附属小学姚娴老师、淮安市实验小学顾琴老师和淮安市深圳路小学潘宝翠老师参与语境教学课题研究!感谢淮安市实验小学刘须锦、凌星华、刘苹老师,淮安市淮安区实验小学咸高军、黄海霞老师,淮阴中学张勇、贾莹老师,涟水县义兴中学井伊康老师提供语境教学课例!

本书也是江苏省教育厅、省教育科学规划研究项目的阶段性研究成果。感谢江苏省教育厅将"教育名家和语境教学发展"立为2011年度高校哲学社会科学研究资金资助项目(批准号为:2011SJB880010),感谢江苏省教育科学研究规划办将"苏派语文语境化特征研究"立为江苏省教育科学"十二五"规划2011年度高教重点自筹课题(B-b/2011/01/006)!这两个课题的立项,为淮安语境教学研究提供了动力,增添了信心。

第一章　淮安语境教学理论探索

20世纪70年代末以来,中国社会发生了翻天覆地的变化,改革开放成为推动时代发展的主旋律。在此背景下,中国历史文化名城江苏省淮安市的语文教育以包容天下之势,广泛吸纳国内外语文教改经验,改革创新,英才辈出。语文自学辅导实验的开拓者颜振遥20世纪70年代末80年代初曾在这里耕耘,六环式写字课堂教学实验在杨献荣等的主持下大展成效,唐玉辉主张基于学生视野的语文教育,黄艳梅倡导言语生命写作训练,李建成创建"自问自探",周素琴主张童诗写作,刘须锦践履语文教学思维,吴要金倡行童本语文,咸高军实践生活语文,孙朝平践行六步导学,魏清开展小组合作教改实验,赵道夫主张随笔生态作文,贝学问创建"四步转换"教学模式,张宁生开展初中阅读语境教学实验,等等。这些探索和实践为淮安语文教育的发展增添了"淮安主张"的亮丽色彩。在淮安语文教育取得重大成就的背景下,语境教学研究与实践一直在这片土地上潜滋暗长着。在这片土地上,淮阴师范学院与淮安市中小学教师密切配合,同探索,共实践,使语境教学逐步得到完善,并在国内产生一定的影响。

早在1998年,江苏省淮安师范学校教师孔凡成就在该校的内部刊物《淮安师范》上发文倡导语境教学。2002年,孔凡成在《伊犁教育学院学报》上发表《孔子语文教育思想新探》,文中认为,孔子的语文教育思想充满语境教学的精神;2003年,在《伊犁教育学院学报》上发表《从情境到语境——关于完善小学语文情境教学理论和实践问题的思考》,该文运用语言习得理论,认为要完善情境教学理论就必须加强对语境教学理论的研究;同年,他在《教育探索》上发表《语境教学观浅探》。与此同时,原江苏省淮安师范学校教师唐锋卢于2002年在《甘肃教育学院学报》上发表《对情境教学的反思》,该文也提到要运用语境教学法。这些文章标志着淮安语境教学理论研究正式拉开序幕。此后,孔凡成又发表了一系列与语境教学相关的论文和专著。如2004年发表《语境教学观的理论基础研究》《语文交际教学观论纲》《习得与学得相结合原则》《对小学语文情境教学"情境"概念的反思》《语境教学观再探》,2005年发表《语文异质训练浅论》《情境教学法与语境教学法比较谈》《教学目标确立原则新探》《情境教学研究的发展趋势》《教学模式的交往分析》,2006年发表《语境教学途径例说》,2007年发表《让读写结合充满语境意识》《上下文教学观与游离文本现象》,2008年发表《教者胸有境　入境始与亲——语境教学观概论》《让汉语规律在教学中具象化》,2009年发表《语言积累类考题的发展走向》,出版《语境教学研究》,2012年出版《从情境到语境——小学语文课堂教学的发展走向》,2013年发表《论教学名家与语境教学发展》,2014年发表《语境教学：语文教学的发展方向》《上下文教学法操作艺术初探》《情景语境作文教学的经典课例》,比较系统地构建语境教学理论体系。其中,2006年还与淮阴师范学院第一附属小学姚娴老师合作发表《语境教学观辨正》,对语境教学研究中存在的分歧现象做进一步探讨。

第一节　概念界定

研究语境教学需要对一系列概念做出界定。一方面是为了做到名正言顺,另一方面也是防止概念不清,以免出现将语境教学和情境教学混为一谈的现象,进而导致语境教学研究裹足不前。

一、语境和情境

语境有广义、狭义之分。狭义的语境指语言内环境,即上下文,有时又称作语言环境;广义的语境包括狭义的语境,指言语交际环境,即与具体的言语行为密切联系的、贯穿言语交际过程始终的、对言语交际活动有重要影响的条件和背景。我们这里的语境指广义的语境。

在修辞学领域,语境和情境本来是一个意思,但在我国当代语文教育研究中,两者却不完全相同。李吉林认为"情境""实质是人为优化了的环境,是促使儿童能动地活动于其中的环境"[1],它"渗透着教育者意图","使儿童的生活空间不再是一个自然状态下的生活空间,而是富有教育的内涵、富有美感的充满智慧和儿童乐趣的生活空间"[2]。可见,情境是在教学和教育过程中创设的一种人为优化的典型环境,其实质是虚拟情境。

---

[1] 李吉林.为全面提高儿童素质探索一条有效途径(下)[J].教育研究,1997(4)：55.
[2] 李吉林.为全面提高儿童素质探索一条有效途径(下)[J].教育研究,1997(4)：57.

二、语境教学和情境教学

语境教学是为了提升学生在特定语境中所需的具体的语文能力,而运用语境理论来指导教师教语文与学生学语文的教学。语境教学研究者认为,作为以培养学生语文能力为宗旨的语文教学交际活动,必须遵循和运用语境理论来指导教师的教与学生的学。语境教学着重研究语境教学基本原理,包括语境教学法、因境定教法、语境学习法、语境设计法和语境评价法等内容。

"情境教学"是"从情与境、情与辞、情与理,情与全面发展的辩证关系出发,创设典型的场景,激起儿童热烈的情绪,把情感活动和认知活动结合起来的一种教学模式"[①]。简单地说,情境教学就是指在教师人为"创设"的有情之境中所进行的教学。就其实质而言,情境教学主要是一种教学方法,其外延要比语境教学窄得多。

三、语境教学、情境教学和情景教学比较

情景教学法是20世纪20年代开始产生于英国的一种以口语能力的培养为基础、通过强调有意义的情景进行目的语基本结构操练的教学法。该法强调在自然的"有意义的"情景中进行教学。语言学基础是英国的结构主义,心理学基础是行为主义的习惯形成理论。李吉林认为"情境教学"受国外情景教学法的启示很大。但是情景教学法强调在自然情景中教授语言;而情境教学强调在"人为创设的、优化了的环境中学习语言",认为在"优化"了的环境中学习语言更有效果,而且在情境教学者看来,情境要比情景更具有深度与广度,更讲究意境深远。情境教学的哲学基础是马克思主义的反映论,特别是其中的环境的转变和人的活动一致原理;其语言学基础是语言习得理论,但是又对该理论做了变形处理,认为既然儿童是在具体的生活情境中学会语言的,那么人为有意创设的情境也同样成为儿童学习汉语的生动场景——其实,情景语境确实可以起到这样的功效,但特意创设的情境却未必有这样的功效,因为这只是一种预设;情境教学的心理学基础是暗示与无意识理论、情绪理论、角色理论、场论心理学理论等。

情景教学和语境教学关系比较密切,情景其实就是情景语境,从这个意义上说,语境教学包括情景教学。但是情景教学指向的是语言结构的学习,

---

[①] 李吉林,田本娜,张定璋.小学语文情境教学与情境教育[M].济南:山东教育出版社,2000:13-14.

语境教学直接指向言语交际能力——语言结构只是言语能力构成的一部分。情景教学强调把相关的生活情景引入课堂,语境教学认为课堂本身就是一个语境。语境教学的理论基础是语用学、言语交际学和语境学原理,心理学基础是建构主义理论和人本主义心理学原理。

四、语境教学、李吉林情境教学与建构主义情境教学比较

语境教学与建构主义情境教学有诸多近似的地方。语境教学的心理学基础之一就是建构主义;建构主义情境教学在语文教学中表现为情景语境教学、虚拟语境教学,都强调情景创设的真实性,在真实的情景中解决问题。当然,两者的运用范围不同,建构主义情境教学广泛运用于各学科教学中;语境教学只运用于语文学科。此外,语境教学与建构主义情境教学的外延也不相同,比如语境教学包含上下文教学;而建构主义情境教学就不包含上下文教学。

建构主义情境教学与李吉林情境教学两者"同名异质":建构主义情境教学指教学应创设一种与现实情境相类似的真实情境,以解决学生在现实生活中遇到的问题为目标,让学生在具体问题的解决过程中实现对知识的主动探索、主动发现和对所学知识意义的主动建构,它重在把学生引入与现实环境相似的"真实情境"中;而李吉林情境教学的核心是创设饱含教师意图的典型场景以调动起学生的"情绪""情感"①。

第二节 成因探究

是否将语境教学引入语文教学,是传统语文教学和现代语文教学的分水岭。皮特·科德指出:"传统认为,语言是一个'语言的'语言学概念。它很少关心'适合性'这一概念,也不考虑语言行为对不同社会环境的反映方式。而现代语言教学的一个很大的优点是,它较多地从社会的角度来对待语言,并且注重语言在不同的社会环境中的交际功能问题。"②在相当长的时间内,语文教学是就语言学语言,很少结合语境来指导语言学习。结果,学生所掌握的只是一些静态的语言学知识,严重制约了学生的符合实际需要的语文能力的提高。对此,语文教学应运用语境教学理论,将语境理论引入语文教学,

---

① 沙欧,高红,曲永恒.同名异质:建构主义情境教学与李吉林情境教学之比较研究[J].长春师范学院学报(人文社会科学版),2007,26(3):117.
② S.皮特·科德.应用语言学导论[M].上海:上海外语出版社,1983:12.

并用语境理论改造语文教学内容和教学方法,推动语文教学由传统走进现代。

一、语文教学就是语境教学

语文教学的性质特点决定了语文教学就是语境教学。语文教学是由师生双方在特定时间、特定场合进行的以培养学生的言语交际能力为宗旨的交际活动。语文教学本身就是一个言语交际过程,是一种教学内容随着课堂语境因素而演进的交际过程。伴生于这一交际过程的语境因素对语文教学成功与否起着重要作用。在课堂教学中,教师可以选择课堂交际语境中的某种语境因素,也可以根据需要引入某种社会文化语境因素,还可以和学生一起创设与这种言语交际能力一致的虚拟语境来为教学服务。

语文教学目标的达成也离不开语境教学。语文教学的根本目标是培养学生的语文能力,而语文能力并不是一种抽象的东西,而是与特定语境相适应的具体的言语交际能力。培养这种能力需要提供、利用和创造与这种言语交际能力相应的语境因素。

口语交际教学、阅读教学、写作教学和语文综合性学习,等等,无一不是语境教学。正如潘新和先生所指出的那样:"母语教学,实质上是'语境教学'"[1]。以阅读教学为例,李海林先生早就指出:"阅读教学实际上就是语境教学。"[2]阅读的本质是语境理解。阅读活动的核心是理解,学习阅读,实质是学习如何理解语篇。而恰当的"语篇理解"需要合理地借助语境,联系语篇的具体语境。语篇所在的语境制约着阅读理解的水平,并对文本内在含义起到解释作用。任何语篇都存在于特定的具体语境,如语篇的出处和语篇的上下文语境,以及在此之前所产生或之后所产生的其他文本也可以成为该语篇的语境,如作者的其他文本,同时代其他人的作品,不同国度、不同时代的相同主题的作品,等等。脱离语境,将课文当作孤立的对象,脱离上下文而断章取义,或者把"概念化"的时代背景与文本宏观地牵连,都会导致文本误读。

王荣生认为,学习阅读主要是在"篇章格局"的基础上建构"情景模型"。语篇理解存在三大表征:其一,表层编码,记住语篇中的文字和语句,知道"表层信息";其二,篇章格局,对语篇文意的理解,积句义成段义,联系段义归结为语篇意义;其三,情景模型,能结合文本的上下文,与读者原有的知识结构

---

[1] 潘新和.语文:表现与存在[M].福州:福建人民出版社,2004:913.
[2] 李海林.境学与语文阅读教学[J].语文学习,1993(11):8.

和生活经验相关联,在语篇的命题表征与读者的知识背景相互作用下,经推论而形成对语篇内容的心理表征。这三种表征,相互关联,逐层提升。优秀的读者,通过"表层编码",建立"篇章格局",在理解语篇命题网络的基础上,建构"情景模型"。一般的读者,或者停留在"表层编码",或者跳过"篇章格局",把所读的东西强行拉入自己原有的知识和经验,径直以"情景模型"解读"表层编码"①。

因此,阅读本身就是语境理解。再加上教学本身就是特定教学语境中的言语交际活动,顺理成章,阅读教学就是借助语境因素指导学生学会理解作者书面文本的一种言语交际活动,即语境教学。

综上所述,语文教学就是语境教学。

二、汉语规律对语文教学的基本要求

语文教学要遵循汉语的规律和特点,根据汉语的规律和特点开展教学活动。而汉语的规律和特点表明语文学习离不开语境运用,语文教学要利用汉语语境开展教学活动。

语言有缺漏性特点。尽管汉语具有词义星罗棋布、表义灵活的优势,但是如果脱离了语境,在许多情况下就无法确定其本义。在交际活动中,语言材料是有限的,而人们所要表达的主观和客观世界却是无限的,语言并不是自足的,也不是决定一切的因素。因此,听者或读者只根据话语来理解说话者或写作者所传递的信息和感情,是远远不够的。话语在交际活动中会随着语言环境而改变其内容,只有把语言放到具体的言语交际环境中,把语言与构成言语交际环境的各种因素联系在一起,即把语言放到它所从属的那个语境网络中去,才能显示出它的功能、意义及正确与否。对言语片段的理解必须考虑到构成这一片段的各个要素,即考虑到该片段存在的语境,只有在准确分析这一片段的各个语境要素,才能正确地揭示该言语片段的价值和意义。因此,在课堂教学中,教师只靠自身的言语来组织教学是远远不够的,他必须适时地使语境因素如情景语境因素和社会文化语境因素等介入语文课堂教学,利用它们来丰富课堂教学的内容和手段,克服那种脱离语境,孤立、片面、静止地分析言语片段的倾向,从而提高语文教学的效率。

汉语具有意合性特点。汉语表达很少受语法形式方面的限制,词类和句

---

① 王荣生.阅读教学设计的要诀[M].北京:中国轻工业出版社,2014:9-10.

法之间不存在一一对应关系,没有时、态、体、数等形式变化,句法灵活多样。而且在语义表达上,只要语意上有关联,就可以组合到一起。汉语表达规则是遵循汉语语义表达机制——"前管后、上管下",其基本组合规律就是徐通锵指出的汉语语义规则,即"已知的信息统率、驾驭未知的信息,其在语言中的表现形式大体上就是'前管后'或'上管下',即前字管辖后字的组配选择,上句启示下句的语义范围和陈述走向"①。这表明在汉语表达中,前面的话题控制着后面所表达的内容的范围,控制着选择什么样的材料和语义表达走向。这一规则决定了要正确理解词语、文句和篇章的内涵,就必须根据特定的上文或下文提供的语义场,勾前联后,从整体上把握文章的意图,领悟词句在具体语境中的意思。

这样,在语文教学中,教师运用语境教学原理来引导学生学语文,就是汉语的规律和特点对语文教学的根本要求。

在相当长的时间里,我们脱离汉语的特点开展语文教学,很少考虑汉语教学的语境;今后的语文教学,必须考虑汉语的规律和汉语的特点,全面运用语境教学。

三、实现语文教学范式转换的助推器

语文教学范式指的是"语文教师群体对语文教学共同的认知、公认价值和常用技术的总和"②。不同的时代有不同时代的语文教学范式。新课改时代需要有与语文课程改革相配套的语文教学新范式。李冲锋认为我国语文教学范式存在着接受范式、导学范式和对话范式③。其中对话范式则是新时代所倡导的语文教学范式。但是,对话范式的发展举步维艰,接受范式仍被广泛运用,语文教学质量仍在低水平徘徊。其根本原因就在于对话教学缺乏语境教学的支撑。

接受范式视野下的语文教学,重在教师讲授,不顾目的,不看对象,去语境化现象严重,就连所学的语文知识都高度抽象,脱离语境;导学范式视野下的语文教学,开始强调"因材施教",出现了一些体现语境教学精神的做法,但由于是不自觉的、分散的尝试,而且仅是一小部分优秀教师的"暗里摸索",因而没有成为广大教师的自觉行为;而在对话范式的教学时代,语文教学成了

---

① 徐通锵.基础语言学教程[M].北京:北京大学出版社,2001:187.
② 李冲锋.语文教学范式[M].北京:华龄出版社,2006:27.
③ 李冲锋.语文教学范式[M].北京:华龄出版社,2006:30.

交往对话过程,是在特定语境下的交际活动,需要运用语境教学理论,做到因境定教,因境定学,需要每一位教师都能够系统地掌握语境教学的理论,使对话范式得到真正普及。

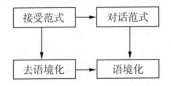

如上图所示,我们可以发现语境教学在语文教学范式发展中的重要性,可以看出不同范式中语境教学的地位和状态。接受范式的语文教学"一是缺乏让学生参与言语实践的生动活泼的交际情境;二是缺乏让学生承担有实际意义的言语交际任务;三是缺少提供具体的言语环境中开展言语交际实践的机会"①,因而传统的语文学习往往导致学生不能将所学知识和技能迁移到真实的生活语境中去,无法解决生活中遇到的语文问题,影响了语文教学与社会生活的联系。对话范式的语文教学,学生的语文学习与真实语境密切关联,语文教学要在带有实际意义的交际任务的言语交际实践活动中进行,教材编选在设计语文实践活动时要给学生提供数量足、质量高、成系列的言语实践活动的语境,为学生在生活中正确理解和运用祖国语言创造机会,为提升学生的生命质量创造条件。因此,我们可以说,语境教学是推进语文教学范式转换的助推器。

无独有偶,荣维东对作文教学范式进行研究,他认为作文教学正在历经三种范式转型,即结果(文本)中心范式、过程(作者)中心范式、交流(读者)中心范式。其中交流(读者)中心范式就是交际语境写作范式,"交际语境写作"是解决我国写作教学问题的科学理论,是我国写作教育理论与实践的发展方向②。这一研究成果也与李冲锋归纳的接受范式、导学范式和对话范式相对应,即接受范式时期写作教学盛行结果(文本)中心范式,导学范式时期写作教学出现过程(作者)中心范式,对话范式时期写作教学应走进交际语境写作范式。这在一定意义上将语境教学推向台前,即语文教学要实现范式转变,运用语境教学理论是关键。

---

① 倪文锦,欧阳汝颖.语文教育展望[M].上海:华东师范大学出版社,2002:189.
② 荣维东.交际语境写作:我国语文教学的发展方向[J].语文教学通讯(C刊),2013(4):4.

四、语文教学纠偏的重要手段

在相当长的时间内,我国语文教学存在着诸多问题,而这些问题又大多可以归结为严重缺乏语境意识。首先是缺乏上下文意识。如在作文教学中,不善于根据语体要求选用相应的文体,存在语体单一化(重文艺语体)、文体单一化(重文艺散文)倾向;在阅读教学中,出现层层肢解的现象和脱离文本整体而去片面分析思想内容的倾向。其次是缺乏情景语境意识。阅读教学不注意联系生活实际和课堂情景,不看对象、不顾目的而一味地满堂灌、满堂问、满堂电现象时有出现;作文教学缺少真实的写作任务、特定的写作处境和真切的读者对象;口语交际教学不提供真实的生活语境,等等。再次是缺乏社会文化语境适应意识。既不注意根据汉语文化语境的规律和特点教语文,也不注意顺应社会文化语境的变迁改变自己的教学行为。比如已经是全球化、信息化、民主化、个性化和多元化的时代了,一些教师仍然习惯于一元化、专制化背景下形成的做法,仍然墨守成规,采用一元主导的灌输方式进行着语文教学,进行着陈旧的思想教育。这显然是不合时代发展潮流的,不可能在思想教育上和语文能力的培养上取得成功。运用语境教学理论,则有利于我们改进语文教学现状,变假语文为真语文,真正提高语文教学质量。例如坚持运用上下文教学法,就有助于在教学过程中始终围绕课文的上下文展开活动,避免游离于文本的现象出现;运用情景语境教学法和虚拟语境教学法,可以使学生所学的知识和技能成为特定语境中解决具体问题的需要,便于调动学生学习语文的积极性。

运用语境教学理论有助于解决语文教学效率低下的问题,实现语文教学高效化。作为语文教学内容,语境教学理论属于程序性知识,学生掌握了它,意味着掌握了语境学习法;语境教学法就其本质而言,是语境理论的具体运用,和语境学习法是相通的;而语境评价同样是对语境教学理论的运用,学生在学业评价中,可以根据语境评价提供的语境线索,运用语境学习法得体地回答问题。语境教学的操作步骤和学习过程高度统一。语境教学法的操作步骤和语境学习法的操作步骤是同样的。它们的操作步骤都是明确学习任务,确定学习任务出现的语境范围,感知学习任务与语境的关系,根据语境关系确立理解或表达的方式。如此,教的过程和学的过程有机结合,充分体现了"学教一体,融教于学"的精神实质。可见,语境教学体现了教学内容、教学手段、学习方法和评价手段的高度统一,可以说是个省时高效的好理论。

五、语文自己的教与学的方式方法

由于语文教学论从属于教育学学科,是教育学类的三级学科,因而一些研究者喜欢采用演绎或类比的方式,将教育学一二级学科中的原理、方式演绎为语文教学的原理和方式方法。因而语文教学方式方法大多是根据教育学的基本要求进行演绎而形成的。如语文学习方式重视接受性学习、自主学习等,教学方式强调启发教学、讨论教学、比较教学以及尝试教学,等等。这些方法是经过实践验证的好方法,一些优秀教师也能运用自如。但在语文教学中,对于普通教师而言,却容易出现这样那样的问题,其原因之一就是它们大都是各个学科共有的方法,没有体现语文学科的特点。要使这些方法语文化,就需要有新的理论和方法渗透其中,这就是语境教学。

语文教学需要探索出适合语文自身教与学的方式方法。总结前人经验,我国诸多研究者和实践者在自觉或不自觉的语文教学研究与实践中发现了符合语文自身发展的教学理论:语境教学。

我们在梳理1949年以来的语文教育名师的成就时发现,他们有一根红线贯穿——重视语境因素。如斯霞老师的分散识字实验实质上是上下文识字法;李吉林的情境教学实验一定程度上强调为语言学习创设典型场景;于永正的"言语交际表达训练作文"实验,注意提供与特定现实生活需要相一致的学习任务和读者对象,并且具体运用了情景语境教学法与虚拟语境教学法;王崧舟倡导诗意语文,重视语境功能的发挥;管建刚创办班级作文周报——《评价周报》,配一本"评价周记",为学生提供写作交际语境;于漪强调语文教学要注意文化背景,做到"胸中有书,目中有人"[1];钱梦龙倡导"语文导读法",认为教师要"因势利导"[2];洪宗礼倡导"双引法",主张"相机诱导"[3],运用设境法,引导学生会读、会写;严华银倡导语文本位,认为"必须把握语境这个背景"[4];等等。

理论方面,1949年前叶圣陶提出境遇说、夏丏尊提出重视教育背景说,1949年以后,特别是1979年以后,也有诸多提法值得关注。如叶圣陶课堂教学交际说、"入境始与亲"说,顾黄初贴近生活说,潘自由言语交际需要说,李

---

[1] 于漪. 我和语文教学[M]. 北京:人民教育出版社,2003:161.
[2] 钱梦龙. 我和语文导读法[M]. 北京:人民教育出版社,2005:33.
[3] 洪宗礼. 洪宗礼文集(卷一)[M]. 南京:江苏教育出版社,2008:134.
[4] 严华银. 严华银讲语文[M]. 北京:语文出版社,2008:154.

海林阅读教学就是语境教学说,王尚文境感说,倪文锦语文命题语境化说。王建华语境策略说,王荣生语文课程研究语境意识说,潘新和"母语教学就是语境教学"说,张孔义语境感悟法,郑国民教材编制主题—情境说,等等,都丰富了语境教学研究的内涵和外延。

很明显,这些理论和实践来源于我国本土实践和研究,是中国语文特有的教与学的方式方法,符合汉语"意合性"特征,体现了汉语规律对语文教学的根本要求,是实践证明可以提高中国语文教学质量而又切实可行的语文教学理论。

综上所述,语文教学就是语境教学,语境教学是语文教学的发展方向。为全面提高语文教学质量,中国语文人应该掌握语境教学理论,运用语境教学理论。

第三节 理论框架

语境教学的基本理论框架是:在语文教学中,语文教师必须以语境理论为指导,顺应语境教学的变化,遵循语境教学的原则,根据语境教学的特点和语境教学的途径,运用语境设计法、因境定教法、语境教学法和语境评价法,教给学生语境知识,指导学生掌握语境学习法,切实提高学生生活需要的语文能力。

一、语境教学目标

语境教学的目标是培养学生的语文能力,即培养学生在特定语境中运用中国语言进行听说读写活动的言语交际能力。

在经验主义文化模式背景下,语文培养目标是多元的,不必培养学生的言语交际能力,比如漫长的封建专制社会的主流教育;在理性主义文化背景下,经过科学认知,语文教学目标是一元的,即培养学生的语文能力。我们的社会正由经验主义文化模式阶段逐步过渡到理性主义文化模式的转型阶段。也就是说,正处于多元目标向一元目标转型期,由以思想教育主导的多元目标向一元的语文能力目标过渡。

有人认为,语境教学目标如此定位容易忽视思想教育。这种看法是不对的。在语境教学中,不是有没有、要不要思想教育的问题,而是思想教育如何定位、进行什么样的思想教育和如何进行思想教育的问题。在语境教学中,思想教育不是语文教学目标,而是语文能力形成过程中附带的效果。思想教育应该隐性化,潜隐于语文能力的形成过程中。

当然,如果非要将思想教育确立为语境教学的目标,建议将语文能力目标作为显性目标,思想教育目标作为隐性目标。无论如何,不能让思想教育目标独立、坐大。否则,语文就不成为语文了。

二、因境定教

语文教学内容的确立要做到因境定教,根据具体的课堂教学语境组织教学。语文的教学内容是与特定的语境相适应的具体的语文知识与技能、语文过程与方法、对语文的情感态度与价值观。语文教学语境因素制约着一位教师能够教什么,只能教什么;也制约着学生能够学什么,只能学什么。语文教学语境包括上下文语境、情景语境、社会文化语境、认知语境和虚拟语境等,这些语境因素对语文教学内容的确立都起着至关重要的作用。基于此,确立语文教学内容应因境定教,综合运用各种语境来确定教法,避免走向单一化、绝对化。

因境定教的具体方法主要有上下文定教法、情景语境定教法、社会文化语境定教法、认知语境定教法和虚拟语境定教法等。

(一)上下文定教法

上下文定教法是根据课文的上下文语境因素来确定教学内容的一种方法。对语文教学内容的确立起到至关重要作用的,是上下文中的宏观语境因素——语体、风格、文体以及选文类型等。

(二)情景语境定教法

根据情景语境来确定课堂教学内容是常见的做法。如以学定教,现场质疑,就是将课堂交际中教师的交际对象——学生所提出的问题作为教学内容。在根据课堂情景确立语境因素的过程中,还要考虑到其他情景因素的影响,如交际目的、交际话题的范围、交际关系、交际时间、交际地点、交际场景等对教学内容确立都有一定的影响。同一篇课文,由于课堂的交际目的即教学目标不同,其教学内容就不完全相同。

(三)社会文化语境定教法

社会文化语境定教法是指语文教学内容的确立要重视利用社会文化语境。社会文化语境对语文教学起着全局性的制约作用,从宏观上制约着教师对教学内容的选择。要顺应文化变迁,突出语用能力培养;要重视伦理型文化传统的影响,适当注意思想教育渗透;要体现民族思维特点,注意知识呈现形态——所学的语文知识内容应与具体课文紧密结合,是与课文整体理解密切相关的重点知识;要根据汉语特点,重视诵读和背景学习;要根据教育政策——语文课程标准,围绕语文课程标准,体现语文课程标准的相关要求。

(四)认知语境定教法

认知语境定教法就是根据师生已有的知识背景和生活经验等认知语境因素,来确定语文教学内容的一种方法。语文教学内容的确立应建立在师生已有知识经验、生活经验的基础上,根据师生已有的知识经验、生活经验来确立语文教学的内容。一方面,要考虑到学生的现有水平,所教内容要与学生的已有知识经验、生活经验有一定联系;另一方面,适当高于学生的现有水平,所教内容应该是学生暂时还不会的,需要联系已有的知识背景才能明白的。总而言之,所教内容应该在学生的最近发展区。

教师也要构建合理的认知背景。教师的认知背景决定了语文教学内容的深度、高度和广度。

(五)虚拟语境定教法

虚拟语境定教法是根据虚拟语境中所需的语文知识与技能,来确定语文教学内容的一种方法。虚拟语境定教法的做法是虚拟假定,假定学生在特定的语境中会遇到什么难题、需要什么样的语文知识和技能,根据特定的语境,虚拟所需的语文知识和技能,并据此确立教学内容。

由上可见,确立语文教学内容的语境定教法是多样的,影响语文教学内容确立的语境因素也是多样的。因此,我们在确立教学内容时,一方面应从多个角度综合考虑问题,避免固执己见地认为只有某一种因素才是确立教学内容的根本;另一方面也要重点突出,充分考虑上下文语境中的文体因素、情景语境中的学生因素、社会文化语境中的汉语文化语境和教育政策因素、认知语境中师生现有的文化背景和生活阅历等语境因素,使教学内容的确立更加符合语文教育的实际情况。

三、语境教学原则

语境教学除了要遵循语文教学中的工具性和人文性相结合、习得与学得相结合、听说读写相互促进并共同提高、语言训练和思维训练相结合以及积累与运用相统一等语文教学的一般原则外,还要根据语境因素的有关要求,遵循目标需要原则、合作原则、得体原则等。

(一) 目标需要原则

目标需要原则是指课堂交际必须有交际目标,不仅要有总目标,而且要将总目标化解为一个个具有一定联系的具体的教学意图,从而使教学目标得以具体落实;还要将课堂交际目标变为学生学习的需要,努力将学生置于特定的情景语境或虚拟语境之中,使达成语文学习目标成为学生解决现实或虚拟语境中的问题的需要。

(二) 合作原则

合作原则是指教师要想课堂交际获得成功,保证课堂交际向着既定的目标和方向发展,师生双方必须遵守数量准则、质量准则、关联准则和方式准则等相关准则,有效合作,顺利达成教学目标。数量准则要求教师讲课能够根据学生的心理特点和年龄特点,根据教学目标,提供适度的语文知识信息量;质量准则要求教师不说假话,不说没有根据的话,不能信口开河、胡说八道,所授教学内容要有科学性,力求把最先进的科学知识教给学生,做到"知之为知之,不知为不知",以诚待生,坦诚相待;关联准则要求教师说话要切题,与教学意图密切相关,不说与课堂目标无关的话,不答非所问;方式准则要求教师讲课要通俗易懂、简明扼要、条理清晰,确立有效交往意识,以学生有无进步或发展作为课堂交际有无效益的唯一指标,而不以教师的付出和学生的辛苦为衡量标准,教学内容简而精,选择有利于能力形成的内容和知识,改变过去的以介绍课文情节、学习字词、灌输非语文知识及进行思想教育为中小学语文课堂基本教学内容的做法,避免把课堂教学时间随意浪费掉的"杀时间"①现象出现,根据学生的理解水平选择最简便的教学方式,避免烦琐化和节外生枝的做法。

(三) 得体原则

得体原则要求教师的言语表达要和教学语境相适应,注意遵循礼貌准则、容忍语用失误准则和幽默准则等。礼貌准则要求语文教学遵循赞誉、谦虚等次准则。遵循赞誉次准则,要求最小限度地贬低学生,最大限度地赞扬学生;遵循谦虚次准则,教师学会自我谦虚,以此赞誉学生;遵循一致次准则,要求师生双方坚持"和而不同",减少分歧;遵循同情次准则,对学生存在的问题抱以基于"了解之同情"的态度,促进相互理解;遵循恰当称呼次准则,通过得体的称呼语沟通师生感情,增强教学效果。坚持容忍语用失误准则,不仅

---

① 李书磊.村落中的"国家"——文化变迁中的乡村学校[M].杭州:浙江人民出版社,1999:65.

要宽容学生的语用失误,而且教师自己要力求避免出现语用失误现象。如果教师出现了语用失误现象,应及时主动地表示歉意。遵循幽默准则,创造和谐的教学氛围,在轻松愉快的学习氛围中,让学生理解课文、明白自己可能存在的失误,从而避免尴尬,融洽师生关系。

四、语境教学特点

(一) 真实性

语文教学是师生双方在特定的课堂情景下进行的真实的言语交际活动,是以培养学生的语文能力为宗旨的教学活动。通过现场捕捉、课堂社会化和社会课堂化等方式可以促进课堂交际真实化,置学生于"有交际任务的真实环境里,以现实社会成员的身份参与各种语言活动"①。

(二) 制约性

语境对课堂教学活动的内容以及方式有制约作用。社会文化语境和情景语境对语文教学目的、教学内容、教学方式以及学习方式等起着十分重要的制约作用。社会文化语境从宏观上整体地制约着语文教学的方方面面,决定着某一特定时期的语文教学风貌,社会文化语境因素的变化是推动语文教学改革和变迁的内在动力。情景语境则从微观上直接影响到具体的教学活动的实施和展开,影响着一节课的效率高低和成功与否。

(三) 伴生性

课堂语境总是伴生于具体的言语交际活动,并随着课堂交际活动的变化而变化,呈现出动态发展的特点。教师和学生要积极地根据这些变化,调整双方的交际活动,做到话随境发,语随境迁。语文教学目标、教学内容、教学方式要根据具体的教学语境随机生成,即便有所预设,也应根据具体情况的变化而改变。如课文背景的介绍,应该根据教学需要,随机介绍相关的背景材料,而不能将时代背景、作家身世等介绍程式化、固定化。

(四) 生发性

在语境教学中,作为课堂交际活动的主体,师生双方不仅能够主动接受语境因素的制约,而且能够主动利用语境因素,运用语境教学原理提高教学效率,特别是利用交际环境和言语知识的有机联系,根据交际环境提供的联想线索,创造性地促进理解和表达。

---

① 廖传风.语境与语境教学法[J].外语界,2000(4):34.

五、语境教学程序

（一）明确学习任务

语文学习任务或来源于教材，或来源于教师指定，或来源于学生自己提出。但无论是哪一种情况，都必须注意两点：一是要因境定学，因学定教。即学习任务和学习内容的确定要根据具体的教学语境。从社会发展需要出发，从学生已有的知识水平与生活经验出发，结合教师自己的阅读经验和表达背景，恰当地确立与学生成长经验相一致的语文学习任务和学习内容。二是学习任务和学习内容应具体化。语文学习任务和学习内容要避免大而空，应是具体的拼音、文字、词语、句子、语段、篇章等方面的语文知识以及阅读、写作、口语交际方面的语文技能。

（二）确定语境范围

首先，要分析学习任务所属的能力类型，看究竟是属于口语交际、阅读理解，还是属于写作表达。其次，再分析该学习任务属于哪一类语境，看看和上下文、情景语境、社会文化语境以及认知语境中哪一类关系更密切。最后，要具体分析学习任务与某种语境中哪一种语境因素密切相关。

（三）感知语境和特定学习任务之间的关系

首先，要根据语境的各种功能，选择确定其语境功能类型。其次，根据相应的语境功能类型确定语境和特定学习任务之间的关系。这些关系类型主要有指代关系、解释关系、对文关系、互文关系、对比关系、总分关系、因果关系和递进关系等。在教学中可以根据实际需要，或根据学生的知识水平采用明示或暗会的方式说明这种关系。

（四）确立语义或表达方式

根据语境关系，明确表达方式，指导学生尝试用自己的语言表达或说明。

六、语境教学途径

（一）现场捕捉

根据教学需要，适时捕捉、利用课堂情景因素，临时确立教学目标、教学话题及教学方式，适时解决教学中出现的问题。

（二）经验激活

利用学生的认知语境因素为当前的教学服务。教师通过一定的手段，使学生已有的生活经验和知识经验从沉睡状态中激活，形成学习期待，为领悟文本创造良好的条件，轻松地推知相关语句或文本的意思。

（三）上下勾联

联系上下文语境，始终围绕课文的上下文，在勾前联后中促进学生对有关内容的理解。

（四）生活引入

即李海林所说的"事件性引入"，指"直接将社会生活即时发生的事件与课堂内的语文教学事件联系起来，使语文教学课堂成为社会环境系统的一个组成部分，从而赋予语文课堂教学成为社会真实环境的性质"①。

（五）社会作课

指教师把社会某一角落当作课堂交际地点，在某一真实的交际环境中实地进行的语文实践活动。其实质是走入生活，在生活中学语文。社会课堂既提供一定的交际话题，又制约着师生的言语行为。在社会课堂，要努力使教学话题与当下社会生活的背景因素相协调，发挥情景语境的意义功能，提高学习效率。

（六）语境模拟

即李海林所说的"功能性引入"，指"根据言语交际的功能要求，转变课堂教学事件的功能性质，使课堂教学事件变成言语交际事件，从而创造出一种言语交际环境"②。其实质是运用语境理论创设虚拟性交际情境，通过虚拟语境进行教学。如通过扮演角色和语言虚拟等方式实现语境模拟。

七、语境教学方法

（一）上下文语境教学法

即运用上下文语境理论来指导教师教学的语文教学方法。它要求在语词、语句、语段和语篇含义的理解，词语读音的确定，语法结构的判断，朗读技巧的推敲，病句的修改，有意识记的训练以及表达语体的确立时，做到从文本整体出发，依托上下文，联系上下文，根据上下文。运用该法要确立上下文意识。教师要养成联系并依托上下文分析语句和语段的良好的思维习惯，培养起对上下文的敏感。备课时注意联系上下文来理解课文，设置相关训练；上课时要提醒学生解决问题要从课文本身找出依据。要注意采取自上而下和自下而上相结合的分析策略，树立全局、联系和整体的观点，做到由整体到部

---

① 李海林.言语教学论[M].上海：上海教育出版社,2000：525.
② 李海林.言语教学论[M].上海：上海教育出版社,2000：528.

分,再由部分到整体。具体做法有:上下文隐现法、延后法、回望法、瞻前顾后法、补充原文法和字句扩展法等。

(二)情景语境教学法

即利用情景语境理论来指导教师的教学的语文教学方法。课堂情景语境包括课堂交际目标、交际话题、交际对象、交际关系、交际时间、交际地点、交际氛围和交际过程中的附着符号束等因素,它们在教学中对教学活动的顺利开展都有重要影响。在教学过程中,要明确课堂交际目标,将学习任务变成特定情景里学生的语文生活的真实需要;把握课堂交际话题,使教学内容具体、真实、集中;了解课堂交际对象,始终做到因材施教;确立恰当的课堂交际关系,使民主、平等、宽容的交际关系成为课堂交际的主旋律;顺应课堂交际时间,使教学内容的选择与课堂交际时间要求相一致;利用课堂交际空间效应,调整师生人际距离,发挥空间物的理解和启示作用;揣摩课堂交际氛围,使情感表达与课堂气氛相一致;运用附着符号束,恰当地选择教具并适时地使用,正确使用态势语,做到神态和身势与话语内容和谐,声气息与教学意图或内容相一致。

根据情景语境教学法,应自觉遵守情景语境的有关要求,坚持动态生成原则,主动利用和发挥情景语境因素的相关功能对教学活动产生的正面影响。如口语交际教学要在具体的交际情景中进行,选择贴近生活的话题,采用灵活的形式组织教学,鼓励学生在各科教学活动以及日常生活中锻炼口语交际能力;阅读教学要尽可能根据情景语境的有关要求选择阅读话题,利用相关情景因素帮助解读,根据实际需要阅读有关材料,增强阅读的兴趣;写作教学要根据实际情景的客观需要进行表达训练,帮助学生确立读者意识和角色意识,多进行语境作文训练。

(三)社会文化语境教学法

即运用社会文化语境理论来指导教师教学的语文教学方法。文化语境包括言语交际活动赖以发生的社会背景、历史背景、民族文化背景、思维方式以及语言文化等因素。社会文化语境特别是其中的语言文化,制约着学生的表达层次与理解深度。在课堂教学中,要充分发挥社会文化语境因素的作用,联系社会文化语境因素,根据社会文化语境提供的线索来理解与表达,做到知人论世;注意根据汉语语汇的文化意味,深度读解课文;根据汉语言文化的特点来开展教学,从整体出发,强化积累与感悟,重视朗读和体验,提高课堂教学的效率。

运用社会文化语境教学法要正确处理好社会文化语境各因素在语文教学中的地位。一般而言,政治、经济等因素是一种外在因素,对语文课堂教学的影响具有一定的波动性,呈现出不稳定、易变倾向;而汉语文化因素则是一种内在因素,对语文教学的影响更为持久、稳定和直接。因此,在教学中,应一以贯之地按照汉语文化的特点开展教学,在此基础上,再利用其他社会语境因素帮助文本读解。

(四) 认知语境教学法

认知语境是一个人已拥有的知识背景和生活经验。认知语境教学法实质上就是启动学生已有的知识背景和生活经验,补充新的经验,使学生产生读写期待或图式,补足文章省略的信息,促进对文章内容的回忆和修改,为提高当前的口语交际能力和书面交际能力服务。

运用认知语境教学法时,一要丰富积累,塑造良好的认知结构。要广开渠道,加大积累深度;要融会贯通,按一定层次将所积累的材料组织成适合当前学习任务所需的知识体系,形成有机的"阅读积累树""写作积累树"。二要设置先行组织者,创造适宜的语境,触发学生的感知、记忆、思维和想象,或激活学生已有的生活经验和语文经验,或补充经验,为进一步学习提供支架,创造认知背景。三要运用关联理论,使激活的背景因素和当前的学习任务呈正相关。

(五) 虚拟语境教学法

即通过创设虚拟语境来完成相应的语文任务的一种教学方法。虚拟语境指根据语境理论,按照课文本身的相关要求而创设的假想语境。虚拟语境充满语境意识,符合生活的本来面目,有明确的交际目标、交际内容、交际对象、交际关系、上下文以及社会文化背景等因素。虚拟语境教学法广泛地运用于教案设计、阅读理解、朗读指导、口语交际和写作教学。如在写作教学中,虚拟出特定背景下明确的写作目的和读者对象,可调动学生写作的积极性。创设虚拟语境的方式有三:一是诱发语境,如通过例文诱发及言语诱发,把学生带入与学习相关的特定语境之中;二是设置语境,如通过表演的方式让学生在虚拟的情景语境中对学习对象获得直接感受,进入学习的最佳心理状态;三是设身处地,进入文本语境。

此外,在语文教学中与语境教学法关系非常密切的还有朗读法、比较法和评点法等,它们或以语境教学理论为基础,或是语境教学法的变体。

在运用语境教学法时,要根据需要综合运用上述各种方法,并注意处理好它们之间的关系。如阅读教学要以上下文教学法为主,在上下文教学法没有办法解决问题的情况下,再进一步引入其他方法;写作教学首先要运用情景语境教学法和虚拟语境教学法等。

八、语境学习法

上下文学习法、情景语境学习法、社会文化语境学习法、认知语境学习法和虚拟语境学习法都是语文学习的重要方法,其操作程序是明确学习任务,确定学习任务出现的语境范围,感知学习任务与语境的关系,根据语境确立理解或表达方式。可以运用演绎、归纳与比较等方法将语境知识和操作程序教给学生,指导学生在实际操作中学会运用。

九、语境设计法

语境设计法指在备课中运用语境教学原理来指导语文教学设计的一种方法。语文教学课堂设计是对一种可能的上课情态的预设和虚拟。这种预设和虚拟实质上是对真实课堂情景的预先模拟。语文教学课堂设计具有较强的针对性,能够根据课堂情景进行虚拟性预设,便于教师做到知己知彼,在课前就对课堂情景有了较深的了解和把握,从而有计划地完成相关语文任务,提高学习效率。不仅如此,语文教学课堂设计还可以为备课提供一种读解课文的新视角,为课堂教学提供新的教学内容。

语文教学课堂设计主要有上下文设计法、虚拟语境设计法、情景语境设计法、认知语境设计法和社会文化语境设计法等类型。

十、语境评价法

语境评价法是在特定的学业评价语境中评价语文学业的一种方法。学业评价语境指学业评价中呈现出的言语交际环境,具体体现为上下文语境、情景语境和虚拟语境等。

语境评价法要求给学生设定一个真实语境,使学生能直接面对有价值的语文评价任务,在完成任务的过程中展示自己的语文技能。据此,背诵积累评价要提供相关语境,为回忆提供线索;阅读评价要注意根据学生的认知背景提供上下文语境、文化语境、情景语境及虚拟语境等,为理解提供依据;写作评价要提供情景语境或虚拟语境,根据写作目的、读者意识和作文的处境要求来评判。评价命题本身,应根据学生的认知背景提供相关语境,使试题本身能够为学生的答题提供相关线索和信息，使学生意识到，回答相关问题，实际上是在利用所学语文知识解决特定场景中的语文问题。语境评价的标准是得体。

十一、语境教学功能

（一）纠偏功能

指语境教学具有纠正语文教学中存在的偏误观点和做法的功能，例如对教学目标定位、教学内容取向、教学方法选择、教学评价中存在的问题能够起到纠偏作用。

（二）高效功能

语境教学中，语境教学能够确保教学内容、教学手段、学习方法和评价手段为培养学生的语文素养服务，使教学始终充满浓浓的语文味，有助于提高语文教学效率。

（三）解释功能

指语境教学可以作为语文教学研究的一种分析框架，对语文教学中出现的种种现象做出合理的解释。任何语文教学现象的出现，都有特定的语境，这种语文教学现象是否符合语境教学的基本原理，就成了判断该教学现象是否合理的关键性因素。

（四）奠基功能

语境教学理论是各种语文教育理论发挥作用的基础理论，语境教学是基底，属于语文教育学的元理论范畴，是各种语文教育理论的平台和基础。20世纪以来，语文教育领域出现了诸多理论，但大多效果不彰。究其根本原因，在于缺乏可操作的基础教学理论。现代研究表明，作为语言运用学科的语文教育，也必然要以语境教学为基础。比如，工具说突出语文能力培养，强调基础知识、基本技能的训练，但是由于我们一直只看到工具，没有看到交际，没有重视语境参与，将基础知识、基本技能抽象化，其结果是学生的语文能力没有得到提高。同样，人文说、语感说、对话说、言语说、交际说、语用说、真语文说、生活化说、语文知识教学说、言语生命动力说，等等，都需要语境教学理论做支撑。离开了语境教学，语文教学无法成为学生的需要，无法真正调动学生学习语文的主动性、积极性和创造性。

当然，上述功能是潜在的，能否正常发挥还受使用对象以及环境条件的影响。也就是说，还有待于执教者对语境教学理论的了解与认知。

第二章　淮安小学语文语境教学课例研习

淮安语文人不仅重视语境教学理论建设，而且还十分重视从语境教学经典课例中汲取营养，整合已有经验，借鉴经典做法，为语境教学实践提供范本。在我国，从某种意义上说，小学语文教学开语境教学风气之先锋，早在20世纪50年代末，斯霞就开展随课文分散识字实验；新时期以来，于永正等人的诸多课例，都充分体现了语境教学精神。我们在"国培"讲学、省骨干教师培训以及与淮安市部分中小学教师交流语境教学过程中，以这些课例为证，互动研习，取得了良好的效果。

第一节　识字语境教学的早期范例
——评斯霞《我们爱老师》课堂纪实

在当代语文教育史上，斯霞的语文教学实践是最早具备语境教学要素的。可以说，斯霞是我国语境教学实践最具成效的第一位共和国教学大师。她的《我们爱老师》就是我国当代语境教学实践的早期经典案例。

一、上下文识字法的精彩运用

斯霞最突出的贡献就是创造性地运用了随课文分散识字，提高了识字教学的效率。当年，斯霞改革教材，在进行拼音识字、独体字、看图识字、词、短语和句子教学后，增加了一系列文章，突出在课文中识字，坚持"字不离词，词不离句，句不离文"，改变了1922年以来分散识字教学效率不高的局面。

随课文分散识字的实质是将字词放在上下文中教学，即运用上下文识字法指导识字教学。

斯霞教学的《我们爱老师》是随课文分散识字的典范之作，亦即运用上下文识字法的典范之课。课文《我们爱老师》是粉碎"四人帮"后人民教育出版社出版的第一套小学语文教材中的第一篇课文，也是儿童入学后，学过汉语拼音和若干词语后的第一篇课文。该课重在生字词学习。在教学中，斯霞充分发挥随课文识字的特点，做到在课文中识字。

首先，重视在整体感知的基础上，随机出现生字词。斯霞让学生根据拼音小声读课文，再由自己范读课文，然后再提问本课主要讲什么内容，共有几句话。初步培养学生的概括能力。当学生对本课的理解出现两种不同认识时，斯霞给予肯定，并不一概而论地否定学生的观点。

接着，再按句子顺序出现生字词。如第一句出现"关心"一词，第二句出现"花朵""园丁""辛勤""祖国"，第三句出现"教""好"。每次出现生字时，都是首先读句，再出现词，最后出现生字。在学完生字词后，再次学习课文，引导学生朗读课文，背诵课文，理解课文之间的逻辑关系。这种识字教学坚持自上而下和自下而上相结合的语境教学策略，便于学生紧密联系上下文，将部分与整体相结合，从而既学了字，又学了文，达到相得益彰的学习效果。

在上下文识字中，对生字的出现，斯霞并非不顾实情，僵化地仅仅按照课文的顺序机械地呈现相关生字，而是根据教学需要和学生的认知水平灵活调整，适时呈现。如第二句"我们是祖国的花朵，老师是辛勤的园丁"中，按句子顺序，应该是"祖国""花朵""辛勤""园丁"，但在教学中，斯霞考虑到"祖国"一词比较抽象，一年级学生不太容易理解，于是将其放在最后，按照教学的逻辑顺序，分别出现了"花朵""园丁""辛勤""祖国"。

之所以运用上下文识字法，根本原因在于本课中相关词语的理解和读音需要联系上下文才能解决。如一些词语用的不是本义，需要结合上下文才能真正理解其含义。如这里的"花朵"指的是儿童，"园丁"指的是教师。一些词语的读音如"教"在这里不读第四声而是读第一声，而"好好学习"中的第一个"好"字是变调，需要读成第二声。这些情况都需要结合上下文才好解决。

在具体的识字中，斯霞不仅能够结合上下文帮助学生识记和理解，还能够紧密结合汉字规律指导识字，如"朵"字，先指导学生根据拼音学会读音，再范写，分析字形结构、造字规律，结合实物，深化理解；而"园"字教学则先指导学生整体认读音节，再范写分析笔顺，联系生活实际分析该字的造字特点。当然，斯霞在识字中还能够根据学生学习的重点、难点要求，做到详略得当，识写分开，学用结合。比如"关心"教学重在理解词义，"辛勤"重在识读、理解意思，不指导书写；"教"则重在指导读法，简要进行书空。至于"祖"字，教学非常详尽。首先指导读音，结合方言特点，要求分清是平舌音，不是翘舌音；接着示范书写，强调"礻"字旁的写法，请一名学生到黑板前书写，并请学生评析；最后再请学生解释"祖国"。有些字则只要求认识，不要书写，如"辛勤"。

而对重点字词,不仅要求认识、会写,理解意思,还要求会用,如"教""祖国",还要求学生口头造句。

二、认知语境教学法的精当运用

认知语境教学法就是启动学生已有的知识背景和生活经验等认知语境因素,为促进学生当下口语和书语交际能力形成的一种语文教学方法。认知语境教学法要求注意激活学生的认知背景,激活学生的生活经验和阅读经验等。斯霞在指导学习一些比较抽象的词语时,十分注意联系学生的认知背景开展相关教学活动。如在学习"关心"一词时:

师:"关心"是什么意思?老师平时是怎样关心你们的?

生:老师教育我们上课要用心听讲,不做小动作。写字的时候要注意姿势。

师:这是老师关心你们的学习。老师还在哪些地方关心你们呢?

生:有一次,我把手放在嘴里,斯老师问我为什么要把手放在嘴里,我说我的牙齿活动了,斯老师就替我把牙齿拔了。〔七八岁的儿童正是换牙的时候,常碰到这样的情况。〕

师:黄晓说,前几天他牙齿活动的时候,老师帮他把活动的牙齿拔了,这是老师关心你们的身体健康。

生:有一次,天很冷,周小松穿的衣服很少,斯老师就找了一件衣服给他穿上,这也是老师关心我们。

师:对!这是老师在生活上关心你们。呵,龚遵群也想说,你说吧!

生:有的时候,我们有缺点,老师找我们谈话,要我们向雷锋叔叔学习。

师:你们都讲得很好。老师从学习、生活、思想品德方面关心你们,所以课文上说:"老师关心我们。"现在大家把第一句话读一读。

生:(齐读第一句。)

"关心"是一个新词,意思比较抽象。斯霞激活学生的认知背景,让学生从实际生活中联系教师的所作所为,帮助学生形象地理解"关心"的意思,加深学生对"关心"一词的印象。

当然,运用认知语境教学法时,不仅要激活学生的认知背景,而且要对学生的相关看法加以引导。认知语境作为一种认知背景,对于提升读、写质量具有重要意义。但是,这并不是说认知语境对言语交际不存在副作用。认知结构残缺固然直接影响言语交际质量,但激活的认知背景如果和言语交际内容不是呈现正相关,就会影响读写质量。在教学中,要根据关联原则,要求激活的认知背景因素与当前读写内容、形式要有关联,而且要呈现正相关。否则,就会闹出不必要的笑话。如对"祖国"的理解,斯霞的引导就非常恰当:

师:小朋友的意见都提得很好,"祖"字写对了,可是还写得不够好,以后我们多练习练习就会写得更好。你们可知道"祖国"是什么意思呢?什么叫"祖国"?

生:祖国就是南京。(好多学生笑了,知道祖国不是南京。)

师:不要笑。祖国就是南京吗?不对!南京是我们祖国的一个城市,像北京、上海一样。大家再想想,什么叫祖国?

生:祖国就是一个国家的意思。

师:噢!祖国就是一个国家的意思。对吗?

生:不对!(答声中也有说对的。)

师:美国是一个国家,日本也是一个国家,我们能说美国、日本是我们的祖国吗?

生:不能!

师:那么什么叫祖国呢?谁能再说一说?

生:祖国就是我们自己的国家。〔经一再启发,学生逐渐理解了。〕

师:施尉宁讲得对,祖国就是我们自己的国家。我们的爸爸、妈妈、爷爷、奶奶,祖祖辈辈生长的这个国家叫祖国。那么,我们的祖国叫什么名称呢?

生:我们的祖国叫中华人民共和国。

师:对了,我们的祖国叫中华人民共和国。我们大家都热爱我们的……

生:(齐声答)祖国。

在这里,学生对"祖国"一词的理解,显然受到其认知背景的影响,这种认知背景一开始表现为狭隘的地域观念,即认为祖国就是南京,将城市和国家混为一体,认知背景与问题回答不相关,这当然是错误的,但高明的老师不会简单地批评了事,而是要逐步引导学生走向正确答案。当学生进一步说出"祖国"是国家的时候,已经向前进了一步,但老师并不满足于此,而是进一步启发学生:能不能说日本、美国是我们的祖国?这一提问,恰恰和学生的认知背景有关,因为作为南京师范学院附属小学的学生知道常有美国、日本朋友到他们所在校进行友好访问,对这两个国家比较熟悉。因而知道日本、美国不是我们的祖国,这样就使学生恍然大悟:祖国是我们自己的国家。这个结论的得出显然是教师基于学生的认知背景,恰当引导的结果。不仅如此,为强化认识,斯霞又结合学生对家人的认知,进一步形象化地指出:"我们的爸爸、妈妈、爷爷、奶奶,祖祖辈辈生长的这个国家叫祖国。"这种引导过程可见出斯霞高超的教学水平。

这里,关于"祖国"一词的教学还有个小插曲。据说在摄录后看样片时,有位制片人建议把第一个小朋友的回答——"祖国就是南京"剪掉,斯霞没同意。她认为小朋友认识事物有个过程,出现问题很正常,删掉了反倒不真实了。斯霞的看法有道理。因为正是这个不当的回答,让我们看到了教师在教学中的引导作用,看到了教师在激活学生认知背景时的指导作用。也正因为如此,"祖国"一词的教学,已经成为小学低年级词语教学的经典案例。

不仅如此,斯霞还善于运用认知语境教学法,引出新的教学内容。如斯霞在指导学习"园丁""辛勤"时,能够联系此前带领学生参观公园时所见的情景,从而非常自然地引出所学内容。

三、情景语境教学法的精当运用

走进教室,就是走进一个教学情景语境,课堂情景作为一个现场语境,身在其中的师生,他们的言行就要受到影响。这种影响有的是自觉的,有的是不自觉的。自觉的行为就是能够主动利用现场情景因素为教学服务;不自觉的行为就是被动地受到影响,有时表现为歪打正着,有时则因明显地违背现场语境要求而出现种种失误。斯霞在教学中则是主动地适应现场语境,精当运用情景语境教学法。

情景语境教学法利用情景语境理论来指导教师的教学。课堂情景语境对教学活动的顺利开展有重要的影响。根据情景语境教学法,课堂交际目标要明确,课堂交际话题要具体、真实、集中,对课堂交际对象要熟稔,始终做到因材施教,课堂交际关系要体现民主、平等、宽容,情感表达与课堂气氛相一致,创造适宜的课堂交际氛围,要运用附着符号束,恰当地选择教具并适时地使用,正确使用态势语,做到神态和身势与话语内容和谐,声气息与教学意图或内容相一致等。

斯霞能够娴熟地运用情景语境教学法。课堂交际目标明确,交际话题清晰而集中。注意突出生字词教学,注意对课文表现手法、课文内容之间的逻辑思路的教学,并将识字融于阅读训练中,既提高学生识字能力,又注意提高阅读理解能力,尤其是师生关系处理方面更是令人神往。斯霞不仅是童心、母爱的倡导者,更是坚定而卓有成效的实践者。她了解每一位学生,关爱每一位学生,这从学生在理解"关心"一词回答中就可明显地看出她对学生的关怀。在课堂上,她以儿童熟悉的语言,轻声细语,和风细雨,令人如坐春风。她针对学生的学习心理,在识字中做到由形象到抽象,由整体到部分,既教给识字规律,又对容易出错的地方通过各种手段加以强调。她对学生循循善诱,鼓励有加;针对学生出现的问题,总是顺着教学思路,既不打断教学进程,又不伤害学生自尊,将教学与教育融为一体,显得自然而又充满爱心。

在附着符号束运用方面,非常恰当而自如。一方面,斯霞的教具选用总是能根据教学需要,灵活运用。如在学习"花朵"的"朵"字时,花朵学生都见过,本不需要出现花朵实物,但为了引出花朵美丽可爱,仍出示一束鲜花让学生感受其美丽、可爱;当学生不明白"我们"和"花朵"时,又放映画有许多儿童活泼可爱的脸儿和美丽的花朵的幻灯片,帮助学生理解小朋友和花朵一样美丽可爱,从而帮助学生理解打比方的好处。另一方面,态势语的运用,更是让人感受到斯霞的一举手、一投足的魅力所在。

以上,我们从三种语境教学法的运用方面评析了《我们爱老师》一课的教学艺术。其实,本课还有诸多地方值得我们关注。比如,斯霞引导学生评价一位学生写"祖"字时的做法就颇值回味。我们来看该片段:

师:讲得不错。"礻"字旁我们已经学过了,电视机的"视"就是"礻"字旁。但大家要注意,"礻"字旁这儿是一点(用红粉笔标明一点),大家不要写错了。哪个小朋友到黑板上来写个"祖"字?(很多学生举手。)好,那么多小朋友要来写。现在请赵涓来写。写大一点,使大家看得清。你们用心看她写。(赵涓写好"祖"字后,面向全班同学。)请小朋友提意见。(学生纷纷举手。)请黄悦提。

生:赵涓的"祖"字写对了,可惜右边的"而且"的"且"字写得有点儿歪。(赵涓看了看自己写的"祖"字,的确有点歪,天真地伸了伸舌头。)

生:还有哪个小朋友要提意见?

生:你的"祖"字写对了,可是右边"而且"的"且"字底下一横写得太长了。

师:小朋友的意见都提得很好,"祖"字写对了,可是写得还不够好,以后我们多练习练习就会写得更好。

　　斯霞老师课堂上出现的这个学生互评片段颇值得关注。原因在于学生评价语言不再仅仅是说给教师听,而是说给被评价者本人听,这种面对面的学生互动性情景语境评价,使我们认识到在教学中如何进行生生互评。

　　这里,师生之间的评价,变成了生生之间的"你—我"式评价,改变了传统的看似是生生互评,实则是揣摩教师意图,说给教师听的做法,从而引起了学生的感动和共鸣,使学生体验到了"面对面"真诚地评价的好处,因而学生显得很兴奋。

附　斯霞《我们爱老师》课堂纪实

　　师:今天我们学习第十四课,大家把课题读一下。(出示事先在黑板上写好的课题。)

　　生:我们爱老师。

　　师:很好。现在翻开第十四课,请小朋友自己把课文学一学,不认识的字读读拼音。〔通过拼音来正音,认识生字,从小开始培养自学能力。〕小声地读,读完的小朋友举手。〔一年级的学生还不能默读,只能要求小声地读。〕

　　生:(学生认真地、小声地读课文,读完纷纷举手。)

　　师:放下,现在先听老师把课文读一遍。〔学生初次接触课文,所以老师先要范读,范读时速度适当放慢一点。〕你们自己小声读了一遍,又听老师读了一遍,你们想想,这篇课文主要讲的是什么意思?〔初步培养学生的概括能力。〕

　　生:我们是祖国的花朵,老师是辛勤的园丁。

　　师:好。哪位小朋友能够讲得更简单一些?

　　生:这一课主要讲的是:我们爱老师。

　　师:讲得很好,现在我们再来看一看,这一篇课文一共有几句话?〔结合课文教句号。〕

　　生:这一篇课文有三句话。

　　师:你怎么知道有三句话?

　　生:我看见课文里有三个句号。

　　师:对!谁能把第一句话读一读?

　　生:我们爱老师,老师关心我们。

师："关心"是什么意思？老师平时是怎样关心你们的？〔关心是一个新词，让学生从实际生活中自己理解关心的意思。〕

生：老师教育我们上课要用心听讲，不做小动作。写字的时候要注意姿势。

师：这是老师关心你们的学习。老师还在哪些地方关心你们呢？

生：有一次，我把手放在嘴里，斯老师问我为什么要把手放在嘴里，我说我的牙齿活动了，斯老师就替我把牙齿拔了。〔七八岁的儿童正是换牙的时候，常碰到这样的情况。〕

师：黄晓说，前几天他牙齿活动的时候，老师帮他把活动的牙齿拔了，这是老师关心你们的身体健康。

生：有一次，天很冷，周小松穿的衣服很少，斯老师就找了一件衣服给他穿上，这也是老师关心我们。

师：对！这是老师在生活上关心你们。呵，龚遵群也想说，你说吧！

生：有的时候，我们有缺点，老师找我们谈话，要我们向雷锋叔叔学习。

师：你们都讲得很好。老师从学习、生活、思想品德方面关心你们，所以课文上说："老师关心我们。"现在大家把第一句话读一读。

生：（齐读第一句。）〔经过这样的教学，学生对"关心"一词理解得比较透彻。第一句话先后读过四遍，已能记住了。〕

师：老师为什么要这样关心你们呢？现在我们来学习第二句话。"我们是祖国的花朵，老师是辛勤的园丁。"这里有几个生字，我们先学习生字。〔这句话有五个生字。生字结合在句子里教，做到字不离词，词不离句，这样容易使学生理解词义，也节省教学时间。〕（出示事先写好的拼音 duǒ。）大家把这个拼音读一读。

生：duǒ。〔生字都通过拼音正音。〕

师：看老师写"朵"字。〔对一年级学生，生字要当堂板书，以便使他们知道写字的笔画顺序。〕（教师边讲边板书，字的上半部用红粉笔写，以便引起学生注意；字的下半部用白粉笔写。）谁说说，"朵"字怎么记住它？

生："朵"字是上下结构，上面是"几"字少一钩，下面是"木"字，合起来就是"朵"，花朵的"朵"。〔开始教一年级学生汉字时，要引导他们分析字形结构。这样既便于学生记忆，也有利于培养他们仔细观察的能力。二年级学生就不必每个字都分析字形了。〕

师：讲得很好。你们看得很仔细，上面不是"几"字而是"几"字少一钩。你们再看看，这个字的上面一部分像一朵花，花多半长在树上，所以下面是一个树木的"木"字。大家能记住吗？

生：能！

师：现在我们来看花朵是什么样子的。（出示一束鲜花。）〔花朵学生都见过，本来用不着实物教具，但为了引出花朵美丽可爱，所以用一束花作实物教具。〕看，这就是花朵。一朵一朵的花叫什么呢？

生：花朵。

师：花很美丽可爱，你们知道是谁栽培的？

生：这么美丽的花朵是园丁叔叔、阿姨们浇灌出来的。〔因事先曾带领学生到公园里去参观过，所以他们知道园丁。〕

师：对，是园丁们栽培出来的。〔说"栽培"比"浇灌"恰当，教师及时纠正。〕（指黑板上的 yuán。）

生：yuán。

师：yuán 要整体认读，再读一遍。

生：yuán、yuán。

师：看，老师怎样写这个"园"字。（边说边写。）先写外面，后写里面，最后关门。〔指导先外后内、最后封口的笔顺规则。〕大家看好了，我马上要把这个"园"字遮住，看谁能说出，"园"字是怎么写的？〔此刻学生注意力高度集中，对字形能牢固地记住，这样做比机械地唱笔画笔顺好。〕（片刻后用东西把"园"字遮住。）

生："园"字是全包围结构，外面是个"国"字框，里面是个一元的"元"，合起来就是"园"，园丁的"园"。〔在前面看图学词学句时已学过"全国人民"的"国"字，所以知道是全包围结构。〕

师：很好。那么"园"字怎么讲呢？你们知道有什么园？

生：有园丁的园，花园的园，公园的园，幼儿园的园。

师：噢，还有马骏想说。

生：还有动物园的园。

师：对了，动物园的园也是这个园。公园、花园、幼儿园、动物园都是这个"园"字。这些地方，都要围起来，所以外面是个全包围结构，里面是个"元"字。〔形声字，帮助学生记住字形。〕那么什么叫园丁呢？〔加深园丁的概念。〕

生：种花的人叫园丁。

师：对了，在公园里种花栽树的人叫园丁。前几天，我们到公园里去，看到工人叔叔、阿姨们在干什么？

生：前几天，老师带我们小朋友到公园里去看园丁叔叔、阿姨们劳动。我们看见园丁叔叔、阿姨们有的在浇花，有的在锄草，有的在松土，有的在洒药水，还有的在修树枝。

师：讲得很好。园丁叔叔、阿姨们为了把花草树木种好，他们不怕风吹雨打，不怕太阳晒，有时松土，有时浇水，有时锄草施肥，有时修树枝……他们在辛勤地劳动。〔讲述这些就是为了使学生体会园丁的辛苦，并自然地引出"辛勤"这个生词。〕把这两个拼音读一读。

生：xīn、qín，xīn、qín。

师：再读一遍。（学生读，教师板书"辛勤"。）〔"辛勤"是二类字，只要求读准字音、理解词义，不要求会写会默会用，所以不分析字形。〕"辛勤"是什么意思？

生："辛"就是辛苦的意思。

师：那么"勤"呢？

生：勤……

生：我知道，"勤"就是勤劳。

师：对了，"辛勤"就是辛苦、勤劳的意思。园丁们工作很辛苦，很勤劳，所以称为辛勤的园丁。（在"辛勤"的后面、"园丁"的前面加上"的"字，成为"辛勤的园丁"。）大家把它读一遍。

生：辛勤的园丁。

师：我们是祖国的花朵。（指黑板上的 zǔ）把这个拼音读一下。

生：zǔ、zǔ。

师：注意，是平舌音，不是翘舌音。再读一遍。

生：z—ǔ—zǔ。

师：对。看"祖"字是怎么写的？（在黑板上写"祖"字，并在"礻"字旁用红粉笔加一点。）说说"祖"字是什么结构？

生："祖"字是左右结构，左边是个电视机的"视"字的半边，右边是个而且的"且"字，合起来就是祖国的"祖"。〔"且"字没有学过，但学生已经认识了。〕

师：讲得不错。"礻"字旁我们已经学过了，电视机的"视"就是"礻"字旁。但大家要注意，"礻"字旁这儿是一点（用红粉笔标明一点），大家不要写错了。〔根据以往的经验，学生容易把"礻"字旁写成"衤"字旁，故要加强指导，以免学生写错。〕哪个小朋友到黑板上来写个"祖"字？（很多学生举手。）好，那么多小朋友要来写。现在请赵涓来写。写大一点，使大家看得清。你们用心看她写。〔学生集中注意力看赵涓写"祖"字，这比各人抄写五遍、十遍印象深刻。〕（赵涓写好"祖"字后，面向全班同学。）

生：请小朋友提意见。（学生纷纷举手。）请黄悦提。

生：赵涓的"祖"字写对了，可惜右边的"而且"的"且"字写得有点儿歪。（赵涓看了看自己写的"祖"字，的确有点歪，就天真地伸了伸舌头。）

生：还有哪个小朋友要提意见？

生：你的"祖"字写对了，可是右边"而且"的"且"字底下一横写得太长了。〔学生喜欢提意见，而且往往是提缺点。教师要经常教育他们一分为二，先提优点，再指出不够的地方；同时要教育被提意见的学生虚心听取意见。〕

师：小朋友的意见都提得很好，"祖"字写对了，可是写得还不够好，以后我们多练习练习就会写得更好。你们可知道"祖国"是什么意思呢？什么叫"祖国"？〔"祖国"的概念比较抽象，一年级学生不易理解，所以这个词放在后面教。〕

生：祖国就是南京。（好多学生笑了，知道祖国不是南京。）

师：不要笑。祖国就是南京吗？不对！南京是我们祖国的一个城市，像北京、上海一样。大家再想想，什么叫祖国？

生：祖国就是一个国家的意思。〔这个学生对"祖国"理解得比较扩大了一些，但还不对。〕

师：噢！祖国就是一个国家的意思。对吗？

生：不对！（答声中也有说对的。）

师：美国是一个国家，日本也是一个国家，我们能说美国、日本是我们的祖国吗？〔因为常有美国、日本朋友到我校来友好访问，所以学生对这两个国家比较熟悉。〕

生：不能！

师：那么什么叫祖国呢？谁能再说一说？

生：祖国就是我们自己的国家。〔经一再启发，学生逐渐理解了。〕

师:施尉宁讲得对,祖国就是我们自己的国家。我们的爸爸、妈妈、爷爷、奶奶,祖祖辈辈生长的这个国家叫祖国。〔强调一下,使学生加深印象。〕那么,我们的祖国叫什么名称呢?

生:我们的祖国叫中华人民共和国。

师:对了,我们的祖国叫中华人民共和国。我们大家都热爱我们的……(故意停顿一下,让学生接下去。)

生:(齐声答)祖国。〔结合进行爱祖国的教育。〕

师:好,现在我们把第二句话读一读。(引出"我们"。)

生:我们是祖国的花朵,老师是辛勤的园丁。

师:这儿的"我们"是指什么人呢?

生:这儿的"我们"是指我们小朋友。

师:对,这儿的"我们"是指我们小朋友。我们是祖国的花朵,这句话你们懂吗?〔启发学生提问题。〕

生:我们是小朋友,怎么成了花朵呢?

师:这个问题问得好。谁能回答这个问题?〔对不懂就问的学生要积极鼓励;对提出的问题要引导学生思考,让他们自己去解答。〕

生:因为把我们的祖国比作大花园,所以把我们小朋友比喻成花朵。〔学生唱过"我们的祖国是花园……"这首歌。〕

师:尹晋说把我们的祖国比作大花园,把我们小朋友比作花朵,这是打比方的话。现在我们来看幻灯。〔放映画有许多儿童活泼可爱的脸儿和美丽的花朵的幻灯片,可以帮助学生理解小朋友和花朵一样美丽。〕这些小朋友,一张张的笑脸,胖胖的,活泼可爱,像什么一样?

生:(齐声回答)像花朵一样。

师:对了,像花朵一样。花,美丽可爱;小朋友呢,也活泼可爱,像花朵一样。这是比方的话。我们把新中国的儿童比作祖国的花朵。花会结出很多果实,我们小朋友长大了会干什么呢?

生:我长大了要做人民教师,去教育小朋友。

师:好,你长大了要做教师。

生:我长大了要当一名空军,保护祖国。

师:你长大了要当一名空军保卫祖国。这儿"保护"应说"保卫",请你再讲一遍。〔学生常有用词不当的毛病,教师要及时纠正,让他再说一遍,以加

深印象。〕

生：我长大了要当一名空军,保卫祖国。

师：好,这次说对了。(忽然发现有个男生在和同座的小朋友小声讲话。)王海春,你长大了准备做什么?

生：我长大了,当解放军,保卫祖国。

师：你长大了当解放军,保卫祖国,很好。可是我们上课时应该怎样?〔先表扬后批评,使学生自己认识错误。〕

生：遵守纪律。

师：对了,你坐下。现在我们看王海春是不是遵守课堂纪律了。(全体学生立即挺挺胸坐端正了。)小朋友都很有志气,要建设祖国,保卫祖国,为四个现代化贡献力量,所以我们把新中国的儿童比作……

生：(全体接下去说)祖国的花朵。

师：对了,把小朋友比作祖国的花朵。可是我们小朋友还小呀,还没有学好本领,在学校里靠谁来教育培养你们呢?

生：靠老师来教育培养我们。

师：对!现在我们看书上的第二幅插图。图上画的是些什么人呢?他们在干什么?〔课文中的插图要充分利用。〕

生：这幅图上画的是小朋友和老师在种花。

师：老师除了带领小朋友种花、劳动,还做哪些工作?〔引导学生从日常生活中体会老师的辛苦。〕

生：老师还要给我们上课。

师：对了。还有呢?

生：老师还要给我们改作业。

师：批改作业。

生：老师有的时候还到我们家去访问。

师：家庭访问。那么,有的时候……(正想说下去,看见有个学生举着手。)你说吧!

生：我们小朋友,有的时候有了缺点、错误,老师还要跟我们谈话。

师：讲得都很好。老师从早到晚和你们一起学习,一起劳动,一起活动。你们放学了,老师还要备课、批改作业,有时连星期天也不休息。老师就像辛勤的园丁那样,认真负责、耐心细致地教育你们。你们是祖国的花朵,老师是辛勤的园丁。(在"辛勤"后面、"园丁"前面加个"的"字。)那么,老师是不是真的是栽花种树的人呢?

生:不是,这也是打比方的话。

师:不错,杨敏现在也懂得了这是打比方的话,把老师比作园丁。现在我们大家把这几个生字读一下。

生:(齐读黑板上的生词)祖国、花朵、辛勤、园丁。

师:再把这个句子读一读。

生:祖国的花朵,辛勤的园丁。

师:很好,我想请一个小朋友把第二句话读一下。

生:我们是祖国的花朵,老师是辛勤的园丁。

师:我们大家来把第二句读一遍。

生:(齐读第二句。)(第二句先后读了五遍。)

师:把书放下。老师是怎样教育我们的呢?现在我们来学习第三句话。"老师教我们要记住毛主席的话,好好学习,天天向上。"这句话有两个生字。(指"教"字)这个字学过了吗?

生:学过了。

师:哪儿学的?

生:过去我们学的是教师的"教",第四声。

师:对。过去学的是教师的"教",是第四声。这儿呢?大家把这个拼音读一读。

生:j－i－āo→jiāo。

师:今天学的是第一声,是老师教我们的"教"。这是个多音字。〔这个字上次是二类字,不要求书写;今天成为一类字,要求书写。〕我们大家把这个"教"字书空一遍。(学生齐举起右手指书空"教"。)好。"老师教我们要记住","记住"是什么意思?

生:"记住"就是永远不忘记的意思。

师:对了,陆兰讲得不错,可是声音小了点,请你再讲一遍。〔培养学生说话口齿清楚,声音响亮的习惯。〕

生:"记住"就是永远不忘记的意思。

师:好!这一次说得清楚了。你坐下。那么,老师教我们要记住毛主席的话,哪一句话是毛主席说的呢?〔让学生从课文里找出答案。〕

生：课文上"好好学习,天天向上"这句话是毛主席说的。

师：不错,(指黑板上的 hǎo)大家把这个拼音读一读。

生：h—ǎo→hǎo。

师："好"是第三声,很好的"好"。但是两个"好"字在一起,第一个"好"字读第二声,第二个"好"字仍读第三声,连起来读作 háo hǎo。

生：(跟着读)háo hǎo。

师：再读一遍,连在一起读。(教师做手势。)

生：好好学习。

师：看我写"好"字。(板书"好"。)谁说说,"好"字是什么结构?

生："好"字是左右结构,左边是个"女"字,右边是个"子"字,合起来就是"好",好好学习的"好"。

师：讲得不错,现在我们来看课文中的第一幅插图。(课本上插图用幻灯映出来。)老师正在教我们要记住毛主席的话,好好学习,天天向上。好好学习,天天向上是什么意思?什么叫好好学习?

生：好好学习就是认真地学习。

师：还有谁想说?

生：努力学习也是好好学习。

生：好好学习就是专心学习。

师：对的。认真学习,努力学习,专心学习都是好好学习。(这时还有一个学生在举手。)许斌,你也要说,你说吧!

生：好好学习就是勤奋学习。

师：勤奋学习,讲得真好。我们小朋友都能努力学习,认真学习,所以能天天向上。什么叫天天向上?喔!现在小朋友举手的更多了,请王晓峻说。

生：以前不好,现在一天比一天好,就叫作天天向上。

师：一天比一天好,就叫天天向上。现在我们学习得好,将来学得更好,也叫天天向上。我们要好好地学习,在学习、劳动、思想品德、身体各方面都要一天比一天进步。〔积极鼓励学生进步向上。〕这几个字都学会了,现在我们再来复习一下。

生：(读黑板上的全部生字。)

师：这些字,哪一个最难认?

生："辛勤"的"勤"最难记。

师：我们把"勤"字再读一遍。〔从学生实际出发，难认难记的字多复习一遍。〕

生：勤，辛勤的"勤"。

师："辛勤"这两个字，我们只要认识就行了，以后还要学的。我们现在来读一遍课文。

生：(齐读课文。)

师：(拿出写有生字的小黑板。)大家读读小黑板上的字。

生：(学生读生字词。)

师：谁能用"教"字说一句话？〔练习口头造句。〕

生：老师教我们学生字。

师：对了，老师正在教你们生字。

生：老师教我们向雷锋叔叔学习。

师：讲得好。

生：老师教我们要遵守纪律。

师：对！王海春有进步，今天已经几次举手发言了。〔学生有进步就要及时鼓励表扬。〕谁能用"祖国"说一句话？

生：我们的祖国是中华人民共和国。

师：很好。

生：我们的祖国多么美好！

师：也讲得好。

生：我们的祖国一天比一天富强。

师：讲得真好！这些字词都会认会用了。现在我想请一个小朋友把黑板上的字领大家读一遍。〔把生字打乱了写在小黑板上，检查学生认字的情况。〕大家都想来带领。请冯一文来领读。

生：(全体跟着冯一文读。)

师：很好。冯一文请上位。现在我们来做猜字游戏。谁愿意上来猜？〔学生很喜欢做猜字游戏，都纷纷举手，愿意来猜。〕不少人都愿意来猜，很好。但是要把黑板上的字全部认识了，才能来猜。请林利上来猜。(林利背向黑板，面向全体同学。)还请一个小朋友来指字。(黄骁走到黑板前指一个"勤"字。)大家看到了吗？

生：(齐答)看到了。

师:黄晓请上位。请林利来猜。(林利指着黑板上的字一个一个地猜。)

林:是不是花朵的"朵"?

生:(齐答)不是花朵的"朵"。

林:是不是祖国的"祖"?

生:(齐答)不是祖国的"祖"。

林:……

生:……(直到猜准"勤"字,全体同学兴奋地鼓掌,并说是辛勤的"勤"。)〔寓巩固字词于游戏之中,比一遍一遍地机械地认读有趣。〕(学生还要求继续做猜字游戏。)

师:好,我们今天就猜到这里。我知道很多小朋友都想来猜,下次我们再来猜。现在我们来朗读课文。先听一遍录音。大家注意听,她是怎么读的,哪儿读得重一点儿,哪儿要稍停一下。(放录音。)

生:(学生很安静地听。)

师:第一句"爱"和"关心"要读得重一点,现在大家拿起书,把第一句读一下。

生:(齐读课文第一句。)

师:第二句话的"祖国""花朵""辛勤""园丁"也要读得重一点。大家读第二句。

生:(齐读课文第二句。)

师:很好。第三句比较长,有的地方可以稍停一下。"老师教我们"(停一下)"要记住"(停一下)"毛主席的话,好好学习,天天向上"。大家把第三句读一读。

生:(齐读课文第三句。)

师:现在我们把全篇课文读一遍。

生:(齐读课文。)〔学生这样读、那样读,已经把课文读熟会背了。〕

师:今天学的这篇课文,一共有三句话:第一句话,是我们爱老师,因为老师关心我们;第二句话,是老师像辛勤的园丁那样教育我们,培养我们;第三句话,是老师要我们听毛主席的话,好好学习,天天向上,所以我们要爱老师。这课的题目就是《我们爱老师》。现在我们来写字,"辛勤"两个字暂时不写,其余的字每个写三遍。大家准备写字本,开始写。要注意写字的姿势。〔学生写字时,教师来回巡视,如发现有学生拿笔姿势或坐的姿势不正确,就及时帮助纠正。]

　　生:(学生写字。)(下课铃响。)

　　师:没有写完的,带回去写。下课。

板书:

　　关心　　花朵 duǒ　　园 yuán 丁

　　辛 xīn 勤 qín　　祖 zǔ 国

　　教 jiāo 我们好 hǎo 好 hǎo 学习

(选自斯霞著《我的教学生涯》,上海教育出版社1982年版,第160－175页)

第二节　指导语境学法操作与运用的典型课例
　　　　——评于永正《惊弓之鸟》课堂实录

　　语境教学是语文教学的发展方向,是提升语文有效教学的重要理论支撑和实践手段。但是,如何操作一直是一个重要的棘手问题。21世纪初,张孔义提出了语境感悟法,着重谈了语境感悟法在理解词语时的操作程序。该操作程序加以延伸、完善,可以改造为语境教学的一般操作程序。但是,就实例而言,却非常少见。这在一定程度上影响了语境教学的运用范围。最近,笔者在阅读于永正的课堂实录时发现,早在20世纪80年代中期,于永正的《惊弓之鸟》第一课时的教学,已经初具语境教学操作程序之雏形。可以说是语境教学操作程序的典型案例;而且该课善于教给学生语境学习法,运用多种语境教学方法,使课堂教学生趣盎然。

一、展示语境教学操作程序

(一) 熟读课文

　　熟读课文是汉语言文化对阅读教学的基本要求,也是语境教学开展尤其是上下文教学法开展的前提条件。因此,课文不熟不开讲便成了语境教学对阅读教学的客观要求。在《惊弓之鸟》课堂讲授中,于永正首先通过画简笔画,让学生形象地理解了什么叫弓、弦、箭,顺理成章地引出导语"大家知道了弓有了箭,才能射鸟。可是古时候,有个人只拉弓不射箭,就能把大雁射下来,这是怎么回事呢?今天我们学习第二十七课《惊弓之鸟》,学了这一课就明白了",从而造成悬念,激发学生阅读的欲望。接着便明确阅读要求,要求读得正确、流利,指出阅读方法:在阅读态度上,"精神要集中,要心到、眼到、口到";在阅读方法上,"哪句读得不流畅,就反复练习几遍"。在具体指导中,先让一学生试读第一、二两节。当学生把第一句就读"断"了时,于永正安慰学生说:不要紧,你再读两遍就读流利了。当学生练习两遍,读通了后,教师高兴地鼓励道:"就这样练!大家就像他这样把课文读一遍,做到心到、眼到、口到,读得正确、流利。"增强了全班学生读课文的积极性和自信心。当所有的学生读完一遍之后,又让一名学生读。这样,学生很自然地将课文读了两遍,基本读熟了课文,为后面运用语境教学法解决问题奠定了基础。

(二) 明确学习任务

运用语境教学解决语文问题,首先面临的问题,就是明确学习任务和学习内容。语文学习任务或来源于教材,或来源于教师指定,或来源于学生自己提出。其次是学习任务应具体化。语文学习任务要避免大而空,应是具体的拼音、文字、词语、句子、语段、篇章等方面的语文知识以及阅读、写作、口语交际方面的语文技能问题。

在《惊弓之鸟》课堂学习中,教学任务是由教师根据学生的情况,挂小黑板直接呈现的。这些词语是"惊弓之鸟""大吃一惊""信不过""孤单失群"。与此同时,于永正还指出了理解这些词语的方法:要边读边想,要想想词语的意思,要联系上下文来理解,并指出有些词语的意思课文里就有,只要认真去读,就会知道,一看上下文就懂。

(三) 确定语境范围

确定语境范围,首先,要分析学习任务所属的能力类型,看究竟是属于口语交际、阅读理解,还是属于写作表达。其次,分析该学习任务属于哪一类语境,看看学习任务和上下文、情景语境、社会文化语境以及认知语境哪一类关系更密切。最后,要具体分析学习任务与某种语境中哪一种语境因素密切相关。

《惊弓之鸟》中,这些词语理解属于阅读类型,其语境类型主要是上下文语境。在学生认真默读课文并经过思考后,于永正分别问每一个词语的上下文究竟是什么。如学生回答说"惊弓之鸟"的意思可以从最后一节"……它一听弦响,心里很害怕,就拼命往高处飞"中看出来,也可以从第五节"……只听得嘣的一声响,那只大雁直往上飞……"看出来了;"大吃一惊"可以从魏王说的话"啊!……真有这样的本事!"中看出来了,也可以从"魏王更加奇怪了"看出来;"信不过"可以从"是吗?……你有这样的本事?"中的两个问号看出来的;"孤单失群"可以从"它离开同伴,孤单失群,得不到帮助"中看出来。

（四）感知语境和特定学习任务之间的关系

首先，要根据语境的各种功能确定其语境功能类型；其次，根据相应的语境功能类型确定语境和特定学习任务之间的关系。

在教学中可以根据需要，或根据学生的知识水平采用明示或暗会的方式说明这种关系。

在《惊弓之鸟》课堂中，鉴于小学三年级学生还没有学过语义关系类型，于永正没有进一步追问相关词语和有关句子之间的语境关系类型，而是采用暗会的方式让学生感受。

换句话说，于永正根据实际需要，省去了这一步骤。

（五）确立语义或表达方式

根据语境关系，明确表达方式，指导学生尝试用自己的语言表达说明。

经过上述几个步骤，学生基本理解了相关词语的意思，并在教师的点拨下用自己的话指出了相关词语的意思。如"惊弓之鸟"的意思是：害怕弓弦响的鸟，"惊"是害怕的意思；"大吃一惊"中的"惊"是奇怪、惊奇的意思；"信不过"就是不相信；"孤单失群"就是离开同伴，"群"就是同伴，"失"就是离开。

由上可见，于永正的教学形象地揭示了在阅读教学中语境教学的一般操作程序：熟读课文；明确学习任务；确定学习内容的语境范围；感知学习内容与语境的关系；根据语境确立语义或表达方式。

二、指导运用上下文学习法

重视方法传授是《惊弓之鸟》教学的一个重要特点，如指导学生读正确、读流利的方法，指导学生读出感情的方法。这里先谈指导学生运用上下文的学习方法。

于永正在指导学生运用上下文理解词语的方法时，首先运用演绎的方式，直接告知学生有些词语理解可以运用上下文学习法，接着让学生找出相关语句的上下文，在讨论中了解相关词语的上下文范围，并结合上下文理解相关词语的意思，最后又问学生："上面两个词语我们是怎样理解的？"由学生归纳出理解词语的方法是联系上下文理解的。

教给学生方法的目的是让学生学会运用。应该说，于永正在指导学生理解"惊弓之鸟""大吃一惊""信不过""孤单失群"时，已经做到"学教一体，融教于学"了，融学法于教法之中，让教法体现学法，实现"教法学法化，学法教法化"，因而学生已经掌握了上下文学习法了。比如关于"惊弓之鸟"的理解，除了结合课文上下文指导学生理解该成语的本义,还结合另外提供的短文帮助学生理解该成语的比喻义。

不过,这只是一般情况下的运用情况。在接下来的学法指导中,于永正还呈现了另外两种情况:

(一)词典完善法

于永正指出:"有些词语,特别是带生字的词语,不能从课文中直接找到答案。比如这两个词——(悬挂黑板出示:悲惨、愈合)虽然联系上下文也能知道一点意思,但心里没有底,这时,就应查查词典。"这就是词典完善法,即将根据上下文得出的意思和词典中的意思结合起来,通过词典验证、丰富、完善相关理解。这里,于永正借"悲惨""愈合"两个词语的理解,说明了词典完善法的运用情况。他分别请教室里左边四排同学查"惨",右边四排同学查"愈",再联系课文,理解"悲惨""愈合"在本文中的意思。

(二)据文选义法

据文选义法是针对一词多义现象提出的方法。要确定某个多义词语的含义,需要结合该词出现的上下文选择出适宜的义项。请看教学片段:

师:小朋友,多数汉字是一字多义。这要根据句子确定意思,也就是说,要据文选义。看看这句里的两个"直"的意思是不是一样。(小黑板出示:"只听嘣的一声响,那只大雁直往上飞,拍了两下翅膀,忽然从半空里直掉下来。")(多数学生说两个"直"意思不一样,但不同在哪里,一时又说不出来。)

师:我们不妨查查字典,看看字典"直"有几种解释。为了节省时间,我把字典里几种解释抄下来。大家看看——(小黑板出示:① 不弯曲;② 使弯曲的伸开;③ 垂直;④ 爽快;⑤ 一个劲地;⑥ 汉字笔画名称,即"竖";⑦ 公正的)(生看了七种解释,又读一遍句子,知道第一个"直"是"一个劲地"的意思,第二个"直"是"垂直"的意思。)

在这里,于永正首先指出汉字一字多义现象广泛存在的现状,指出解决的办法就是要据文选义。接着展示文中包含两个"直"字的"只听嘣的一声响,那只大雁直往上飞,拍了两下翅膀,忽然从半空里直掉下来"这句话,让学生讨论两个"直"字是否同义,出示"直"字的七个义项,分别根据"直"字不同的上下文"大雁直往上飞"和"从半空里直掉下来",选择对应的义项。第一个"直"是"一个劲地"的意思,第二个"直"是"垂直"的意思。这样,结合具体词语理解,让学生在语言实践中学会据文选义法。

在教给了学生语境学习法后,于老师最后还进一步总结说:"同学们,联系上下文是理解词语的最根本的方法。古人说:'书读百遍,其义自见。'只要我们认真读书,做到心到、眼到、口到,就能理解词语和文章的意思。"这就进一步加深学生印象,让学生知道学会运用上下文教学法的妙处。

(三) 据境造句指导法

如果说上面谈的主要是理解词句含义需要运用上下文学习法,那么在指导词语运用中可否运用上下文学习法? 回答是肯定的。比如在造句指导中,于永正就一直借助上下文语境,做到据境指导造句。比如关于"悲惨"一词造句,首先要求学生读读文中"悲惨"所在的句子,看看这里的"悲惨"是说什么的,知道文中的"悲惨"是说声音的;接着教师说一句话的开头,要求学生用上"悲惨"一词,接着往下说;再请学生用"悲惨"这个词自己造一个说声音的句子。在此基础上,告诉学生"悲惨"不光可以说"声音",还可以说别的;出示小黑板上的句子,让学生谈谈该句子中的"悲惨"是说什么的,又请小朋友考虑一下,"① 旧社会,劳动人民吃不饱,穿不暖,有的卖儿卖女;② 卖火柴的小女孩在大年夜冻死了"两个句子能不能加上"悲惨"一词,可以在哪儿加,并要求将"悲惨"放在句中不同地方。最后要求学生思考句子"一个日本鬼子被八路军打得头破血流,样子很悲惨"有没有问题,帮助学生认识到"悲惨"一词的适用范围,避免用错。显然,这里的造句紧密结合相关句子,给学生提供上下文语境,帮助学生学会造句。

三、指导掌握虚拟语境朗读法

学会指导学生朗读是语文教师应该掌握的一项基本功。在该课教学中,于永正分层次指导学生学会运用虚拟语境朗读法。虚拟语境朗读法是指通过创设虚拟语境,使学生能够设身处地地深入作品中去,感同身受,从而将课文的语言转化为适宜的声气息和体态语言。在教学中于永正指出要读出感情,首先要学会"过电影",想想课文描写的情景,将课文语言还原为生活画面。其次要设身处地,把握文中人物的身份,体会他们的思想感情,要把自己当作课文中的人物,读谁的语言就把自己当作谁。比如在本课中,朗读魏王说的话时就把自己当作魏王,朗读更羸说的话时就把自己当作更羸。再次得揣摩人物说话的表情或动作,朗读时加上适当的表情或动作。为此,于永正还创造性地运用了"看教师读"和"看学生读"两种方法,指导学生具体运用虚拟语境朗读法。

"看教师读"是看教师在朗读时的动作与神态，通过看教师的动作与神态体会课文的思想感情。针对课文第二至四节读对话比较难，于老师要求学生"看老师读"，注意老师读魏王和更羸的对话时的语气与表情有什么不同，并想想为什么不同。学生在看老师读时，发现老师读更羸的话面带微笑，态度认真，毕恭毕敬，读魏王的话皱着眉头，不相信更羸说的话，从而认识到有感情朗读课文需要把自己想象成作品中的人物，揣摩相关人物的语气和表情，将人物语言转化为声气息和动作或神态。

"看学生读"是看学生在朗读时的动作神态，通过看学生的动作或神态体会学生对课文思想感情的把握情况。于永正首先请同学自己练习第六至九节，虚拟揣摩人物语言，体会各节应该以什么样的表情和语气读。接着请学生到讲台前读，要求其他学生"看同学读"，看表情、动作与所发出的声气息是否一致。通过看学生的读和相互评价，认识到读"'啊！'魏王大吃一惊，说，'真有这样的本事！'"时，两眼要发直；夸更羸有本事，魏王可以捋一下胡子；读"更羸笑着说"时要面带微笑；读"魏王更加奇怪了，问：'你怎么知道的?'"时，眉头可以皱成一个大疙瘩；更羸讲原因，要读得清楚，速度稍慢一点，表情要自然；"魏王"听了更羸的解释可以再加上捋胡子、点点头的动作；等等。接着让学生准备分角色读，注意加上表情动作。最后让学生到讲台前分角色朗读，朗读时要通过动作与神态反映人物各自的思想感情。

通过如此有层次的指导，学生不仅掌握了虚拟语境朗读法，而且还能够深入体会人物的思想感情，把握课文的主旨。

附　于永正《惊弓之鸟》课堂实录

班级：徐州市鼓楼小学三年级(4)班

师：小朋友，在黑板上画一样东西，你们看画的是什么。（师用彩色粉笔在黑板上画了一张弓。）

生：于老师画的是一张弓。

师：（师又画了一根弦。）这叫什么呢？（师指着弦。）

生：这叫弦。（师又画了一支箭，学生作了回答。）

师：大家知道了弓，有了箭，才能射鸟。可是古时候，有个人只拉弓不射箭，就能把大雁射下来，这是怎么回事呢？今天我们学习第二十七课《惊弓之鸟》，学了这一课就明白了。（师板书：惊弓之鸟）

师：通过预习，生字都认识了吗？（生答：都认识了。）字认识了，就可以读书了。首先要读得正确、流利。（板书：正确、流利）要做到这两点，第一，精神要集中，要心到、眼到、口到。（板书：心到、眼到、口到）第二，哪句读得不流畅，就反复练习几遍。请打开书，我们先读第一、二两节试试。（指名读，第一句该生就读"断"了。）

师：不要紧，你再读两遍就读流利了。（生练习两遍，读通了，接着往下读，直到读完。）

师：（高兴地）就这样练！大家就像他这样把课文读一遍，做到心到、眼到、口到，读得正确、流利。（全班同学读课文。读完之后再指名读。）

师：读书要边读边想，要想想词语的意思，理解课文的内容。怎样理解词语的意思呢？主要的办法是联系上下文（板书：联系上下文）。有些词语的意思课文就有，只要认真去读，就会知道。比如这些词语——（老师挂小黑板，出示：惊弓之鸟，大吃一惊，信不过，孤单失群）一看上下文就懂。（学生认真默读课文。）

师："惊弓之鸟"是什么意思？你从哪儿看出来的？

生："惊弓之鸟"的意思是：害怕弓弦响的鸟，我从最后一节看出来的。（生读：……它一听弦响，心里很害怕，就拼命往高处飞。……）

师："惊"是什么意思？

生：害怕的意思。

师：（高兴地）你读书做到心到了。

生：我还从第五节看出来了。（读：……只听得嘣的一声响，那只大雁直往上飞……）

师：对，这里也可以看出，"惊弓之鸟"就是害怕弓弦响的鸟。"之"就是"的"的意思。——大家再看看，"大吃一惊"什么意思？这里的"惊"和"惊弓之鸟"的"惊"有没有什么区别？

生：这个"惊"是奇怪的意思。

生：是惊奇的意思。

师：你是从哪儿看出来了？

生：从魏王说的话看出来了。（读："啊！……真有这样的本事！"）

师：（随手板书两个叹号）从这两个叹号也可以看出，这里的"惊"是惊奇的意思。"大吃一惊"就是感到非常奇怪。下面还有一个地方能看出来"惊"

是奇怪的意思,你们往下看,能不能找出来,这一点比较难。

生:"魏王更加奇怪了",说明刚才"大吃一惊"已经是奇怪了。所以这里加个"更"字。

师:(非常高兴)说得对!大家再读读第三节,看看"信不过"是什么意思。

生:"信不过"就是不相信。我从两个问号看出来的。(读:"是吗?……你有这样的本事?")

师:这就叫聪明!这就叫"心到"!(顺手板书两个问号)你读书不仅字字入目,而且标点符号也入目。不仅入目了,而且动脑子想了。——"孤单失群"是什么意思?

生:孤单失群就是离开同伴。(读:"……它离开同伴,孤单失群,得不到帮助。")

师:"群"就是——

生:同伴。

师:"失"就是——

生:"失"就是离开。离开同伴就剩自己了,孤单了。(笑)

师:说的对!上面两个词语我们是怎样理解的?

生:(齐声)联系上下文理解的。

师:(在黑板上的"联系上下文"的下面加上着重号)但是,有些词语,特别是带生字的词语,不能从课文中直接找到答案。比如这两个词——(悬挂黑板出示:悲惨、愈合)虽然联系上下文也能知道一点意思,但心里没有底,这时,就应查查字典。请左边四排的同学查"惨",右边四排同学查"愈"。看谁查得快,并能讲讲它们的意思。(学生通过查字典,再联系课文,理解"悲惨""愈合"在本文中的意思。)

师:小朋友,多数汉字是一字多义。这就要根据句子确定意思,也就是说,要据文选义。看看这句里的两个"直"的意思是不是一样。(小黑板出示:"只听嘣的一声响,那只大眼直往上飞,拍了两下翅膀,忽然从半空里直掉下来。")(多数学生说两个"直"意思不一样,但不同在哪里,一时又说不出来。)

师:我们不妨查查字典,看看字典上"直"有几种解释。为了节省时间,我把字典里几种解释抄下来。大家看看——(小黑板出示:①不弯曲;②使弯曲的伸开;③垂直;④爽快;⑤一个劲地;⑥汉字笔画名称,即"竖";⑦公正的)(生看了七种解释,又读一遍句子,知道第一个"直"是"一个劲地"的意思,第二个"直"是"垂直"的意思。)

师:同学们,联系上下文是理解词语的最根本的方法。古人说:"书读百遍,其义自见。"只要我们认真读书,做到心到、眼到、口到,就能理解词语和文章的意思。(最后师又让生自由读一遍课文。)

第二节

师:上节课谈到,读书要做到心到、眼到、口到。首先要读得正确、流利。这还不够。理解了,还要读得有感情(板书:有感情)。这个要求更高了。能读出感情来,就不仅证明你理解了,而且说明你学得相当不错。怎样读得有感情呢?第一,要学会"过电影",想想课文描写的情景。请同学们读读第二节的第一、二两句,说说你读的时候,脑子里出现什么样的情景。(学生读第一、二两句话:"有一天,更赢跟魏王到郊外打猎。一只大雁从远处飞来,边飞边鸣。")

生:我读的时候,脑子里出现魏王带着人在郊外打猎的情景,还出现一只大雁在天上慢慢地飞,叫的声音很悲惨的情景。

师:怎样读叫人觉得这只大雁飞得很慢,叫的声音很悲惨?大家读读看。(生练习读。师指名读。)

师:这位小朋友读得真有感情。我听了之后,真像看到一只受伤的大雁在天空慢慢地飞,边飞边叫,让人听了很伤心。大家都这样读一遍。(全班同学认真连读,兴趣十分浓厚。)

师:请大家再读读第五节,说说你脑子里又出现什么样的情景。

生:我读了以后脑子里出现了更赢拉弓的样子。好像看到大雁掉下来了。

师:还听到什么声音?

生:听到弓弦响。

师:响得很吗?

生:响得很,嘣的一声!(笑)

师:谁来读读这一节,让我们听了仿佛真的看到了更赢拉弓射箭,听到了弦响,看到了一只大雁一个劲地往上飞,又"啪嗒"一声掉下来的情景。(指名读。读得不好。师提示:读这一节,速度要快,要紧张一点,"嘣"字和两个"直"字要强调。然后师做了示范。生练习后,读得很有感情。)

师：同学们,读对话比较难。大家把书放下,听老师读第二至四节。注意老师读魏王和更羸对话时的语气和表情有什么不同,并想想为什么不同。(生看师读第二至四节)

生：于老师读更羸的话是微笑的,语气——

师：语气是认真的,对吧？读魏王的话是什么表情？什么语气？

生：皱着眉头,不相信的语气。

师：想一想,读更羸的话为什么面带微笑,态度认真？

生：因为更羸是大臣。他和国王说话,应当有礼貌。

师：是的,要毕恭毕敬。要读出感情,第二,要想想他们的身份,体会他们的思想感情,要把自己当作魏王或更羸。下面,大家都学着老师读的语气和表情,把第二至四节朗读一遍。(学生模仿力很强,读得特别认真。指名读,效果很好。)

师：请同学自己练习第六至九节,体会一下,每一节应该以什么样的表情和语气读。(练过之后,请张雷到讲台前读。)

张：(读)"啊!"魏王大吃一惊,说,"真有这样的本事!"(有人举手,该生叫彭晓明。)

彭："啊"读的不好,听不出是大吃一惊。

师：请你再读一下。(彭读,读得很好。)

师：你读得不错,表情也好,两眼都直了,看样子惊呆了,(笑声)请你到前边来,读给大家听听。(彭到前边读)

师：(对彭)你别回座位了,请你和张雷比赛,看谁读得好。请张雷读第七节。

张：(读)更羸笑着说："不是我的本事大,是因为我知道,这是一只受过伤的鸟。"

生：(举手)张雷没有笑。

师：说得对！书上明明写着："更羸笑着说"嘛！张雷请重读一遍,注意表情。(张雷重读,面带微笑,大有进步。)

师：(对彭晓明)请你读第八节,你刚才读魏王的话非常好。

彭：(读)魏王更加奇怪了,问："你怎么知道的？"(笑声)

师：大家笑了,看来同学们很满意。——大家谈谈,哪里好？

生：彭晓明的表情好,眉头皱着。

师：因为更加奇怪,所以眉头皱成一个大疙瘩;语气也很像魏王。最后一节是更羸讲原因。这一节最重要,要读得清楚,速度稍慢一点,表情要自然,请张雷读。(张雷读。读得较好。老师让全班学生像他们二人一样把第六至九节读一遍。)

师：同学们,书越读越有味,现在请两位同学一个扮更羸,一个扮魏王,把对话部分有感情地读一遍。能背下来最好。读的时候除了注意表情,还可以加点动作。(学生们兴高采烈,津津有味地分角色读。有的放下书来表演。)(师指定两个人到前边,一人读魏王的话,一人读更羸的话。并让他们把各自要读的话练一遍,尽量背下来。)

师：现在我们三个人开始读,其他小朋友当裁判员,看谁读得好,如果有意见举手提出来。(师读叙述部分,三人把课文读一遍,一生举手。)

生：魏王看到大雁掉下来,大吃一惊,夸更羸有本事,应当捋一下胡子。(笑声)插图是这样画的。

师：有道理!捋一把胡子,就更有国王的味了。(笑)请"魏王"把第七节再读一遍,加个捋胡子的动作。("魏王"加动作读。全班大笑。)

师：读活了!有味!——"魏王"当你听了更羸的解释,会怎么样想、怎么说?

生：啊,原来是这么回事!

师：你是国王,说话要文绉绉的,考虑下应当换个什么词?加个什么动作?

生：(捋胡子、点点头)啊,原来如此!(笑声)

师：好一个"魏王"!(笑)你还会对更羸说什么?(生一时说不出)

师：其他同学可以帮忙。

生：更羸,你真善于观察、善于动脑筋!

师：这叫作把书读活了!能说出这样的话来,说明大家完全读懂了。更羸怎么知道不用射箭,只要拉一下弓,那只大雁就能掉下来?(这是课后思考题。)

生：更羸看到这只雁飞得慢,便知道这是因为它受过箭伤。受过箭伤的雁害怕弓弦响。弓弦一响,它一使劲飞,伤口裂开了,就掉下来。

师：更羸为什么一见这只大雁飞得慢,便知道这是因为它受过箭伤的?其他人也看见了,为什么不知道?只是因为他们不善于观察、不善于动脑吗?

生：因为更羸是个有名的射箭能手。

师：对！（随手板书：有名）有名，就是说他的箭射得怎么样？

师：更羸一定经常干什么？

生：他一定经常打猎、射鸟。

师：经常打猎，经验怎么样？

生：他的经验多。

生：他的经验丰富。

师：对！他的经验太丰富了，他知道受过伤的雁飞得慢。（小黑板出示这一句话）这是最重要的一步。所以，当他看到这只雁飞得慢的时候，就断定它受了箭伤。这就是更羸想的过程。魏王等人为什么看不出来？根本的原因，是因为他们没有这个经验。这就告诉我们：知识越多，经验越多，认识能力就越强，就越聪明。今天，"惊弓之鸟"这个成语人们还经常运用。请看这篇短文——

（小黑板出示短文：日本被八路军包围在山下的公路上。经过一小时的激烈战斗，八路军消灭了1000多名侵略者。有一小股日本兵顺着一条小沟，逃到一座树林里。他们又渴又累，刚想坐下来喘口气，忽然身后传来两声枪响，他们像惊弓之鸟抓起枪，慌慌张张钻进草丛里。）

（师请生读短文。生通过阅读，知道了"惊弓之鸟"这一个成语在短文的意思，师告诉生，这个成语就是比喻受过惊吓，一有动静就害怕的人。）接着，师又指导生用"悲惨"造句。这是课后要求的。

师：读读"悲惨"所在的句子，看看这里的悲惨是说什么的。

师：这里的悲惨是说声音的。大雁叫的声音很悲惨，叫人伤心。

师：小朋友，我说一句话的开头，看谁能接着往下说，并用上"悲惨"一词。——猎狗的腿断了，夜里……

生：猎狗的腿断了，夜里叫的声音很悲惨。

师：谁用"悲惨"这个词自己造一个说声音的句子？

生：小白兔死了，小白兔的妈妈哭了，声音很悲惨。

师："悲惨"不光可以说"声音"，还可以说别的。看下边一个句子——

（小黑板出示：杨白劳被地主毒打了一顿，悲惨地死去了。）

师：这个句子的"悲惨"是说什么的？

生：是说杨白劳死的样子。

师：正确。现在请小朋友考虑一下，下边两个句子能不能加上"悲惨"一词，若可以，则应该在哪儿加。（出示下面两个句子：① 旧社会，劳动人民吃不饱，穿不暖，有的卖儿卖女。② 卖火柴的小女孩在大年夜冻死了。）

生：旧社会，劳动人民吃不饱，穿不暖，有的卖儿卖女，生活很悲惨。

师："悲惨"还可以加在别的地方吗？想一想。

生：旧社会，劳动人民生活很悲惨，吃不饱，穿不暖，有的卖儿卖女。

师：很好！再看第二个句子。

生：卖火柴的小女孩在大年夜悲惨地冻死了。

生：卖火柴的小女孩在大年夜冻死了，死得很悲惨。

师：说得真好！听于老师说个句子，你们听一听行不行——一个日本鬼子被八路军打得头破血流，样子很悲惨。（学生立刻举手）

生：这样说不行。日本鬼子被打伤，活该！谁叫他侵略我们的！（众笑）

师：这是罪有应得！看来我用词用错了。（笑）（下课）

（选自于永正著《于永正课堂教学教例与经验》，人民日报出版社1995年版，第210-219页）

第三节　在虚拟语境中读、写
——评于永正《再见了，亲人》课堂实录

于永正所上的《再见了，亲人》，堪称虚拟语境教学的典范课例。第一课时善于创设虚拟语境，借助虚拟语境指导学生朗读；第二课时善于运用虚拟语境教学法，将学生置于实际交际任务和读者对象的虚拟语境中，激活学生的写作语境意识，调动写作积极性。

一、在虚拟语境中指导朗读

在朗读教学中，创设虚拟语境，对引导学生学会正确朗读有一定的指导意义。虚拟语境依据文本的上下文，反映特定时代的社会文化背景，能够使学生成为假想情景中的一个角色，根据假想情景的有关要求，来完成相应的语文任务。因此，根据朗读需要创设虚拟语境，使师生能够根据虚拟语境的暗示，对言语理解和表达产生特定指向，并做出适宜的反应，进而影响朗读目标能否顺利实现。具体说来，虚拟语境可以使学生体会朗读目的，感受角色心理，想象听者反应，领悟节奏声调，读出真情实感。

于永正在《再见了，亲人》第一课时教学中，广泛创设虚拟语境，将朗读教

学指导搞得有声有色,给我们提供了有益的教学经验。

（一）根据教学语境确立目标,使朗读指导成为需要

于永正能够根据课堂需要,熟练运用情景语境教学法和上下文教学法,根据文本和现场语境,准确把握教学目标。

片段一　于永正在检查学生认识生字、了解课文主要内容情况和介绍时代背景后:

师:预习得真不错,课文基本读懂了。这一课的内容不难理解,现在我们看看怎样读好它,怎样把文章的思想感情,也就是把志愿军的思想感情通过朗读表达出来。

根据课堂现场情景,提出适宜的、学生还没有掌握的学习目标,是确立语文教学目标的基本要求。但是,如何知道学生哪些内容还没有掌握? 课堂检查就是一个好办法。于永正检查学生预习情况,发现学生已经基本掌握了文中的生字词和课文的主要内容,决定不再将这些内容确定为教学目标;而是根据实际需要,将"怎样读好它,怎样把文章的思想感情,也就是把志愿军的思想感情通过朗读表达出来"确定为教学目标。

《再见了,亲人》是魏巍创作的反映志愿军战士于1958年撤离朝鲜时和朝鲜人民话别时的情景,文章运用呼告手法,以朴实、简练的语言写出了中朝人民的友谊,感情真挚、动人,适于指导朗读。本文内容难度不大,不宜将理解文本内容确定为主要目标。于永正将目标定位为指导朗读,应该说是非常适宜的。这一目标既与文本特点相适应,也与学生的学习需要相一致。

（二）创设虚拟语境,使朗读指导现场化

于永正在朗读指导中创设了三个虚拟语境,即在假想的火车站,作为归国的志愿军战士,分别与朝鲜老大娘、小金花和大嫂话别时,如何说话才能让她们不伤心。先看指导与大娘话别:

片段二　帮助学生在自由朗读课文的基础上回答志愿军向大娘话别时回忆了大娘做的三件事,帮助学生运用上下文教学法理解"雪中送炭"后:

师:同学们,就是这么一位不是亲人胜似亲人的老大娘,不顾年迈,不怕路远,到车站为志愿军送行,志愿军战士怎么能不激动万分! 假如你是志愿军战士,你会怎样向这位朝鲜大娘道别? 会以怎样的感情读志愿军说的话? 让我们自由练习一遍。

此处是通过设身处地，唤起学生的生活感受，再现话别场景，把学生带入与朗读相关的特定语境之中。"同学们，就是这么一位不是亲人胜似亲人的老大娘，不顾年迈，不怕路远，到车站为志愿军送行，志愿军战士怎么能不激动万分！"教者以饱含激情的语言为学生创造了志愿军战士与大娘话别时的虚拟场景，揭示了话别对象的心态，将心比心，此时志愿军战士的激动心情可以想见。"假如你是志愿军战士，你会怎样向这位朝鲜大娘道别？会以怎样的感情读志愿军说的话？"将学生虚拟为特定语境中的志愿军战士，以虚拟的身份进入了作品设置的语境，有了特定的交际目的、交际对象、交际关系和交际方式，从而更真切地感受到临别时的氛围和心境。

片段三　指导相关语句朗读：

师：谁来以志愿军战士的身份向大娘道别？（指名读。）

师：（学生读完第一句"大娘，停住您送别的脚步吧"时插话）别忘了，你是站在这位可亲可敬的大娘跟前，和大娘说话，要动情，"大娘"要叫得亲切。

师：（当学生读到"八年来……"一句时，老师插话）这一句转入回忆，声调要变低，速度要放慢，把人们带回从前的岁月。（该生重读。）

师：（该生读完"抢救伤员"这件事时插话）这件事最感人，感情不容易表达，听于老师读一下。（老师范读。）

师：大家注意了没有？"当您回去抢救小孙孙的时候，房子已经炸平了"这句话中间是个逗号，可是老师为什么停了较长的时间？

生：房子炸平了，小孙孙炸死了，心里很悲伤，所以……

师：志愿军说到这里的时候心里很难过，说——

生：说不下去了，所以说到这里停了较长的时间。

师：对了，理解了，感情体会出来了，才能读好。——请大家把"抢救志愿军伤员"这件事读一读。（学生自由读。）

师：请刚才读的同学把这件事重读一遍，并接着把这一节读完。我相信，这一次一定得很有感情。

（该生重读，直至把第一节读完。这次读得很出色，老师予以肯定。）

此处是详细指导一位学生以虚拟的志愿军战士身份读给大娘听。由于时代的隔阂，学生有时很难进入角色，因此，在读的过程中难免出错。于永正则根据虚拟语境中的情景要求，指导学生读出感情。首先，点明处境，说明读法。当学生读完第一句"大娘,停住您送别的脚步吧"时,发现读的感情还不到位,还不够亲切,插话说:"别忘了,你是站在这位可亲可敬的大娘跟前,和大娘说话,要动情,'大娘'要叫得亲切。"指明学生在虚拟语境中,交际对象——大娘的特点、身份,自身的处境以及和大娘的空间距离,结果该生重读,读得很有感情。其次,点拨读法,表明意图。当学生读到"八年来……"一句时,老师插话点拨道:"这一句转入回忆,声调要变低,速度要放慢,把人们带回从前的岁月。"点明的处境是"转入回忆",读法是"声调要变低,速度要放慢",意图是"把人们带回从前的岁月"。再次,适当范读,加强示范。我们知道,初读阶段,重在整体感知,整体感知的根本做法是通过学生的熟读自悟来实现。一般而言,教师首先范读容易限制学生的思考、领悟,容易把学生的思路引导到同一的轨道上,使学生受制于教师的一种理解与读法,学生的感受就没有了自我本色。因此,应放手让学生先读,学生有读不好的地方,再随机范读,则更有利于发挥学生学习的自主性。在这里,于永正在学生读完"抢救伤员"这件事后,发现这件事最感人,感情不容易表达,才范读该件事,这就将教师范读变成了学生学习的需要,而不是可有可无的点缀或教师个人才能的展示。最后,品味逗号,体会感情。"当您回去抢救小孙孙的时候,房子已经炸平了"这句话中间是个逗号,可是为什么读的时候要停较长的时间?当学生理解了以后,读起来则更有感情。

片段四　指导朗读与小金花话别。

师:在这送别的人群中,还有一位和同学们年龄相仿的小金花。她和志愿军叔叔难舍难分,难过得哭了,志愿军对她说了一段话。大家看一看,怎样读才能让小金花止住眼泪呢?每个人都练一遍试试。(学生自由练习读第二段。)

于永正创设的虚拟语境之二是学生在虚拟话别语境中与小金花告别。于老师首先说:"在这送别的人群中,还有一位和我们同学年龄相仿的小金花。"一下子拉近了学生与小金花的心理距离。接着指出话别时的处境:"她和志愿军叔叔难舍难分,难过得哭了。"最后点出要求:"怎样读才能让小金花止住眼泪呢?"

于永正设计的虚拟语境之三是在虚拟语境中与大嫂告别。在虚拟语境中,"志愿军"读得很有感情,老师几乎没做提示。能达成如此效果,是由于在一系列虚拟语境中,学生感受到了在当时特定的背景下中朝人民的友谊,感受到了志愿军战士与他们之间浓烈的情感。因此,学生读得才那么感人至深。这表明:学生在教师创设的一系列虚拟语境中,能够逐步学会有感情朗读;在教师的由教到扶到放的过程中,有感情朗读的目标能够得到全面实现。

二、读写结合,要有语境意识

读写结合是促进语文能力形成的有效手段之一,在语文教学中得到了广泛运用。但由于缺乏对在读写结合中要加强语境意识问题的相关研究,教师在阅读教学中出现了将两者机械结合的形式主义倾向,导致习作者在写作中缺乏对象意识和处境意识,使习作没有成为学生学习和生活的真实需要,因而在一定程度上影响了学生阅读和写作积极性。为此,在读写结合中应该确立语境意识。

读写结合中的语境意识,就是教师在读写结合中自觉地运用语境理论来指导读写结合训练,使学生意识到读写结合是一种真实的学习需要和真实的生活需要,而不是机械的、附加的任务;使学生在语境中确立一种需要意识、对象意识、处境意识和角色意识等。读写结合中确立读者意识,一般要创设一种虚拟语境,使学生在特定的处境中感觉到通过具体的读来学写的必要性,意识到在具体的处境中必须写,明确写给谁看,并根据写的对象确定自己的角色,确定如何表达。

于永正的《再见了,亲人》第二课时就是在读写结合中充满语境意识的典范。我们来看看该片段的基本做法:

师:同学们,八年来,中国人民志愿军与朝鲜人民并肩作战,打败了美帝国主义侵略者;停战后,又和朝鲜人民齐心协力,重建家园。现在志愿军要回国了,双方难免依依不舍。同学们,通过上一节课的学习,我们知道了,这篇课文写的是回国时,中国人民志愿军在火车站向前来送行的朝鲜人民话别的情景。(板书:话别)既然是话别,就应该是双方的,但是,课文只写了志愿军说的话,此时此刻,朝鲜人民会说些什么呢?如果你是大娘、小金花、大嫂,听了志愿军说的话,会说什么呢?现在我想把你们分成三组,第一组的同学以大娘的身份,第二组的同学以小金花的身份,第三组的同学以大嫂的身份分别写一段向志愿军告别的话,好不好?

(学生既惊诧,又兴奋。)

［评］学生之所以既惊诧，又兴奋，原因就在于教师设置的读写结合方式充满语境意识，使读写结合符合日常生活情理，成为一种必写的需要。试想，既是话别，那自然是双方都要说，而不仅仅是志愿军一方的独白，而作者从艺术需要出发，只写了志愿军说的话，此时此刻，朝鲜人民会说些什么呢？文中没有写。这种艺术空白就留下了可供创造的想象空间，使人感觉到在这种话别场合，大娘、小金花、大嫂必然会说她们要说、想说的话，这就使得"如果你是大娘、小金花、大嫂，听了志愿军说的话，会说什么呢？"这样的假定有了合理的语境依据。在这里，教师所创设的虚拟语境既规定了学生在虚拟语境中的假定角色——或为大娘，或为小金花，或为大嫂，也规定了他们的交际对象——话别中的志愿军战士；既规定了交际的场合——话别时的火车站，也规定了交际时的社会背景——八年来，中国人民志愿军与朝鲜人民并肩，打败了美帝国主义侵略者，停战后，又和朝鲜人民齐心协力，重建家园；既规定了交际的目的——欢送志愿军战士回国，表达感谢情意，也规定了交际关系——血浓于水的战斗情谊。

师：现在，咱们看看志愿军是怎样对大娘说的，也就是说，第一段是怎样写的，读读第一段，看看分几层。

（学生读，思，议。）

师：志愿军向大娘话别时，分三层意思说的，首先是劝大娘别送，再回忆了两件往事，最后赞扬了中朝人民之间的友谊。这三层意思一目了然，同学们都看出来了。三层意思中，最重要的是第二层——回忆事例。咱们也可以分三层来写。

［评］读写结合的实质是根据特定需要学习课文的结构特点、表现手法，通过模仿学会迁移运用。在读写结合训练中，需要对模仿的对象进行分析，看看我们要学习什么和怎么学。本次读写结合主要是学习话别时根据对方的话题来进行应答的结构方式，即接过对方的话茬，按照对方话语的结构思路来对话。因此，其核心就是要模仿志愿军话别时的说话结构方式。于永正不在第一课时分析志愿军的话语结构层次，而在此时指导学生分析结构层次，这就为学生在学习模拟过程中理清了思路，使读和写紧密结合起来，使层次分析成为指导读写结合训练的需要。此处，于永正的做法还给了我们一个重要启示：对阅读教学是否要进行分段、分层问题下结论，不可一刀切、一窝

蜂。有一阵子红领巾教学法盛行,逢文必分段、分层;一阵子又意识到这种做法不大切合汉语教学实际就唯恐避之而不及,将分段分层教学打入冷宫。根据学生的学习需要,适时地分段分层,仍然是必要的。

师:不过,因为朝鲜人民是送行的,又是接着志愿军的话说的,所以一、三两层的意思不能和志愿军说的一样。第一层应怎么写?应说什么?咱们读一读志愿军对大娘说的最后一句话。想一想就会明白。

(学生读第一段最后一句,思考。)

生:要顺着志愿军的话往下说。

师:是的。问题是怎样顺着往下说。在这儿动脑筋。

师:大家别着急,让他想一想,给他一次机会。

生:志愿军同志,我们更不会忘记你们!

师:说得多好呀!——还可以怎么说?

生:孩子们,你们要回国了,我更忘不了你们哪!

师:因为你是以大娘的身份说的,可以这样称呼。同学们,小金花、大嫂开始都要顺着志愿军的话说。

[评]语境意识的体现,其一就是要根据上下文、根据交际对象的特点、要求和自己的身份来决定该怎么说、怎么写。在这里,于永正强调要顺着志愿军的话往下说,并指导学生以大娘的身份做到如何说,实际上是让学生学会根据上文的提示组织语言。

师:接着回忆一件往事——因为时间关系,只写一件——这件事可以写你知道的,可以根据志愿军的话推测、想象一件事。第三层,我想大家会明白。一想朝鲜人民是来送行的,就会知道该说什么。现在开始写,看谁写得有感情,让人听了感动。别忘了你现在的身份。

[评]再次明确模拟结构,并强调"别忘了你现在的身份",强调要根据虚拟语境中的自我角色来表达,可见教师的语境意识之浓。

师:开头的话要顺着志愿军的话说。现在我请几个同学读读开头的一句话。

生:"志愿军同志,千万别这么说,我为你们做的事太少了,你们对我们的帮助太大了!为了打败美国侵略者,你们付出了那么大的牺牲!记得……"

师：就读到这儿。这位同学是以大娘的身份写的。写得很好，符合要求。——下边请以小金花身份写的人物读读开头的话。

生：志愿军叔叔，我不是不刚强，我实在不想让你们走啊！……

师：这句话接得多顺啊！还有不重样的吗？

生：我应当唱支《捣米谣》为你们送行，可是，我怎么能唱出来！我多么想把你们留住！……

师：写得好，读得也有感情。——请第三组的同学读读开头。

生：（读）"志愿军同志，有多少志愿军战士为我们献出了生命！我为你们受点伤还不应该吗？……"

师：说得真好！下边就可以回忆一件事了，也可以用"记得"开头。

[评]接着对方的话说是这次读写结合的难点之一，也是学生在作文教学中能否确立语境意识的关键。教师考虑到突破这一难点较困难，除了亲自引导学生外，此处又以学生的习作做示范，为其他同学提供范例。

生：于老师，回忆什么事？怎么写？

师：想想看，你知道哪些志愿军英雄的事迹？

生：黄继光堵枪眼，罗盛教救小孩。

生：邱少云……邱少云遵守纪律。

师：这些都可以写，我前面说过，有些地方还可以想象。我给大家15分钟的时间，看谁写得又快又好。

（全班学生认真写，老师巡视、辅导。）

[评]在教师的预设中，可能写回忆的这一层比较好写，所以教师未作过多的指导，没想到学生提出没材料写的问题。但教师并没有因此而责备学生，而是努力开启学生的认知背景，打开学生的认知结构，使学生从记忆的仓库中提取出所需的材料——这实际是认知语境教学法的灵活运用。

师：大家暂停一下。10分钟就有人写好了，而且写得不错，现在请几位同学到前边来读一读。先请一位当大娘的同学读。

生：（读）"志愿军同志们，我们朝鲜人民更不会忘记你们！是你们帮助我们赶走了美国侵略者，重建家园。我永远不会忘记，我带领全村妇女给你们送打糕的时候……"（师插话："这句前面应加上'当年'二字。"）"敌人正猛烈地向你们进攻。"（师插话："'猛烈'应改为'疯狂'。"）"虽然那时候你们已经三天没吃东西了,但是仍然顽强地和敌人搏斗,把敌人打了下去。许多战士饿昏了过去。我真后悔来晚了!"(师插话:"多么会想象呀!")"八年来,多少志愿军战士为我们献出了宝贵的生命!同志们,我们永远忘不了你们啊!祝你们一路平安!"

师:大娘还会嘱咐什么?

生:回国问你们的爸爸、妈妈好!

生:欢迎你们再来朝鲜!

师:说得多么感人!——再找位"小金花"读一下。

生:(读)"志愿军叔叔,我不是不刚强,我是舍不得你们走啊!我妈妈牺牲以后,是你们为我报了仇。王叔叔就像爸爸一样关心我。我更忘不了罗盛教叔叔,他为了救我们的小伙伴崔莹,献出年轻的生命。叔叔,我长大了一定到中国去看望你们,一定为你们唱《捣米谣》。叔叔们,再见!"

师:这位同学写得多好啊,感情多真挚啊!——再请一位"大嫂"来读一读。

生:(读)"志愿军同志们,我为了志愿军亲人受了伤算什么?这比起你们来,真是差远了。八年来,为了帮助我们打击侵略者,重建家园,你们付出的更多。"(师插话:"这句应改为'你们付出的代价更大'。")"就连毛主席的儿子也献出了自己的生命。"(师插话:"接着要加上一句:'长眠在我们朝鲜。'")"没有志愿军,哪有我们的今天?你们要走了,说什么也得送送。"

师:写得很感人。不过最后还应加上一句话,你别忘了,你是来送行的。

生:祝你们一路顺风!

[评]此处是当场让学生范读自己的习作,教师当场评改——这是语境评价法的具体体现,充分展示了教师运用充满语境意识的读写结合方式带来的教学成果。特别是"先请一位当大娘的同学读""再找位小金花读一下""再请一位大嫂来读一读"等称呼法进一步突出了学生的角色意识和对象意识,让学生在虚拟话别的场景中根据自己的身份写出情调、读出韵味。从中可见,读写结合充满语境意识容易使学生乐写、善写,而且写得让人感到如临其境、如见其人,充满着真情实感。

师:大家听了以上三位同学写的一定很受启发。没写完的继续写,已写好的,要好好修改,上面三位同学写的可以参考。

（全班同学继续写；已写好的着手修改。）

［评］面向全体是读写结合的基本要求，让读写结合充满语境意识的目的之一就是让所有的学生在写作中都充满语境意识，学会用语境理论指导自己的写作实践。于老师有指导，有示范，效果自是不同凡响。

师：同学们，全班同学都写成了。现在，我想请每组推荐一名同学到前边来，分别读大娘、小金花、大嫂的话。这三名同学要有一定的朗读水平，其他同学当志愿军，读向大娘、小金花、大嫂告别的话。

（全班同学兴致很高，推选了三名同学到讲台前。全班同学先读对大娘说的话，"大娘"再读刚写的对志愿军说的话；全班同学再读对小金花说的话，"小金花"再读对志愿军说的话；接着全班同学读第三段对大嫂说的话，"大嫂"再读对志愿军说的话；最后全班齐读第四段。成了一次具有真实感的话别。）

［评］读写结合中，由读到写是我们的常见做法，但是由写到读却非常少见。此处的做法既将读和写相互验证，促进学生思考；又使《再见了，亲人》变成真正的道别，从而使教学再一次掀起了高潮。

综上所述，本节课善于在读写结合中确立语境意识。首先，教师能运用语境理论指导自己的教，亦即善于运用语境教学法如情景语境教学法、上下文教学法、认知语境教学法、社会文化语境教学法等来指导读写结合教学。在本案例中，教师将课堂教学看作一次师生间的围绕达成读写结合这一学习目标的交际活动，根据交际对象——学生的需求，明确课堂交际目的，设立虚拟语境，使学生明确了写作中的交际目标、交际对象以及交际处境等，使写作成为学生的需要；并灵活运用情景语境教学法、上下文教学法、认知语境教学法、社会文化语境教学法，使学生有话要说，有内容可写。其次，教师要能运用语境理论指导学生的学，让学生学会运用语境写作法，即学生在写作中确立上下文意识、对象意识、角色意识、目的意识、处境意识等，明确写作意图、写作对象、写作主体的角色和交际关系、写作处境、仿写对象的特点以及写作文体等因素对写作的影响。最后，教师善于运用语境评价法，根据写作要求和学生的写作语境作具体的、有针对性的评价。这样，使读写结合成为一种学习的需要，促进学生带着真实的学习任务去读、去写，并在融洽的师生关系里形成乐学、乐教的氛围。

附 于永正《再见了,亲人》课堂实录

第一课时

师:同学们,今天我们学习第 17 课《再见了,亲人》(板书:再见了,亲人)我读了这一篇课文非常感动,我想,同学们预习时一定也会和我一样深受感动。生字都认识了吗?

生:(齐答)认识了。

师:我请位同学把生字读一读。

(出示生字卡,指名读,略。)

师:课文写的是什么时候、在什么地方,谁对谁说的话?通过预习,你们明白了吗?

生:志愿军回国的时候,向朝鲜人民说的话。……地点在火车站。

师:不要紧张,请你重新把话组织一下。你一定会说得更好。

生:(重说)这一课写的是志愿军回国的时候,在火车站向朝鲜人民说的话。

师:好多了。

(该生自动坐下)

师:请别忙坐下。你考虑一下,志愿军是向全体朝鲜人民说的吗?在火车站说的这些话叫什么话?

生:是对到火车站送行的朝鲜人民说的话,是,是……

师:和前来送行的人说的话叫什么话?

生:(忽然想起)是告别的话。

师:(高兴地)对呀! 明白了这些,我想,你会把老师提的问题回答得更好。说说看。

生:这一课写的是志愿军回国的时候,在火车站向朝鲜人民告别的话。

师:说得多么好! 既准确又严密。——同学们学过黄继光,学过邱少云,对朝鲜战争有一些了解。1950 年 6 月 25 日,美帝国主义发动了侵朝战争,并把战火烧到了中国边境,中国人民响应毛泽东主席发出的"抗美援朝,保家卫国"的伟大号召,组成了中国人民志愿军,跨过鸭绿江和朝鲜人民并肩作战。1953 年,美帝国主义被迫在停战协定上签字。志愿军分批撤出朝鲜回国。1958 年是最后一批。课文写的就是 1958 年志愿军回国时,和朝鲜人民话别的动人情景。课文写了志愿军和哪些人告别?

生：大娘、大嫂，还有小金花。

师：预习得真不错，课文基本读懂了。这一课的内容不难理解，现在我们看看怎样读好它，怎样把文章的思想感情，也就是把志愿军的思想感情通过朗读表达出来。——咱们先读第一段，边读边思考：志愿军向大娘话别时回忆了大娘做了几件事？边读边画。

生：回忆了两件事。第一是为志愿军送打糕，第二是救志愿军的伤员。

师：你说得非常清楚。但是说全了吗？再看书。

生：还有大娘为志愿军洗补衣服。

师：这也是一件事。请你重新回答老师的问题。

生：志愿军向大娘话别时回忆了大娘做的三件事。第一是为志愿军洗补衣服，第二是为志愿军送打糕，第三是抢救志愿军的伤员。

师：说得多有条理。

（老师板书：洗补衣服，送打糕，抢救伤员。）

师：请默读第二件事，想想"雪中送炭"在这里是什么意思。

（生默读、思考。）

生：志愿军饿着肚子跟敌人拼了三天三夜，又累又饿，大娘带着妇女送来了打糕。

生：在志愿军最需要的时候，大娘带着人送来了打糕，这就是雪中送炭……好比雪中送炭。

师：理解得多好！同学们，联系上下文理解词语是一种很重要的方法。多数词语，一读课文就会明白它们的意思。同一个词语，由于语言环境不同，它的意思可能也不一样。这一课中的"雪中送炭"就不是指下雪天送来了烧火的木炭。所以说理解词语不能离开文章。——同学们，就是这么一位不是亲人胜似亲人的老大娘，不顾年迈，不怕路远，到车站为志愿军送行，志愿军战士怎么能不激动万分！假如你是志愿军战士，你会怎样向这位朝鲜大娘道别？会以怎样的感情读志愿军说的话？让我们自由练习一遍。（学生自由朗读第一段，读得很投入，老师巡视、指导。）

师：谁来以志愿军战士的身份向大娘道别？（指名读）

师：（学生读完第一句"大娘，停住您送别的脚步吧"时插话）别忘了，你是站在这位可亲可敬的大娘跟前，和大娘说话，要动情，"大娘"要叫得亲切。（该生重读，读得很有感情。）

师:(当学生读到"八年来……"一句时,老师插话)这一句转入回忆,声调要变低,速度要放慢,把人们带回从前的岁月。(该生重读)

师:(该生读完"抢救伤员"这件事时插话)这件事最感人,感情不容易表达,听于老师读一下。(老师范读。)

师:大家注意了没有?"当您回去抢救小孙孙的时候,房子已经炸平了"这句话中间是个逗号,可是老师为什么停了较长的时间?

生:房子炸平了,小孙孙炸死了,心里很悲伤,所以……

师:志愿军说到这里的时候心里很难过,说——

生:说不下去了,所以说到这里停了较长的时间。

师:对了,理解了,感情体会出来了,才能读好。——请大家把"抢救志愿军伤员"这件事读一读。(学生自由读。)

师:请刚才读的同学把这件事重读一遍,并接着把这一节读完。我相信,这一次一定读得很有感情。

(该生重读,直至把第一节读完。这次读得很出色,老师予以肯定。)

师:在这送别的人群中,还有一位和同学们年龄相仿的小金花。她和志愿军叔叔难舍难分,难过得哭了,志愿军对她说了一段话。大家看一看,怎样读才能让小金花止住眼泪呢?每个人都练一遍试试。(学生自由练习读第二段。)

师:这一段里有一个词——噩耗,读懂了没有?(板书:噩耗)

生:就是小金花的妈妈牺牲的消息。

师:是的。亲人去世的消息叫噩耗。

生:还包括好朋友和尊敬的人。

师:说得对。刚才大家读得很认真,谁站起来读?读得能让小金花止住眼泪?

(学生纷纷举手,老师指名读。)

师:你们从"你却把脚一跺,嘴角抽动两下"一句话中看出了什么?(板书:跺 抽动)

生:小金花很刚强。

师:对。但只是刚强吗?琢磨琢磨。

生:从"跺"看出了她对敌人的恨。

师:对。体会得深一层了。——还看出了什么?

生：她下决心要报仇。跺脚就是表示决心。

师：表示报仇决心大。——大家体会得又进一层了。

生："嘴角抽动两下"，说明她很难过，但是，但是……

生：但是她忍住了。

师：是这样。她忍住了悲痛。从这儿看出她很刚强。这一点刚才有同学说了。同学们，这里有恨也有爱，对敌人的恨和对亲人的爱交织在一起。谁再把这一句话读一下？

（指名读，齐读）

师：大家知道，志愿军是和朝鲜人民话别的，是当面说的。谁能不看书，当面劝小金花？我给大家一点时间，把第二段读熟，要能熟读成诵更好。（学生认真读第二段，然后指名说。指的两位学生几乎一字不差地把第二段背下来了，而且很动感情。）

师：请同学们再看看第3段，看看这一段怎样读。

（学生轻声读，老师巡视、指导，指名读。这段读得很有感情，老师几乎没做提示。）

师：这一段有不懂的问题吗？

生："代价"是什么意思？

师：谁知道？

生：指为了达到一个目的而付出的物力、精力。

师：词典上是这样说的，是不是？你能不能在课文里找答案？还是我刚开始说的，联系上下文理解。——读读书。

生：大嫂为了给志愿军挖野菜，双腿残废了，这就是代价。

生：这个代价就是双腿，就是指的这个。

师：同意这两位同学的意见吗？

生：（齐声）同意！

生：金达莱花是一种什么花？

师：就是杜鹃花。——同学们，列车就要开动了，志愿军战士不能和送行的人们一一道别了，这时，他们把手伸出车窗外，向亲人挥手告别，这场面感人至深。让我们一起读第四段。（学生满怀深情齐读第一段。）

第二课时

师：同学们，八年来，中国人民志愿军与朝鲜人民并肩作战，打败了美帝国主义侵略者;停战后,又和朝鲜人民齐心协力,重建家园。现在志愿军要回国了,双方难免依依不舍。同学们,通过上一节课的学习,我们知道了,这篇课文写的是回国时,中国人民志愿军在火车站向前来送行的朝鲜人民话别的情景。(板书:话别)既然是话别,就应该是双方的,但是,课文只写了志愿军说的话,此时此刻,朝鲜人民会说些什么呢?如果你是大娘、小金花、大嫂,听了志愿军说的话,会说什么呢?现在我想把你们分成三组,第一组的同学以大娘的身份,第二组的同学以小金花的身份,第三组的同学以大嫂的身份分别写一段向志愿军告别的话,好不好?

(学生既惊诧,又兴奋。)

师:现在,咱们看看志愿军是怎样对大娘说的,也就是说,第一段是怎样写的,读读第一段,看看分几层。

(学生读、思、议。)

师:志愿军向大娘话别时,分三层意思说的,首先是劝大娘别送,再回忆了两件往事,最后赞扬了中朝人民之间的友谊。这三层意思一目了然,同学们都看出来了。三层意思中,最重要的是第二层——回忆事例。咱们也可以分三层来写。

师:不过,因为朝鲜人民是送行的,又是接着志愿军的话说的,所以一三两层的意思不能和志愿军说的一样。第一层应怎么写?应说什么?咱们读一读志愿军对大娘说的最后一句话。想一想就会明白。

(学生读第一段最后一句,思考。)

生:要顺着志愿军的话往下说。

师:是的。问题是怎样顺着往下说。在这儿动脑筋。

师:大家别着急,让他想一想,给他一次机会。

生:志愿军同志,我们更不会忘记你们!

师:说得多好呀!——还可以怎么说?

生:孩子们,你们要回国了,我更忘不了你们哪!

师:因为你是以大娘的身份说的,可以这样称呼。同学们,小金花、大嫂开始都要顺着志愿军的话说。

师:接着回忆一件往事——因为时间关系,只写一件——这件事可以写你知道的,可以根据志愿军的话推测、想象一件事。第三层,我想大家会明白。一想朝鲜人民是来送行的,就会知道该说什么。现在开始写,看谁写得有感情,让人听了感动。别忘了你现在的身份。

师:开头的话要顺着志愿军的话说。现在我请几个同学读读开头的一句话。

生:"志愿军同志,千万别这么说,我为你们做的事太少了,你们对我们的帮助太大了!为了打败美国侵略者,你们付出了那么大的牺牲!记得……"

师:就读到这儿。这位同学是以大娘的身份写的。写得很好,符合要求。——下边请以小金花身份写的人物读读开头的话。

生:志愿军叔叔,我不是不刚强,我实在不想让你们走啊!……

师:这句话接得多顺啊!还有不重样的吗?

生:我应当唱支《捣米谣》为你们送行,可是,我怎么能唱出来!我多么想把你们留住!……

师:写得好,读得也有感情。——请第三组的同学读读开头。

生:(读)"志愿军同志,有多少志愿军战士为我们献出了生命!我为你们受点伤还不应该吗?……"

师:说得真好!下边就可以回忆一件事了,也可以用"记得"开头。

生:于老师,回忆什么事?怎么写?

师:想想看,你知道哪些志愿军英雄的事迹?

生:黄继光堵枪眼,罗盛教救小孩。

生:邱少云……邱少云遵守纪律。

师:这些都可以写,我前面说过,有些地方还可以想象。我给大家15分钟的时间,看谁写得又快又好。

(全班学生认真写,老师巡视辅导。)

师:大家暂停一下。10分钟就有人写好了,而且写得不错,现在请几位同学到前边来读一读。先请一位当大娘的同学读。

生:(读)"志愿军同志们,我们朝鲜人民更不会忘记你们!是你们帮助我们赶走了美国侵略者,重建家园。我永远不会忘记,我带领全村妇女给你们送打糕的时候……"(师插话:"这句前面应加上'当年'二字。")"敌人正猛烈地向你们进攻。"(师插话:"'猛烈'应改为'疯狂'。")"虽然那时候你们已经三天没吃东西了,但是仍然顽强地和敌人搏斗,把敌人打了下去。许多战士饿昏了过去。我真后悔来晚了!"(师插话:"多么会想象呀!")"八年来,多少志愿军战士为我们献出了宝贵的生命!同志们,我们永远忘不了你们啊！祝你们一路平安！"

师：大娘还会嘱咐什么？

生：回国问你们的爸爸、妈妈好！

生：欢迎你们再来朝鲜！

师：说得多么感人！——再找位"小金花"读一下。

生：（读）"志愿军叔叔，我不是不刚强，我是舍不得你们走啊！我妈妈牺牲以后，是你们为我报了仇。王叔叔就像爸爸一样关心我。我更忘不了罗盛教叔叔，他为了救我们的小伙伴崔莹，献出年轻的生命。叔叔，我长大了一定到中国去看望你们，一定为你们唱《捣米谣》。叔叔们，再见！"

师：这位同学写得多好啊，感情多真挚啊！——再请一位"大嫂"来读一读。

生：（读）"志愿军同志们，我为了志愿军亲人受了伤算什么？这比起你们来，真是差远了。八年来，为了帮助我们打击侵略者，重建家园，你们付出的更多。"（师插话："这句应改为'你们付出的代价更大'。"）"就连毛主席的儿子也献出了自己的生命。"（师插话："接着要加上一句：'长眠在我们朝鲜。'"）"没有志愿军，哪有我们的今天？你们要走了，说什么也得送送。"

师：写得很感人。不过最后还应加上一句话，你别忘了，你是来送行的。

生：祝你们一路顺风！

师：大家听了以上三位同学写的一定很受启发。没写完的继续写，已写好的，要好好修改，上面三位同学写的可以参考。

（全班同学继续写；已写好的着手修改。）

师：同学们，全班同学都写成了。现在，我想请每组推荐一名同学到前边来，分别读大娘、小金花、大嫂的话。这三名同学要有一定的朗读水平，其他同学当志愿军，读向大娘、小金花、大嫂告别的话。

（全班同学兴致很高，推选了三名同学到讲台前。全班同学先读对大娘说的话，"大娘"再读刚写的对志愿军说的话；全班同学再读对小金花说的话，"小金花"再读对志愿军说的话；接着全班同学读第三段对大嫂说的话，"大嫂"再读对志愿军说的话；最后全班齐读第四段。成了一次具有真实感的话别。）

（选自于永正著《于永正课堂教学教例与经验》，人民日报出版社1995年版，第230-240页）

第四节　在语境中显现知识学习的魅力
——评张化万《启事》教学

在我国,存在着要不要语文知识的学习以及如何进行语文知识学习的问题。事实上,任何课程都离不开知识,若没有知识作为课程的内容,那这样的课程就没有开设的必要。因此,讨论语文课程需不需要学习语文知识是个伪命题。在语文教学中,关键是学习怎样的知识和怎样学习知识。关于学习怎样的知识,现代研究成果表明,语文教学应以教学语文程序性知识为主。而怎样学习知识,一般认为要将知识放在具体的语境中学。根据语境教学理论,语文知识学习一旦抽象化,去语境化,其效果就不太理想。我国语文知识教学实践也证明了这一点。有一阵子语文知识学习高度抽象,既与中小学生的思维特点不相适应,又与语文知识生产状态不相一致。

我们知道,个体的任何言语活动,都发生并存在于特定语境之中,个体有效的言说表达受到特定语境的制约与指导。语文知识的学习应该在与特定知识相应的特定语境中开展。相反,去语境化的知识远离学生的生活和学习需要,学生感受不到语文知识学习的价值和意义,对语文知识的学习兴趣不大,欲望不高。因此,教师在与学生的课堂交际中,应根据需要适当指导学生学习一定的语文知识,而且这种知识的传授应紧密结合特定的语境,让学生在语境中学知识,用知识,感受到在语境中学习知识是一种需要,认识到在语境中学习知识的魅力。

韩雪屏先生曾结合建构主义心理学理论指出:"任何知识、任一学习者,都是存在于一定的时间、空间、价值体系、语言符号等社会文化环境之中;任何知识的意义都离不开它所置身于其中的整体意义系统。离开了这种特定的境遇,就没有任何知识存在,也不存在任何学习者的学习行为。事实上,学习知识也是为了把知识应用于社会实践,发挥知识对实践的指导作用。"[①]因此,语文知识的学习需要创设学用一致的学习情境,提供与复杂的生活情境相联系的真实的学习任务,在解决问题的过程中活化语文知识。

浙江省著名特级教师张化万的《启事》教学充分体现了这一点。张化万在《启事》教学中创设虚拟语境,将启事的学习变成一种真实性任务。在该课

[①] 韩雪屏.语文课程知识初论.南京:江苏教育出版社,2011:161.

中,张化万故意改变前一日的装束,引起学生关注:"张老师,您昨天那件真丝夹克衫怎么没穿呀?很漂亮的!"张化万说:"昨天下午和你们见面后又参观了你们的学校,因为热,就把它脱下了。也不知怎么的,随手一放就给忘了,后来怎么也找不着!那衣服可是我生日的礼物呀!同学们,你能帮我找回夹克衫吗?"并故作焦急状。引得学生争着为老师出点子:"张老师,我们帮你在学校广播里发通知,让拾到的同学把衣服送过来!""我们可以写启事帮你找!"张化万顺水推舟:"那就麻烦同学们帮我写一则寻物启事吧。谁写得最好,待会儿就在学校广播里播出。希望能靠你们找到那件衣服呀!"这样,写启事就成了帮助老师寻找衣服的一种需要,掌握启事知识,学会写启事就和具体的语境联系在一起,就不再是抽象的、枯燥的知识学习了,因而学生的积极性、主动性被调动起来了。

为让学生进一步掌握启事的写法,张化万树立为学生进一步创设了多样化学习情境。如当部分学生感到启事难写时,张化万把一份写好的启事投射出来:

启　事

张老师丢失一件衣服,请拾到的同学把衣服还给张老师。

五(1)班周敏

5月16日

让学生思考通过这个启事张老师的衣服能否找回来。学生在仔仔细细地读了启事后,认为不行,因为张老师丢的衣服是什么样子没写出来,到哪里还,在哪里丢的,什么时候丢的等都没有说明白。这样,学生很轻松地明白了寻物启事的基本要求。

为进一步提升知识在学生头脑中的内化程度,帮助学生建构自己的知识内化结构,实现知识的有效迁移应用,教师又创设了一个虚拟语境:学生高立误将招领启事写成寻物启事,启事中全面介绍了他拾到的雷达牌手表的相关情况,结果导致手表被误领的相关情景。学生在阅读了高立所写的招领启事后,认识到了高立的失误所在,明白了寻物启事和招领启事的区别。这样,教师用产生于真实背景中的问题启动学生思维,给学生提供比较丰富的各类学习资源和认知工具,从而将知识具体化、语境化,使知识的建构成为解决现实生活问题的需要,使知识的接受过程变成在特定的虚拟语境中的交际过程。

附　张化万《启事》教学

那是20世纪90年代我在山西省拍摄录像时的一堂课。课前我与学生见面,特意穿了一件藏青色带花纹的真丝拉链夹克衫。当时学生都很关注我的这件衣服,纷纷议论:张老师穿得这么时髦,而且还是有花纹的衣服呢!第二天上课,我改变装束,白衬衫,戴上领带走进了教室。看着我的衣着,不少学生惊讶地问:"张老师,您昨天那件真丝夹克衫怎么没穿呀?很漂亮的!""说起那件夹克衫,真让张老师难为情!昨天下午和你们见面后,我又参观了你们的学校,因为热,就把它脱下了。也不知怎么的,随手一放就给忘了,后来怎么也找不着!那衣服可是别人送给我的生日礼物呀!同学们,你们能帮我找回夹克衫吗?"我故作焦急状。一个个学生争着为我出点子了:"张老师,我们帮你在学校广播里发通知,让拾到的同学把衣服送过来!""我们可以写启事帮你找!"我接口就问:"你们见过启事吗?启事有什么用呢?"学生们的话题又打开了:"我在汽车站看见过《寻人启事》,是找走失的人的。""广播里我听到过。有人掉了东西就写《寻物启事》,请拾到的人把东西还给他。"设置的问题情境,让学生在寻找答案过程中明白知识——"启事"是生活所需才产生的。

我顺水推舟地说:"那就麻烦同学们帮我写一则寻物启事吧。谁写得最好,待会儿就在学校广播里播出。希望能靠你们找到那件衣服呀!""启事"该怎么写呢?学生们的生活积累成了最初的蓝本。孩子们知道。第一行中间写"寻物启事",下面写丢掉的东西,最后写名字和日期。大致明确了《寻物启事》是什么,就让学生试写。

一动笔一些学生就开始抓耳挠腮了,因为他们没有学过"启事",不知道该如何提笔。"启事"到底是什么呢?该怎么写呢?学生还不太明白。而我要让学生经历由不知到知的过程,在实践中练就习作本领,努力将获得的"启事"的规律性知识转化为自己的技能。

过了三分钟,我把一份写好的启事投射出来:

启　事

张老师丢失一件衣服,请拾到的同学把衣服还给张老师。

五(1)班周敏

5月16日

"看了这则启事,你觉得张老师的衣服能找回来吗?"学生在仔仔细细地读了启事后,纷纷发表看法:"我觉得不行,因为张老师丢的衣服是什么样子没写出来。""到哪里还给张老师也没有说明白!""在哪里丢的?什么时候丢的?都没有,找不回来!"初步的实践让学生明白了"寻物启事"的基本要求。再用五分钟,几乎所有学生都修改完成了一则符合要求的"寻物启事"。

在孩子们成功的兴奋中,我又开始讲述:"红星小学的五年级学生高立,在放学回家的路上捡到一只手表。正好他们刚学了写启事,所以没多久他就写好了一则启事张贴在拾到手表的地方。他在班里等,没多久走来一位阿姨,说她丢的是雷达牌女表,长三针,黑色的牛皮表带。高立听了全对,把手表给了她。高立做了好事,高兴得走路都一蹦一蹦的。可走了没多远,迎面看到一位老大爷,正弯着身子,在寻找什么。他连忙上前询问。不问不知道,一问吓一跳,那位老大爷也丢了一只长三针雷达牌女式手表,黑色的牛皮包,是给孙女的生日礼物。啊,就是刚才那只手表!当他把情况告诉老大爷后,老大爷很生气,怪他把拾到的东西乱给人,还到学校告了状。老师听了也严肃地批评了他。高立傻眼了,没想到好心做错事。他天天在街头寻找那位阿姨,全校师生也一起寻找冒领者。一星期后冒领阿姨在自己女儿对冒领者的痛斥中终于醒悟,退还了手表。"我问:"你们知道高立的问题出在哪儿吗?"同学们茫然地摇头。"问题就出在他的'启事'上。"投影仪打出高立写的《失物招领》,让学生各自读想,再小组讨论:高立的《失物招领》格式都对,写得具体详细,为什么却错了?这告诉我们《失物招领》和《寻物启事》有什么相同,又有什么不同?

失物招领

今天中年放学,我在学校大门左边的人行道上拾到雷达牌女式长三针手表一只,黑色牛皮表带。请失主速前来我班认领。

红星小学五(1)班高立
5月24日

"冒领的阿姨怎么能说出手表的特征呢?"学生抢着说:"他不该把手表的特征在启事中写出来,应该问对方丢的是什么东西,有什么特点,如果符合,就给。写得那么清楚,随便什么人都可以领走!""他没有问清楚就把手表

给了人那当然要错啦。"……此时学生都明白"招领启事"的正文和《寻物启事》的格式基本一致,性质却恰恰相反。《寻物启事》的正文得"具体清楚、写明特点";《失物招领》的正文却要"简洁明白、隐去特点",防止被人冒领。两种启事一起教学,不仅对比强烈、区分度大,能强化训练,增大教学密度,而且让学生在体会"知识的发生"的基础上进一步明白"知识之间是怎样联系和发展的"。

(张化万《我的语文人生》,高等教育出版社2004年版,第207-210页)

第五节　在文化场的氛围中学习经典
——评王崧舟《枫桥夜泊》课堂实录

《枫桥夜泊》教学是"诗意语文"的提出者王崧舟的代表课。诗意语文是语文教学达成的一种文化境界,具有审美化的实践智慧,其教学策略包括举象、造境、入情、会意、因声求气、寻根等。诗意语文充分体现了语境教学的基本特征和根本要求。王崧舟的《枫桥夜泊》教学至少在三个方面体现了语境教学精神。

一、创造文化语境交际场的氛围

语境教学认为课堂交际氛围制约着师生言语表达的内容和形式。而且,这种氛围只有与交际话题格调相一致时,师生交际才能取得最佳效果。因此,师生言语表达要顾及交际场合的特定表达氛围,根据特定的交际氛围来组织话题。在《枫桥夜泊》一课中,王崧舟致力于形成一种场,一种统一于"情"的交织和融合了师生的思想、情感、智慧、精神和心灵的场。这种场就是那种充满着浓郁的穿越历史时空的文化交际氛围。

首先,准确把握课堂的情感基调。课堂交际氛围的格调主要由课文的情感基调特点决定。《枫桥夜泊》没有明确说出诗人为何愁眠,而是着力写出一种情绪、一种氛围、一种色彩。教师根据诗中呈现的哀婉忧伤、幽明澄静的情感基调,创造出与之相应的课堂情感氛围。

其次,艺术建构课堂的教学节奏。课堂内容经过起、承、升、转、合五个阶段。五个阶段紧密联系,富有节奏美。开篇通过一系列写"钟声"的诗歌引出张继的《枫桥夜泊》,接着便是对诗歌的诵读品评,然后分析"钟声"所承载的情感;随后将"明月"这一意象与"钟声"作对比,突出钟声文化的独创性;最后又将开头一系列的诗歌由远及近,按照时间的顺序一一呈现在我们眼前,至此课堂进入尾声。这样,教学环节显得环环相扣,情感表现起伏有致,充分体现了教学节奏之美。

再次,高度整合课堂的多种元素。课堂语境因素多样,如交际目的、交际话题、交际关系、交际氛围、交际附着符号束等等。这些因素能否和谐地统一于一体是能否创造适宜的交际氛围的关键。王崧舟举重若轻,以创设便于学生理解课文的交际氛围为核心,借助课文的情感基调,将交际目的——指导学生感受《枫桥夜泊》艺术魅力、交际话题——体会诗歌的意境情感与课堂的交际氛围融为一体,为此,还利用附着交际符号束,一方面,努力使发出的声气息以及做出的各种身势动作与课文所体现出的情感基调相一致;另一方面,王崧舟还通过自己的声气息以及各种体态动作,来创造特定的情感氛围。这就使课堂教学中多种语境因素显现的情感基调拱卫、环绕着课堂的情感基调,使课堂情感基调始终为学生理解服务。

王崧舟善于营造一种氛围,一种场。在该课中,王崧舟打破了一首诗的基本阅读模式,在一个更为广阔的背景下,引领学生感受和感悟《枫桥夜泊》作为一种文化符号的时间流变和历史超越。他带领学生从各朝各代写钟声的诗歌中引出张继的《枫桥夜泊》,引出钟声文化。启课是一种时间上的逆向追溯,从现代陈小奇的《涛声依旧》到宋代陆游的《宿枫桥》;结课则反其道而行之,让时间性重新回到顺向的流变和承续上,从张继的《枫桥夜泊》到陈小奇的诗句,在穿越千年的寒山寺钟声的心灵回响中,使学生切实感悟到经典的魅力、文化的力量。这就将学生带入这种氛围与这种文化场中,诗意地栖居在课堂上。

二、根据诗歌特点定位教学内容

根据文体样式确定教学内容是语境教学理论对确定语文教学内容的一个基本要求。诗意语文善于根据诗歌的情感性、形象性、音乐性特征来确定教学内容。

诗歌的情感性体现在它的抒情性,诗歌中描写的景色都是为了表达感情服务的,可谓一切景语皆情语;诗歌的形象性体现在诗歌的意象和意境上,诗歌总是通过一系列的意象创造出特定的意境,为表达诗歌的情感服务,同时给人一种形象化的感觉;诗歌的音乐性体现在诗歌的语言富有节奏、押韵等特点。

王崧舟执教的《枫桥夜泊》将诗歌的情感性、形象性、音乐性特点熔为一炉,在形象中体验抒情,在抒情中感受诗歌的音乐性特点。其教学内容主要体现为教师抓住"月落""乌啼""霜满天""江枫""渔火"等意象,——呈现诗歌中出现的景物从"看到"的、"听到"的到"感觉到"的等意象,将月落乌啼,霜天寒夜,江枫渔火,孤舟客子、半夜钟声等景物叠加整合,使学生走进诗歌所创造的意境,通过想象还原,体验诗歌中传达出的凄凉之美,体味诗人的寂寞、孤独、忧愁。借助"半夜钟声"意象感受内在的宁静和澄明,感悟语言文字背后所包含的情感,并在反复诵读中体验诗歌的节奏,感受诗歌意象,体悟诗歌情感。

三、将诗歌的表现手段转化为诗意语文的教学手段

诗意语文的一大特点是善于将诗歌的表现手段转化为诗意语文的教学手段,使课堂教学充满美的魅力。在该课上,王崧舟善于将诗歌的形象性特点作为教学手段,带领学生寻找意象,创造意境,最终将学生带到诗歌所创造的文化语境中。

首先,举象、造境、入情、会意、因声求气、寻根等教学策略是诗歌特点在诗意语文的实践策略的反映。正如前文所述,在本课中,王崧舟抓住"月落""乌啼""霜满天""江枫""渔火"等意象,将月落乌啼、霜天寒夜、江枫渔火、孤舟客子、半夜钟声等景物叠加整合,使学生走进诗歌所创造的意境,就是举象的体现;而紧扣诗歌内容和情感基调创造了与诗歌相一致的课堂情感基调就是造境的体现。至于入情、会意、因声求气、寻根等教学手段则在该课教学中更是得到了具体运用。

其次,将诗歌的结构方式转化为课堂教学结构。我们来看其教学结构:

一、起:枫桥钟声越千年

带着学生一路经过当代的陈小奇,清代的王士祯、明代的高启、宋代的陆游,最终走到中唐的那个秋夜,站在了张继的面前。开篇王崧舟将《枫桥夜泊》这首诗放在了历史与文化语境的星空中阐释,课堂因此厚重而丰满。

二、承:张继独听寒山钟

以读一赏一读为基本模式教学,抓住诗人的所见、所闻、所感,将诗歌中的七个意象叠加整合,并在板书中一一呈现,使诗人所营造的情景交融、物我两忘的意境如在眼前。

三、升:夜半钟声化愁眠

带领学生走进诗的情境中,来到中唐的那个秋夜,将自己置身于文本当中。随着时间的推移,景物逐一褪去,只剩下"钟声"还荡着水波,对着"愁

眠"。绕过"愁眠"带着学生关注"钟声"。最后,王崧舟擦掉"钟声"与"愁眠",我们眼前就只剩下了钟声响过之后的愁眠。

四、转:日落时分听钟声

将"钟声"与"明月"相对比,彰显出"钟声"这一极富诗意且有着丰富的文化内涵的意象。

五、合:钟声悠悠情满天

回顾描写钟声的诗句。由远及近,王崧舟带我们又经过宋代的陆游,经过明代的高启,经过清代的王士祯,经过当代的陈小奇,回到了今天。

我们知道,诗歌在长期的发展过程中,形成了起承转合的结构方式。在该课中,王崧舟则将起承转合这种诗的结构方式稍加变通,加了一个"升"的环节,变成了本课课堂教学结构。在"起"中,渲染铺陈,激活学生学习的期盼心情;在"承"中,借助诗歌中的七个意象,叠加整合,感受意境,领会诗人的愁意与孤独;在"升"中,带领学生走进诗的情境中,设身处地对着"愁眠",关注"钟声";在"转"中,将"钟声"与"明月"相对比,彰显"钟声"的文化内涵,突出张继的创造性贡献;在"合"中,钟声悠悠,穿越历史的隧道,回归当下,感受诗歌的文化魅力。如此,将课堂演绎为一个首尾呼应的圆形结构,令人感受诗歌、课堂二者浑然一体的天成结构的震撼力。

最后,诗的表现手法成了诗歌的教学手段。诗歌常见的表现手段如反复、复沓、层叠、回环、顶真、对比等手段在诗意语文中可以转化为教学手段,比如王崧舟充分运用反复、复沓、层叠、对比等手法,使课堂教学诗意盎然,就反映了这一点。在该诗教学中,如该诗的开头由当代的陈小奇追溯到清代的王士祯,再到明代的高启、宋代的陆游,最终走到中唐的那个秋夜,站在了张继的面前,时间由近及远,层层递进,创造了悬念;结尾则由远及近,王崧舟带我们又经过宋代的陆游,经过明代的高启,经过清代的王士祯,经过当代的陈小奇,回到了今天,也是层层递进,反映《枫桥夜泊》的影响之大。再如,在教学过程中朗读指导,放在不同的背景下诵读,反复体味诗歌感情,使课堂教学充满诗意。从中可见,中国传统的诗歌文化艺术成就了课堂教学的艺术魅力,因而诗意的语文也就让语文的诗意得到了具体的体现。

总之,《枫桥夜泊》一课以文化的时间意识为横轴、以文化的意象符号为纵轴,引领学生进入中国文化的原点,在诗歌的文化场中感受其千年不朽的审美精神和生命力量。

附　王崧舟《枫桥夜泊》课堂实录

一、启：枫桥钟声越千年

师：当代诗人陈小奇写过一首歌，歌名叫《涛声依旧》，大家听过吗？

生：（自由应答）听过。

师：好听吗？

生：（自由应答）好听。

师：看来，这首在20世纪末非常流行的歌曲，至今还能受到大家的欢迎。这首歌，不但曲子好听，歌词也写得相当出色。大家看，这是其中的两句——（大屏幕出示）

　　　　　流连的钟声
　　　　还在敲打我的无眠
　　　　　尘封的日子
　　　　始终不会是一片云烟
　　　　　　　　——陈小奇《涛声依旧》

师：谁来读一读？

生：（朗读歌词）

师：好听！不但声音好听，读得更是好听！大家注意看，歌词中有一个词叫"无眠"，谁知道"无眠"的意思？

生$_1$：睡不着，失眠。

师：说得好！"睡不着"是大白话，"失眠"呢，是近义词。一俗一雅，意思就说得明明白白了。其实，"无眠"还可以找出很多近义词来，比如，不能入眠，合成一个词就是——

生$_2$：不眠。

师：难以入眠，合成一个词就是——

生$_3$：难眠。

师：未曾入眠，合成一个词就是——

生$_4$：未眠。

师：因为发愁而无法入眠，合成一个词就是——

生$_5$：愁眠。

师：一口气，找到了五个近义词。无眠，就是"失眠"，就是"不眠"，就是

"难眠",就是"未眠",就是"愁眠"。一句话,就是睡不着觉啊!好的,我们再来读一读这两句歌词,感受感受"无眠"的滋味儿。

生:(齐读歌词)

师:那么,是谁在敲打着我的无眠呢?

生$_1$:钟声。

生$_2$:钟声。

生$_3$:钟声。

师:流连的钟声,还在敲打我的无眠。那么,这是从哪里传来的钟声呢?大家看——

(大屏幕出示)

十年旧约江南梦,独听寒山半夜钟。

——【清】王士祯《夜雨题寒山寺》

师:其实,早在两百多年前,清朝诗人王士祯就写到过这样的钟声。谁来读一读?

生:(朗读诗句)

师:注意,这是古诗。你在读的时候,要读出古诗特有的节奏和味道来,谁再来读一读?

生:(朗读诗句,有了古诗的节奏和味道)

师:读得好!那么,从诗中看,这是哪里的钟声呢?

生:寒山寺的。

师:没错,这是寒山寺的钟声。为了独听寒山寺的夜半钟声,诗人盼啊望啊、梦啊想啊,一等就是多少年?

生:十年。

师:十年,整整十年,可见这钟声的魅力!那么,这钟声为什么会有如此巨大的魅力呢?大家看——

(大屏幕出示)

几度经过忆张继,月落乌啼又钟声。

——【明】高启《泊枫桥》

师:其实,早在五百多年前,明朝诗人高启就在一首诗中写过这样的钟声,谁来读一读?

生:(朗读诗句)

师：高启所写的钟声，也是寒山寺的钟声。让人奇怪的是，每次经过枫桥，每次听到寒山寺的钟声，高启总会想起一个人，谁？

生：张继。

师：张继？张继何许人也？为什么几度经过都要忆起张继呢？大家看——

（大屏幕出示）

七年不到枫桥寺，客枕依然半夜钟。

——【宋】陆游《宿枫桥》

师：早在八百多年前，宋朝诗人陆游就写到过寒山寺的夜半钟声。来，我们一起读！

生：（齐读诗句）

师：从诗中看，七年前陆游曾经到过哪儿？

生₁：枫桥寺。

师：没错，寒山寺又名枫桥寺，因为它就在枫桥的边上。他到过寒山寺，听到过什么呢？

生₁：钟声。

师：七年之后，诗人陆游又到了哪儿？

生₂：又到了寒山寺。

师：又听到了什么？

生₂：钟声。

师：七年不变是钟声啊！来，我们一起来读一读陆游的这番感慨。

生：（齐读诗句）

师：大家看，一年又一年，一代又一代，变的是南来北往的客人，不变的却是那寒山寺的夜半钟声。所以，如果不是"七年"，而是"十年"，十年不到枫桥寺，诗人还会怎样写呢？

生₁：（朗读）十年不到枫桥寺，客枕依然半夜钟。

师：如果不是"十年"，而是"百年"，诗人还会怎样写呢？

生₂：（朗读）百年不到枫桥寺，客枕依然半夜钟。

师：如果不是"百年"，而是"千年"呢？

生₃：（朗读）千年不到枫桥寺，客枕依然半夜钟。

师：十年不变是钟声，百年不变是钟声，千年不变的还是钟声。（大屏幕出示）

流连的钟声

还在敲打我的无眠

尘封的日子

始终不会是一片云烟

——陈小奇《涛声依旧》

十年旧约江南梦,独听寒山半夜钟。

——【清】王士祯《夜雨题寒山寺》

几度经过忆张继,月落乌啼又钟声。

——【明】高启《泊枫桥》

七年不到枫桥寺,客枕依然半夜钟。

——【宋】陆游《宿枫桥》

师:听!陈小奇的笔下有钟声,我们一起读——

生:(齐读陈小奇的歌词)

师:听!王士祯的笔下有钟声——

生:(齐读王士祯的诗句)

师:听!高启的笔下也有钟声——

生:(齐读高启的诗句)

师:再听!陆游的笔下还有钟声——

生:(齐读陆游的诗句)

师:问题来了!问题来了!你的问题是什么?

生$_1$:为什么有这么多的人写钟声?

生$_2$:钟声的魅力为什么会有这么大呢?

生$_3$:张继是谁?

生$_4$:钟声为什么能够留传这么长的时间?

二、承:张继独听寒山钟

师:问得好!其实,所有的问题都跟一个人息息相关,所有的问题都跟一首诗紧紧相连。这个人叫张继,这首诗叫《枫桥夜泊》。(大屏幕出示)

枫桥夜泊

【唐】张继

月落乌啼霜满天,江枫渔火对愁眠。

姑苏城外寒山寺,夜半钟声到客船。

师：请大家打开课文，读一读这首诗，自由读，反复读，一直读到清爽了、顺口了为止。

生：（自由反复朗读诗歌）

师：读得很专心、很投入，很好！读书要的就是这种状态！谁来读一读这首诗？清清爽爽地读。

生：（朗读全诗）

师：读得不错！字字有交代。比如，"愁眠"的"愁"是翘舌的，"寒山寺"的"寺"是平舌的，真是读得一丝不苟！谁再来读一读，不但清清爽爽地读，而且有板有眼地读。

生：（朗读全诗）

师：有味道！不用我说，大家一定听出了这首诗的节奏和韵律。来！我们一起读！怎么读呢？每句诗的前四个字你们读，后三个字我来读。

师生：（合作朗读完全诗，全场掌声）

师：好！味道出来了。我们再读一次，现在，前后顺序调换一下，我读前四字，你们读后三字。

师生：（再次合作朗读全诗）

师：味道更浓了！我们连起来读，我读题目和作者，你们读诗歌，注意那个节奏，那个味道。

生：（齐读诗歌）

师：读诗，不仅要读出节奏、读出味道来，更要读出感觉、读出情绪来。如果请你用一个词来表达你读完这首诗的感觉，你想到的是哪个词语？

生$_1$：愁绪满怀。

师：好！这是你的感觉，你可以把这个词写在课文边上。

生$_2$：孤独。

师：孤独，写下来。还有不一样的感觉吗？

生$_3$：静。

师：静？与众不同。什么"静"？

生$_3$：安静。

师：比安静更准确的一种"静"？

生$_4$：宁静。

师：我建议用"寂静"，寂寞的"寂"。行吗？好的，我们继续用词语捕捉自己的感觉。

生₅：凄凉。

师：很好。肚里没点东西的同学,是找不出"凄凉"这个词语的。好了,孩子们,读《枫桥夜泊》,有人读出的是忧愁,有人读出的是寂寞,有人读出的是凄凉,也有人读出的是寂静。大家不妨对比着想一想,读李白的"朝辞白帝彩云间,千里江陵一日还",你会有忧愁的感觉吗?

生：(自由应答)不会。

师：肯定不会!读杜甫的"两个黄鹂鸣翠柳,一行白鹭上青天",你会有寂寞的感觉吗?

生：(自由应答)不会。

师：我想也不会。读白居易的"日出江花红胜火,春来江水绿如蓝",你会有寂静的感觉吗?

生：(自由应答)不会。

师：都不会!那么,为什么读《枫桥夜泊》,你感到的却是忧愁、是孤独、是寂静、是凄凉呢?

生：(多数沉默,个别学生举手)

师：把手放下,请大家静静地默读《枫桥夜泊》,看看注释,看看插图,联系联系自己的生活体验,想一想,诗的哪些地方向你传递着这样的感觉和情绪。

生：(默读,圈点批注)

师：(在巡视中插话)有的同学开始动笔划了,这说明他的感觉已经找到了落脚点。

师：(继续插话)有的同学开始在诗的旁边写批注了,很好,这说明他的思考正在被记录。

生：(在教师插话的引导下,纷纷开始写批注)

师：好!我看大家都有了自己的读诗心得了。是吧?那么这样,我提一个问题考考大家,好吗?就一个。注意听!我们知道,枫桥夜泊的时候,应该是张继休息的时候、睡觉的时候,对吧?

生：(自由应答)对。

师：但是,这个晚上,张继睡着了吗?

生：(自由应答)没有。

师：没有?你怎么知道的?诗中的哪个词语直截了当地告诉你,张继没睡,根本就睡不着?哪个词?

生$_1$:愁眠。

生$_2$:愁眠。

生$_3$:愁眠。

生$_4$:愁眠。

生$_5$:愁眠。

师:都是愁眠。是吗?来,把"愁眠"这个词语圈出来。(板书"愁眠")

生:(动笔圈出"愁眠")

师:"愁眠"是什么意思?

生:"愁眠"就是因为忧愁而睡不着觉。

师:给"愁眠"找个近义词,比如——

生$_1$:无眠。

生$_2$:失眠。

生$_3$:不眠。

生$_4$:难眠。

生$_5$:未眠。

师:来,我们一起来读一读"愁眠"这个词语。

生:(齐读)愁眠。

师:再读。

生:(齐读)愁眠。

师:把声音压低了,再读。

生:(齐读)愁眠。

师:愁眠啊愁眠,因为愁眠,这个晚上张继看到了什么?咱们一样一样地说,读读第一句诗,看到了什么?

生:月落。

师:(板书:月落)因为"愁眠",张继看着月亮渐渐地升起,又看着月亮渐渐地落下。当月亮完全落下的时候,天地之间,一片幽暗,一片朦胧。在一片幽暗和朦胧中,诗人在江边看到了什么?

生:枫树。

师:(板书:江枫)想象一下,那是怎样的江枫?

生:红红的。

师：那是被霜打过的缘故。秋风吹过，你看那江边的枫树——

生：在瑟瑟摇动。

生：落叶飘了下来。

师：落叶飘零，江枫瑟瑟。多么凄清，多么孤寂的画面啊！那么，诗人在江中又看到了什么呢？

生：渔火。

师：(板书：渔火)找一个词来形容形容你想象中的渔火。

生：忽明忽暗的。

生：若隐若现的。

生：一点一点的。

师：改成"星星点点"的也许会更好，这些是张继因为愁眠而看到的。愁眠啊愁眠，因为愁眠，张继又听到了什么？

生：乌啼。

师：(板书：乌啼)几声凄厉的乌啼，打破了夜的沉寂，但是，当乌啼声飘过，茫茫秋夜反而变得更加沉寂。还听到了什么？

生：钟声。

师：(板书：钟声)是的，姑苏城外寒山寺的夜半钟声。(板书：姑苏城外寒山寺，夜半钟声到客船。)请把"钟声"圈出来。

生：(圈出"钟声")

师：看到了，听到了，愁眠啊愁眠，因为愁眠，张继还感到了什么？

生：霜满天。

师：(板书：霜满天)大家知道，霜是覆盖在地上的，所以，李白才写过这样的诗句，床前明月光——

生：(接答)疑是地上霜。

师：对呀！霜怎么可能满天呢？难道是张继的感觉出了问题？

生：因为张继愁眠，所以感觉霜满天。

师：肯定跟张继的心情有关系，是吗？

生：是。

师：想一想，夜泊枫桥的这个晚上，张继冷不冷？

生：冷。

师：肯定冷！秋霜那么重，穿得又那么单薄，还是在江上、在船上，能不冷吗？其实，身体的冷还在其次，更要紧的是张继的心，他的心也是——

生：冷。

师：为什么？

生$_1$：因为他很孤独。

生$_2$：因为他考试落榜了。

师：看来你查过资料了。这只是一种可能，还可能因为什么呢？

生$_3$：因为他思念他的亲人了。

生$_4$：因为他觉得自己很无助。

师：身体感觉到的是一个"冷"字，心灵感觉到的更是一个"冷"字，于是，在诗人的感觉中，"霜满地"成了——

生：（接答）霜满天。

师：哪里是霜满天啊？分明是"冷满天"啊！（最后形成如下板书）月落乌啼霜满天，江枫渔火对愁眠。姑苏城外寒山寺，夜半钟声到客船。

师：（指着板书）大家看，月落是景，乌啼是景；江枫是景，渔火是景；霜天是景，钟声是景……这景那景，都围绕着——

生：（齐读）愁眠。

师：都伴随着——

生：（齐读）愁眠。

师：都一层又一层地笼罩着——

生：（齐读）愁眠。

师：用诗人自己的话来说，江枫渔火——

生：（齐读）对愁眠。

师：（板书：对）孩子们，你们注意过这个看起来很普通、很不起眼的"对"字吗？什么是"对"？为什么要用这个"对"？大家看——

（大屏幕出示）

对① 对待；对付。如：对事不对人。② 面向；朝着。如：对着高山。③ 对面的；敌对的。如：对手。④ 使两个东西配合或接触。如：对对联。

——见《现代汉语小词典》（第4版）第156页

师：这是我从《现代汉语小词典》中摘录下来的一些义项。想一想，你选第几个？

生：（看屏幕，思考）

师：有选第一个的吗？

生：（无人举手）

师：没有。有选第二个的吗？

生：（部分举手）

师：好，有十多个。你们为什么选第二个？

生：张继因为睡不着觉，所以能看到这些景色，他是面向着这些景色的。

师：有道理。那么，第三个有人选吗？

生：（无人举手）

师：也没有。第四个呢？

生：（部分举手）

师：哦，有二十多个吧。为什么选第四个呢？

生$_1$：我觉得这些景色是配合愁眠的。

师：也就是说，在诗人的眼中，仿佛乌鸦也跟着他一起——

生$_2$：忧愁。

师：仿佛江枫也跟着他一起——

生$_3$：无眠。

师：仿佛渔火也跟着他一起——

生$_4$：孤独。

师：说得好！正所谓"一切景语皆情语"啊！月落是愁，乌啼是愁；江枫是愁，渔火是愁。一个看起来极其普通、极其简单的"对"字，"对出"的是诗人心中的无限——

生$_1$：寂寞。

生$_2$：孤独。

生$_3$：忧愁。

生$_4$：凄凉。

师：于是，情动于中而辞发于外，《枫桥夜泊》就这样诞生了！（音乐响起，教师范读全诗）（掌声）

生：（随着音乐，学生齐读全诗）

师：（随着音乐）月亮西沉，乌啼声声，霜气布满了整个天地；江枫凋零，渔火点点，钟声划破了凄清的夜空。在这个孤独而寂寞的晚上，诗人辗转反侧、无法入眠，他在心里轻轻地念道——

生:(随着音乐,学生再次齐读全诗)
师:(随着音乐,高声朗诵)姑苏城外寒山寺——
生:(随着音乐,高声齐读)夜半钟声到客船。
师:(音乐消失,轻声朗读)月落乌啼霜满天——
生:(轻声齐读)江枫渔火对愁眠。
师:(随着音乐,低声朗诵)姑苏城外寒山寺——
生:(随着音乐,低声齐读)夜半钟声到客船。
师:(音乐消失,轻声朗诵)姑苏城外寒山寺——
生:(轻声齐读)夜半钟声到客船。(掌声)

三、升:夜半钟声化愁眠

师:月亮已经落下去了,诗人还看得见吗?
生:(自由应答)看不见了。
师:(擦去"月落")天地之间一片幽暗,乌鸦凄厉的叫声也已经消失了。(擦去"乌啼")那满天的霜气看得见吗?
生:(自由应答)看不见。
师:(擦去"霜满天")在一片幽暗和朦胧之中,那瑟瑟的江枫看得清吗?
生:(自由应答)看不清。
师:(擦去"江枫")点点渔火忽明忽暗,若有若无。(擦去"渔火")还有那姑苏城外的寒山寺,看得见吗?
生:(自由应答)看不见。
师:(擦去"姑苏城外寒山寺"、"夜半"、"到客船")天地之间,一片幽暗,一片朦胧,似乎已经没有什么景物可以相对了。(擦去"对")形成如下板书:

愁眠
钟声

师:突然,听——(钟声和音乐缓缓响起)
师:一声!一声!又是一声!(在"钟声"下面画上三条波浪线)声声敲打着愁眠,声声陪伴着愁眠,声声抚慰着愁眠。(在"愁眠"下面画上三条波浪线)最后形成如下板书:

～～愁眠～～
～～钟声～～

师:这钟声,仿佛在说,张继啊张继……孩子们,展开你想象的翅膀,接着

"张继啊张继",写一写钟声的诉说。

生:(随着音乐,想象写话)

师:好!请停下你手中的笔。让我们一起像张继那样,用心去感受这寒山寺的夜半钟声。这悠悠传来的钟声,好像在对孤独的张继这样说——

生$_1$:(朗读)张继啊张继,如果你无法入睡,如果你很孤单,就让我来陪伴你吧。(掌声)

师:好一个知冷知热的钟声!(笑声)

生$_2$:(朗读)张继啊张继,人的一生有悲欢离合,不可能是事事如意的,当你烦恼忧愁的时候,要学会调节好自己的心态呀。(掌声、笑声)

师:知足常乐,心平气和。多么善解人意的钟声啊!

生$_3$:(朗读)张继啊张继,你的亲人在等着你回家,赶紧回去吧,赶紧回去吧!(笑声)

师:家是你永远的港湾,家是你永远的温暖!这钟声有抚慰,这钟声有劝解。当寒山寺的夜半钟声款款消失的时候,张继的愁眠之情也渐渐化去了。(擦去"钟声"和"愁眠")

四、转:月落时分听钟声

师:孩子们,其实"愁眠"是人人都会有的一种心情。这种心情,会伴随人的一生,也伴随着人类的全部历史。所以,古今中外,写愁眠的诗歌成千上万、数不胜数。在中国的古典诗歌中,写愁眠,尤其是写思乡的愁眠,更是比比皆是。大家看——

(大屏幕出示)

举头望明月,低头思故乡。

——【唐】李白《静夜思》

露从今夜白,月是故乡明。

——【唐】杜甫《月夜忆舍弟》

海上生明月,天涯共此时。

——【唐】张九龄《望月怀远》

春风又绿江南岸,明月何时照我还。

——【宋】王安石《泊船瓜洲》

明月几时有,把酒问青天。

——【宋】苏轼《水调歌头·明月几时有》

师：因为愁眠，大诗人李白曾经这样写道——

生：（齐读李白的诗句）

师：因为愁眠，大诗人杜甫曾经这样写道——

生：（齐读杜甫的诗句）

师：因为愁眠，诗人张九龄曾经这样写道——

生：（齐读张九龄的诗句）

师：也是因为愁眠，王安石曾经这样写道——

生：（齐读王安石的诗句）

师：还是因为愁眠，苏轼曾经这样写道——

生：（齐读苏轼的诗句）

师：大家一定已经发现，所有的愁眠都跟一种景物连在了一起，这个景物就是——

生$_1$：明月。

生$_2$：明月。

生$_3$：明月。

生$_4$：明月。

生$_5$：明月。

生$_6$：明月。

师：正所谓，明月千里照愁眠，愁眠一夜望明月。于是，诗人的思乡之愁、怀人之情，都寄托在了那一轮皎皎的明月上。那么，在没有明月的夜晚，在月亮落下去的夜晚，诗人张继又把这份浓浓的思乡之愁、怀人之情寄托给了谁呢？

（大屏幕出示）

枫桥夜泊

【唐】张继

月落乌啼霜满天，江枫渔火对愁眠。

姑苏城外寒山寺，夜半钟声到客船。

师：我们一起再来读一读张继的《枫桥夜泊》。

生：（齐读《枫桥夜泊》）

师：劝解张继这份愁眠的是——

生：（齐答）钟声。

师：抚慰张继这份心情的是——

生：（齐答）钟声。

师：温暖张继这颗心灵的还是——

生：（齐答）钟声。

师：孩子们，在张继之前，没有人这样写过钟声；在张继之后，尽管有很多人写过钟声，但是，没有一个人写得像张继这样扣人心弦，感人肺腑。这，正是《枫桥夜泊》这首诗能够流传千古的秘密所在。让我们再次满怀深情地走进这首千古绝唱，《枫桥夜泊》——

生：（齐读《枫桥夜泊》）

五、合：钟声悠悠情满天

师：于是，从张继之后，从《枫桥夜泊》之后，除了"明月千里寄相思"，在中国诗人的心中，又多了一种寄托愁绪的美好景物，那就是——钟声！这钟声穿越时空、穿越历史，在一代又一代的诗人笔下悠悠回荡。

（大屏幕出示）

　　　　七年不到枫桥寺，客枕依然半夜钟。

　　　　　　　　　　　　　——【宋】陆游《宿枫桥》

师：听，四百多年过去了，这夜半钟声在陆游的笔下悠悠回荡——

生：（齐读诗句）

师：（大屏幕出示）

　　　　几度经过忆张继，月落乌啼又钟声。

　　　　　　　　　　　　　——【明】高启《泊枫桥》

师：听，八百多年过去了，这钟声在高启的笔下悠悠回荡——

生：（齐读诗句）

师：（大屏幕出示）

　　　　十年旧约江南梦，独听寒山半夜钟。

　　　　　　　　　　　　　——【清】王士禛《夜雨题寒山寺》

师：听，一千多年过去了，这空灵的钟声在王士禛的笔下悠悠回荡——

生：（齐读诗句）

师：（大屏幕出示）流连的钟声

　　　　还在敲打我的无眠

　　　　尘封的日子

始终不会是一片云烟

——陈小奇《涛声依旧》

师：听，一千两百多年过去了，这温暖的钟声在陈小奇的笔下悠悠回荡——

生：（齐读诗句）

师：孩子们，这就是经典！（板书：经典）这就是文化！（板书：文化）今天，你读了《枫桥夜泊》，你的心里有了一种感触、一种感受，甚至一种感动。所以，我想，假如你以后有机会去苏州，你一定会去看一座桥，哪座桥？

生：枫桥。

师：来到枫桥，你一定会想到一个人，谁？

生：张继。

师：想到张继，你一定会情不自禁、充满深情地背诵一首诗，那就是——

生：（齐答）《枫桥夜泊》。

师：来，我们一起边走边吟——

生：（集体背诵《枫桥夜泊》）

师：从此，你对张继不再陌生，尽管你和张继相隔千年；从此，你对枫桥夜泊、对寒山寺的夜半钟声不再陌生，尽管你和枫桥相隔百里、千里、甚至万里。孩子们，这就是经典的魅力！这就是文化的力量！（热烈的掌声）

（最后板书：经典、文化。）

（选自王崧舟、林志芳著《诗意语文课谱——王崧舟十年经典课堂实录与品悟》，华东师范大学出版社2011年版，第174－196页）

第六节　让汉语规律在教学中具象化
——评咸高军《黄河的主人》课堂实录

在新课程改革中，遵循汉语规律开展语文教学已成了人们的共识。但是如何在语文教学中使汉语规律的运用得到具体而真切的体现，从而使语文教学始终沿着正确的康庄大道前行，一直是语文教学探索的一个重要课题。最近，听了淮安市中学语文高级教师咸高军上的《黄河的主人》一课，深为其善于运用汉语规律，使课堂教学充满着浓郁的语境精神而叹服。

一、根据汉语语义规则创造性运用上下文教学法

阅读教学就其实质而言，是师生与汉语文本之间开展的对话过程。这一对话过程受到汉语特有的语义规则的制约,这一规则就是启功所指出的"前管后"或"上管下"规律,也就是徐通锵指出的"已知的信息统率、驾驭未知的信息,其在语言中的表现形式大体上就是'前管后'或'上管下',即前字管辖后字的组配选择,上句启示下句的语义范围和陈述走向"。这一语义规则决定了要正确理解词语、文句和篇章的内涵,就必须根据特定的上文或下文提供的语义场,从整体上把握文章意图,领悟词句在具体语境中的意思。由此而形成的上下文教学法,要求做到从文本出发,从文本整体出发,依托上下文,联系上下文,根据上下文。在咸高军的《黄河的主人》一课,这一点得到了鲜明的体现。

首先,从宏观看,教学思路能够从文本的结构思路出发,避免了不顾整体、任意选学的不良倾向。咸高军能够顺着文本的思路,抓住"艄公为什么会是黄河的主人"和"为什么课文中描写艄公的语句很少"这两大话题驾驭整节课。在具体的教学思路上,咸高军提出了如下几个大问题:

1. 阅读第一节,用"我仿佛看到了——听到了——"说说自己的感受。文中哪一个词语把我们所有的感受都融在里面?

2. 读读课文的第二节到第五节,你觉得羊皮筏子怎么样?读的时候,可以画出一些词语,也可以写一写自己的感受。

3. 默读课文的第六、七两节,一边读一边画出文章里描写乘客的句子。

4. 读七至九节,找出文中直接描写艄公的两句话,体会到艄公是一位怎样的人。将自己的感受写到黑板上。根据同学板书,说说艄公为什么会是黄河的主人。

5. 学生总结课文思路:作者以《黄河的主人》为题,先写了黄河,接着写了羊皮筏子,接着又写了乘客。在写了乘客的同时,只是简简单单地介绍了艄公。思考作者这种写法有问题吗?为什么?

咸高军就是这样紧扣文本的上下文思路,使教学思路环环相扣,简洁明了。这种看似笨拙而简单的方法,恰恰是对传统的思路教学经验的有效继承,是对"因字而生句,积句而成章"这种文章创作规律的准确把握。

当然,按照文章的写作思路教学,并非不分轻重、蜻蜓点水。咸高军在教学中能够突出重点段(如第一节、第九节)、重点句(如"他专心致志地撑着篙,小心地注视着水势,大胆地破浪前行""他站在那小小的筏子上,面对着险恶的风浪,身系着乘客的安全,手里只有那么一根不粗不细的竹篙"等)、重点词(如胆战心惊、谈笑风生等),对一些非重点段(如第八节)则一带而过。如此详略得当,避免了拖泥带水的情况出现。

其次,从微观看,在理解字词、语句含义以及朗读的推敲时,能够紧密联系上下文。如在指导朗读"这就是黄河上的羊皮筏子",体会其中融进了作者对羊皮筏子的全部情感时:

师:羊皮筏子那么小,那么轻,于是,作者感叹道——
生:"这就是黄河上的羊皮筏子!"
师:羊皮筏子贴着水面漂流,是那么的危险,于是,作者感叹道——
生:"这就是黄河上的羊皮筏子!"
师:羊皮筏子那么小,没想到上面还有人,于是作者更加惊讶,更加赞叹道——
生:"这就是黄河上的羊皮筏子!"

这里运用置换语境的方法,将"这就是黄河上的羊皮筏子"置于文本的三种上下文语境中,从而加深对语言的内涵和意味的感受。

再如对词语"谈笑风生"的理解,在学生查字典的基础上:

师:你来读读这句话,你从这句话的哪些地方还能够体会到"谈笑风生"的意思?你来说。
生$_1$:他们向岸上指指点点,那从容的神情,就如同坐在公共汽车上浏览窗外的景色!
师:你从哪个地方还可以体会到?
生$_1$:他们向岸上指指点点。
师:怎么理解的?
生$_1$:嗯,他们就像公共汽车上一样一点也不紧张,就像在公共汽车上看窗外的景色,看看这个,看看那个。
师:还怎么样?指来指去,所以你体会到——
生$_1$:谈笑风生的意思。
师:好的,你体会得真好!还有吗?你来说。
生$_2$:我从"从容"这个词语中体会到了"谈笑风生"的意思。"从容"就是心情很愉快,他们就像在公共汽车上看窗外的景色。

师：神情很从容，从容就是什么？

生：从容就是没有一点害怕的感觉。

师：所以你体会到了——

生$_2$：所以我体会到了"谈笑风生"的意思。

师：好！还有吗？你来说。

生$_3$：我从"就如同坐在公共汽车上浏览窗外的景色"感觉到了他们很愉快。因为公共汽车大家都坐过，坐公共汽车上，大家一点不紧张，很高兴，可以浏览窗外的景色。

师：所以，你体会到了——

生$_3$：谈笑风生的意思。

教师紧扣下文"他们向岸上指指点点，那从容的神情，就如同坐在公共汽车上浏览窗外的景色"，引导学生理解"谈笑风生"，将抽象的理解具体化，形象化。

二、根据汉语的意合特点扎实开展朗读指导

以单音节词汇为基础的汉语语法，无论是词法，还是句法，都缺少形态变化，而且汉语词类和句法结构没有对应关系。这种现象造成了汉语语法的意合特点，只要定义之间的组合有现实依据，符合社会习惯的要求，就可以组合起来造句。在长期的组合过程中，韵文体形成了对仗规则，散文体则形成了通过虚词和语序来连字组句的规则。而如何掌握和运用这种规则和特点，则主要通过读来获得。这就要求语文教学通过多样的阅读训练来悟得学法。因此，在语文教学中进行读法指导便成了一个基本要求。

咸高军十分重视朗读，充分体现了汉语的意合特点。首先，善于抓住文本特点，根据《黄河的主人》文本特点指导朗读。应该说，重视朗读基本成为共识。但是，不分文体，不顾文本特点，不管什么类型的课文，一味地指导朗读，要求有感情地朗读所有段落，显然是不妥当的。咸高军抓住《黄河的主人》是一篇短小精悍、节奏鲜明、情感变化比较大、适于朗读的这一抒情散文诗的文体特征，突出朗读指导，让朗读贯穿始终，让朗读贯穿文本的绝大多数段落，特别是文本的前五节、第七节和第九节。

其次，注重读法指导。咸高军善于采用多样的手法使学生乐读，善读。如对第一节"黄河滚滚。那万马奔腾、浊浪排空的气势，令人胆战心惊"的指导，教者先要求学生放声读，谈感受；再放课件，感受黄河的气势；接着教师再

纵情范读;最后让学生结合对"胆战心惊"的体验,读出惊叹之情。再如对第三节"再定睛一瞧,啊,那上面还有人哩！不只一个,还有一个……一、二、三、四、五、六,一共六个人！这六个人,就如在湍急的黄河上贴着水面漂流"朗读指导的处理,先让学生体会该节中含有的惊讶之情,再要求学生自己练读,并着重指导两处读法:

师:同学们,要读出惊讶之情,咱们要把哪个字读好,你说——

生:要把"啊！"(第四声)这个字读好。

师:噢,刚才,他的读的是"啊！那上面还有人哩！"他更多表达的是一种赞美,一种赞叹,就像我们到公园里去玩,看到公园里的景色很美,我们就会发出赞叹:啊！太美了！在这里,咱们要读出惊讶,这个"啊"字还有没有其他的读法？哎,你来——你来读。

生:啊？(第二声)那上面还有人哩！

师:他刚才读的"啊(四声),那上面还有人哩！"而这位同学读的是"啊？(第二声)那上面还有人哩！"两种读法,仔细地体会体会哪种读法更有味道,自己读读两种读法。

(生比较读)

师:你来说说,哪种读法更好？

生₂:我觉得读第二声好。

师:你来读读。

(生₂读)

师:好！接着读完。

(生₂继续读完这一小节)

师:前面读得非常好,"啊？（二声）那上面还有人哩",读出了惊讶,可是,读后面六个数字的时候,好像读的是普普通通的六个数字,大家想想看看,这六个数字代表的是什么？六个——

生:人。

师:六个人,六条宝贵的生命,作者每多看到一个人,心中的惊讶之情就更加强烈一些。所以,读这六个数字的时候,一、二、三、四、五、六(师读逐步上扬、短促)语调和语速是变化的,(指向刚才读的学生)你体会到了吗？明白我的意思了吗？想再试试吗？好,再来试试,(不只一个……)

(生₂读)

这里通过对重点字、重点词读法的品味、比较、示范,让学生明白如何读好课文。

最后,还善于将理解和朗读结合起来,让学生在理解的基础上朗读,在朗读的体验中领会。

三、根据汉语学习重体验的特点创设虚拟语境

汉语言具有形象性特点。汉字象形—表意的特点体现在汉语言文本上,呈现出形象化色彩,具有含蓄性、多义性和开放性等特点。这种特点要求在语文学习中,要注重整体感悟,强化个体体验,能够设身处地,结合自己的生活阅历和感受,对文本内容进行联想和想象,具体感受在那样的语境中的心理、行为、品质。为此,需要教师创设虚拟语境,为学生走进文本、感受文本提供桥梁。

应该说,创设虚拟语境是小学语文教师普遍采用的一种方法,但许多老师创设的虚拟语境总是给人多此一举的感觉。其原因是游离了文本,游离了教学目标,也游离了教学的逻辑思路。咸高军创设的一系列虚拟语境则非常自然,给人一种行云流水之感。如学完"这就是黄河上的羊皮筏子",展示羊皮筏子后:

(1)师:这就是黄河上的羊皮筏子!也只有十只到十二只羊皮体积那么大,没有护栏,也没有抓手,在滔滔的黄河上让你坐一坐,你敢不敢?为什么?

……

师:那么,羊皮筏子上的乘客们是不是也像你们这样害怕呢?来,咱们读读课文……

教师通过让学生感受羊皮筏子的小而轻,感受坐在上面的危险,从而顺势引到下一个教学环节,为后面理解坐在上面的乘客如履平地、谈笑风生打好基础,感受艄公的智慧与风采。

(2)师:好的,"谈笑风生"一词,你体会得真好!同学们,如果你们就是乘客,你们会在羊皮筏子上谈些什么?

学生通过体验,进一步感受"谈笑风生"的意思。

(3)师:……如果你们就是乘客,我就是岸上的作者,待一会儿,我要问你们了,你们可要大声地回答我,好吗?

生齐:好!

师:喂!你们好!

生齐：你好！

师：喂！你们可是羊皮筏子上的乘客？

生齐：是！

师：风大浪急，这么危险，你们为什么敢在羊皮筏子上谈笑风生呢？

生₁：我们有勇气。

师：有勇气，所以你谈笑风生，是吧？好吧，我再喊一句，你不是有勇气吗？喂！你们好！

生齐：你好！

师：请你们的艄公下来，让我撑一撑，好吗？

生：不能。

师：为什么？

生₂：因为艄公经验丰富，他十分了解黄河的水势。

师：（师指向刚才说有勇气的学生）我还找你说，你不是有勇气吗？

生₁：有了艄公我才有勇气。

师：噢！有了艄公你才有勇气啊！我撑的筏子，你勇气再大，你也不敢——

生₁：我也不敢乘。

师：噢！那为什么艄公在，你们就敢坐呢？现在让我们来看一看，此时的艄公他在干什么？课文里，我找了，只有两句话描写了艄公。来，咱们读读这两句话……

这里的虚拟语境使教学环节过渡得多么自然，多么真实！使学生对艄公的高超技艺感受得多么清晰！如此不露声色，尽得风流，难怪课堂气氛那么热烈，难怪学生那么投入！

当然，咸高军的这一课还有许多地方值得注意。比如，人文教育恰到好处，读写结合自然巧妙，师生对话平等民主，等等。不过，其中体现出的紧紧扣住汉语言规律，并努力使之得到具体体现的特点，应更加值得我们关注。

附　咸高军《黄河的主人》课堂实录

师：同学们，今天我们继续学习《黄河的主人》，课文已经读过了，黄河的主人就是——

（生齐答：艄公。师板书：艄公）

师：艄公就是——

生：黄河的主人。

师：艄公为什么会是黄河的主人呢？今天，就让我们从感受黄河开始，一步一步地走近艄公，去解开我们心中的谜团。（板书：?）课文的一开始，作者就把我们带到了黄河边，那么，呈现在我们眼前的黄河是怎样的黄河呢？（出示课件1）

读读课文的第一节，让我们放开声音读好吗？我起一个头："黄河滚滚……读吧！"（生读）读了这样的句子，你仿佛看到了什么？听到了什么？

生$_1$：我仿佛看到了黄河滚滚，我仿佛听到了黄河的流水拍打到石头上的声音，非常响亮。

师：好！你说。

生$_2$：我仿佛看到了黄河的气势，非常汹涌，我仿佛听到了黄河惊涛拍岸的声响，非常宏大。

师：好的！下面就让我们一起去感受那汹涌澎湃的黄河。

（打开课件2。师纵情朗读第一节，配音。）

师：看着这样的黄河，你心里感到怎样？

生$_1$：我心里感到非常害怕。

生$_2$：我心里感到非常惊讶与害怕。

生$_3$：我心里感到十分有气势。

师：其实，我们所有的感受都融在一个词语中，这个词就是——什么呢？哪个词语，你说。

生：胆战心惊。

师：好的。什么叫"胆战心惊"？你说。

（出示课件3：胆战心惊[红色]）

生$_1$：也就是非常害怕。

师：你说——

生$_2$：也就是心和胆好像悬着一样。

师：好的。你站起来，通过你的朗读，让我们体会到这个词语意思。

（生$_2$读）

师：读这个词语，心跳应该怎样？

生$_2$：心跳应该十分快、十分猛。

师：好，让我触摸你的心跳，你再来读读这个词语。

（生₂读："胆战心惊"）

师：啊！你的心跳，你的朗读，让我体会到这个词语的意思啦！

师：好！坐下，（指向另一个学生）你再来读，好吗？

（生₃读："胆战心惊"）

师：好！（指向另一个学生）你读。

（生₄读："胆战心惊"）（再指向另一个学生）你读。

（生₅读："胆战心惊"）

师：咱们一起读。

（生齐读："胆战心惊"）

师：是啊！诗一般的语言，把一幅惊险的画面展现在我们面前，让我们一起放开声音，再来读读这段话，读出自己的感受吧！读——

（生齐读第一节）

师：是啊！就是在这样的黄河上，作者却被河心的羊皮筏子吸引住了，（板书：羊皮筏子）来，打开课文，读读课文的第二节到第五节，你觉得羊皮筏子怎么样？读的时候，可以画出一些词语，也可以写一写自己的感受，一个词语可以，一句话也可以，好了，开始读课文。

（生阅读课文，教师巡视。）

师：好了，你觉得羊皮筏子怎么样？（生举手）你说。

生₁：羊皮筏子小而轻，而且非常危险。

师：你是从哪儿体会到的？

生₁：我是从"那么小，那么轻"体会到的。

师：哪句话？

生₁："远远望去……"

师：好的，咱们来读读这句话。

（出示课件4）

师：来，通过你的朗读，让我们来感受羊皮筏子是那么的小，那么的轻，那么的危险！谁来读？

（生举手）

师：你来读——

（生₂读）

师：羊皮筏子，你完全感受到了它的小了吗？它的轻了吗？它的危险了吗？你有什么好的建议？

生₃：我认为她应该响亮地读。"那么小，那么轻"，应该响亮地读，因为这是重点。

师：噢！重点读，你来试一试读，好吗？连起来读一读这些词语，好吗？

（生₃读）

师：我听出来了，他读的时候，抓住了这些词语，（课件5出示）"那么小，那么轻""小小地""整个儿"，就把文章的味道给读出来了，（指向第一次朗读的学生）你还想再试试吗？好，来——

（生₂读）

师：怎么样，有掌声吗？（掌声）

师：你叫什么名字？

生₂：冯小慧。

师：冯小慧，今天你的进步最大了，咱们都要向她学习好吗？我们一起读——

（生齐读）

师：读得真不错！羊皮筏子还让你感到怎么样？

生₄：上面还有六个人，让我感到十分的惊讶。

师：噢！十分地惊讶！你从课文中的哪一节感到惊讶的？

生₄：我从课文的第三节体会到惊讶的。

师：来，读读课文的第三节，试着将你心中的惊讶之情读出来，自己读，自己练读。

（生练读）

师：好啦！谁来读？

（生举手）

师：好了，请你来读，好吗？

（生₁读第三节）

师：同学们，要读出惊讶之情，咱们要把哪个字读好？你说——

生：要把"啊！"（第四声）这个字读好。

师：噢，刚才，他读的是"啊！那上面还有人哩！"他更多表达的是一种赞美，一种赞叹，就像我们到公园里去玩，看到公园里的景色很美，我们就会发出赞叹：啊！太美了！在这里，咱们要读出惊讶，这个"啊"字还有没有其他的读法？哎，你来——你来读。

生：啊？（第二声）那上面还有人哩！

师：哎，他刚才读的"啊（第四声），那上面还有人哩！"而他读的是"啊？（第二声）那上面还有人哩！"两种读法，仔细地体会体会哪种读法更有味道，自己读读两种读法。

（生比较读）

师：你来说说，哪种读法更好？

生$_2$：我觉得那个"啊"！（第二声）

师：你来读读。

（生$_2$读）

师：好！接着读完。

（生$_2$继续读完第一小节）

师：前面读得非常好，"啊？（第二声）那上面还有人哩，读出了惊讶，可是，读后面六个数字的时候，好像读的是普普通通的六个数字，大家想想看看，这六个数字代表的是什么？六个——"

生：人。

师：六个人，六条宝贵的性命，作者每多看到一个人，心中的惊讶之情就更加强烈一些。所以，读这六个数字的时候，一、二、三、四、五、六（师读逐步上扬，短促）语调和语速是变化的，(指向刚才读的学生)你体会到了吗？明白我的意思了吗？想再试试吗？好，再来试试，(不只一个……)

（生$_2$读）

师：接着读完(面向大家)怎么样？

师：好！一个好不能解决问题，动动你们的手。

（生鼓掌）

师：这个同学真有悟性，老师这么一点拨，他就读出味道来了，咱们都要向他学习好吗？好不好，一起读。

师引读："再定睛一瞧，啊……"

（生齐读）

师：好的，学课文我们要学会用发现的眼光去寻找课文里面一个个细微的地方。来，睁大你的眼睛，到课文中寻找寻找，课文里有一句话，能够表达作者对羊皮筏子的全部感受,我期待着一双火眼金睛的诞生,自己找,找到的同学把手伸出来。

师:好,你找到了!

生₁:我找的是"那六个人就如同……"

师:还有哪句最贴切呢?你来读。

生₂:"这就是黄河上的羊皮筏子。"

师:呀!你有一双火眼金睛,一下子就找到了这句话。同学们,你不要小瞧了这句话,其实这句话融进了作者对羊皮筏子的全部情感(出示课件6)咱们来好好读读这句话!

师引领:羊皮筏子那么小,那么轻,于是,作者感叹道——

生齐读:"这就是黄河上的羊皮筏子!"

师引读:羊皮筏子贴着水面漂流,是那么的危险,于是,作者感叹道——

生齐读:"这就是黄河上的羊皮筏子!"

师引读:羊皮筏子那么小,没想到上面还有人,于是作者更加惊讶,更加赞叹道——

生齐读:"这就是黄河上的羊皮筏子!"

师:怎么样?短短的十一个字,融进了作者多少情感啦!同学们,你们看——

(出示课件7:羊皮筏子)

师:这就是黄河上的羊皮筏子!也只有十只到十二只羊皮体积那么大,没有护栏,也没有抓手,在滔滔的黄河上让你坐一坐,你敢不敢?

生₁:我不敢。

师:为什么不敢?

生₁:我怕下面的水。

师:怎么样?

生₁:很汹涌。

师:怕把你怎么样?

生₁:怕把我卷走。

师:哦!怕把你卷走。(指向另一学生)你害怕吗?

生₂:我也很害怕。

师:为什么?

生₂：因为紧贴着我的脚，就是那些黄水，汹涌的黄水。

师：让你坐在上面。

生₂：非常害怕！

（指向另一个学生）

师：你来说。

生₃：我也很害怕。因为在羊皮筏子上面没有栏杆，一不小心我掉下去的话，可能会被淹死。

师：那么，羊皮筏子上的乘客们是不是也像你们这样害怕呢？来，咱们读读课文，这次读书咱们要求有了变化。默读课文的第六、七两节，打开课文，一边读一边画出文章里描写乘客的句子，有声的读书是一种交流，无声的读书是一种思考。请同学们静静地默读第六、七两节，认真地思考。

（教师巡视）

师：好的，谁来读一读你画的乘客的句子？你来读。

生₁：皮筏上的乘客谈笑风生，他们向岸上指指点点，那么从容的神情，就如同坐在公共汽车上，浏览窗外的景色。

师：哎！乘客们怎么样啊？乘客们怎么样？

（生举手）

师：怎么样？

生：谈笑风生。

师：（出示课件8）一起读读这个词语。

生（齐）：谈笑风生。

师：这是一个成语，什么叫"谈笑风生"呢？昨天，让同学们回去查查字典，谁来说说，什么叫谈笑风生？你查了？好，你来说说看。

生₁：谈笑风生的意思就是形容谈话时兴致很高，气氛活跃，兴致勃勃而有风趣。

师：根据你的理解，你觉得"谈"是什么意思？

生₁：谈话。

师："笑"是什么意思？

生₁："笑"就是说话的时候在笑。

师："笑"就是很高兴，很开心，对吧！

师：那么，这个"风"字你是怎么理解的？

生₁："风"字？

师：联系你查的字典，"风"意思怎么理解的？

生₁：气氛很活跃。

师：你查的意思里有一个——？

生₁：风趣。

师：对了！什么意思？

生（齐）：风趣。

师：谈笑之间，风趣自然地产生了，形容谈得很高兴，谈得有风趣，这就叫作——

生（齐）：谈笑风生。

师：你来读读这句话，你从这句话的哪些地方还能够体会到"谈笑风生"的意思？你来说。

生₁：他们向岸上指指点点，那从容的神情，就如同坐在公共汽车上浏览窗外的景色！

师：你从哪个地方还可以体会到？

生₁：他们向岸上指指点点。

师：怎么理解的。

生₁：嗯，他们就像在公共汽车上一样一点也不紧张，就像在公共汽车上看窗外的景色，看看这个，看看那个。

师：还怎么样？指来指去，所以你体会到——

生₁：谈笑风生的意思。

师：好的，你体会得真好！还有吗？你来说。

生₂：我从"从容"这个词语中体会到了"谈笑风生"的意思。"从容"就是心情很愉快，他们就像在公共汽车上看窗外的景色。

师：神情很从容，从容就是什么？

生：从容就是没有一点害怕的感觉。

师：所以你体会到了——

生：所以我体会到了"谈笑风生"的意思。

师：好！还有吗？你来说。

生：我从"就如同坐在公共汽车上浏览窗外的景色"感觉到了他们很愉快。因为公共汽车大家都坐过，坐在公共汽车上，大家一点不紧张，很高兴。

很高兴地可以浏览窗外的景色。

师：所以，你体会到了——

生：谈笑风生的意思。

师：好的，你体会得真好！同学们，如果你们就是乘客，你们会在羊皮筏子上谈些什么？会谈些什么？你说。

生$_1$：我们会谈些笑话。

生$_2$：我们会谈些假日里的趣事。

生$_3$：或者是新闻里的或是动画片里的。

师：一些很有趣的、很搞笑的事，是吧？还有吗？你说。

生$_4$：我们还会谈书上的一些漫画什么的。

生$_5$：我们还会谈一些小品。

师：谈赵本山的小品《大忽悠》对吧？好的，你们就是乘客，我就是岸上的作者，待一会儿，我要问你们了，你们可要大声地回答我，好吗？

生（齐）：好！

师：咱们配合一下。

师：喂！你们好！

生（齐）：你好！

师：喂！你们可是羊皮筏子上的乘客？

生（齐）：是！

师：风大浪急，这么危险，你们为什么敢在羊皮筏子上谈笑风生呢？我找个同学来讲讲，你说。

生$_1$：我们有勇气。

师：有勇气，所以你谈笑风生，是吧？好吧！我再喊一句，你不是有勇气吗？喂！你们好！

生（齐）：你好！

师：请你们的艄公下来，让我撑一撑，好吗？

生：不能。

师：为什么？

生$_2$：因为艄公经验丰富，他十分了解黄河的水势。

师：（师指向刚才说有勇气的学生）我还找你说，你不是有勇气吗？

生$_1$：有了艄公我才有勇气。

师：噢！有了艄公你才有勇气啊！我撑的筏子，你勇气再大，你也不敢——

生₁：我也不敢乘。

师：噢！现在让我们来看一看，此时的艄公他在干什么？课文里，我找了，只有两句话描写了艄公。来，咱们读读这两句话。

(出示课件9)

读书的时候，咱们要学会关注一些关键的词语，来，你们读读这些关键的词语，这些重点的词语。(课件10显示关键词语)你从这些重点的词语当中，你体会到艄公是一位怎样的人？自己可以在下面讨论讨论。

(生自由读句子)

师：好了。谁来发言？你来说。

生₁：我从"小小的筏子"上看出艄公是一个非常胆大的人，因为，如果艄公不胆大，乘客坐在那个小小的筏子上，肯定会很害怕。

师：噢，她是从"小小的筏子"中体会到艄公是个胆大的人。这是你的发现，请你把"胆大"这个词语写到黑板上好吗？好的，你看看，写在哪儿更合适一点。在黑板上板书，和平时作业是不一样的，我们在黑板上板书更重要的是把美展示给大家，所以你写的时候，要写得好，写得认真，是吧？你就写在这块地方，好吗？

(生₁板书。)

师：好的，谁再来说说，从这些句子里你体会到了什么？艄公是个怎样的人？你说。

生₂：我从"险恶的风浪"这里知道了艄公非常勇敢，因为风浪这么急，很容易把羊皮筏子弄翻，而艄公却不怕，非常沉得住气，不怕这些风浪。

师：所以——

生₂：所以我觉得艄公非常勇敢。

师：好的，你也把这个词语写到黑板上好吗？还有吗？你来说。

生₃：我从"不粗不细的竹篙"体会到艄公是个技术高超的人。

师：哎！"不粗不细的竹篙"就几根？

生(齐)：一根。

师：你体会到什么？

生₃：我体会到艄公是个技术高超的人。

师：撑筏的技术很——

生₃：高超。

师：技术高！是你的发现，去，写到黑板上去，好吗？好了，还有吗？你说。

生₄：我从"乘客的安全"可以看出艄公是很负责任的人。

师：嗯？怎么体会到的？

生₄：因为他不负责任的话，乘客哪敢坐他的筏子？

师：他要保证乘客们安全的渡过黄河。他是一个很负责任的人啦！请你把这个词语写上去好吗？你来说。

生₅：我从"专心致志"这个词体会到艄公非常认真和细心。

师：好！认真，细心，写到黑板上去。还有吗？你来说。

生₆：我也从"不粗不细的竹篙"体会到了艄公的经验十分丰富。

师：哎！他的体会与大家都不一样，怎么理解？

生₆：如果他只有高超的技术，他去撑筏子的话，也可能被吓倒，只因为他有丰富的经验，他才敢在滔滔的黄河上撑筏子。

师：他是用一年时间去撑筏吗？

生₆：不！

师：他可能是用一辈子的经历去——

生齐：撑筏。

师：所以，他的经验十分丰富，写到黑板上去。还有没有？大家看看，"小心地注视着水势，大胆地破浪前行。"一个"小心"，一个"大胆"，前后矛盾吗？矛不矛盾？

生（齐）：不矛盾。

师：怎么不矛盾的？

生₁：因为艄公在没有大浪的时候，他就大胆地破浪前行，在黄河上有大浪的时候就小心地注视着水势，他是个该大胆的时候就大胆，该小心的时候就小心的人！

师：可见，他是一个什么样的人？

生：运筹帷幄的人。

师：还是一个——（师指脑袋）

生：富有智慧的人。好的，把"智慧"这个词语写上去。同学们，你们体会得真好！让我们读读这两段话好吗？来，读，"他站在那……"——

（生齐读）

师：好了，同学们，来看看你们的发现，来看看，字写得多认真，刚才，有一个同学说，他"负责任"的"负"不会写，你们看他写得对吗？

生（齐）：对！

师：对不对？

生（齐）：对！

师：所以，你千万不要轻易地对自己说"我不会"。动动脑筋，你会了，站起来，你叫什么名字？

生：我叫朱成龙。

师：表扬他。

（生鼓掌）

师：一个善思的脑袋，一个智慧的脑袋，就要像你这样。咱们看看你们的板书，同学们！回过头来，思考这个问题："艄公为什么是黄河的主人？"你能根据黑板上的板书来回答这个问题吗？你说。

生$_1$：因为艄公胆大，技术高，经验丰富，可以在黄河上如履平地，所以他是黄河的主人。

师：好的，说得真好！还有吗？你说。

生$_2$：他不仅胆大，技术高，经验丰富，而且勇敢而富有智慧，所以他是黄河上的主人。

师：好的，你来说。

生$_3$：他用这些优点战胜黄河里的风浪，所以他成了黄河的主人。

师：好的，来，我们看看黑板上的板书，艄公，面对着黄河，他勇敢、胆大，他凭着技术高、认真、细心、负责任、经验丰富和智慧的脑袋，把羊皮筏子撑得稳稳当当，保证了乘客们的安全，取得了乘客们的信任，所以，艄公是——

生（齐）：黄河的主人。

师：是当之无愧的——（擦去问号）

生（齐）：黄河的主人。

师：像这样的艄公，值不值得敬仰和赞颂？

生（齐）：值得。

师：让我们看看作者是怎样赞颂艄公的。（出示课件11）来，一起读一读。"他凭着勇敢和智慧……"——

（生齐读）

师：读这样的句子，最重要的是要读出对艄公的无比赞颂，无比敬仰，让我们放开喉咙，再来读一读，好吗？

（生：好）

师：好！"他凭着勇敢和智慧……"——

（师生一起读）

师：这篇课文的作者是谁呀？

生：袁鹰。

师：袁鹰，一个著名的作家，让我们看看作者是怎样来写这篇文章的。作者为了表达对艄公的敬仰和赞颂，他用什么做题目——

生（齐）：黄河的主人。

师：然后他先写了——（生齐：黄河）接着写了——（生齐：羊皮筏子）接着又写了——（生齐：乘客）在写了乘客的同时，只是简简单单地介绍了艄公。我觉得这个作者这种写法似乎有点问题，你有没有发现什么问题？你来说。

生₁：我发现的问题是课文中说艄公是黄河的主人，课文也以黄河的主人为题，可是课文中描写艄公的语句却很少。

师：作者把更多的笔墨却花在了描写——

生₁：黄河，羊皮筏子和乘客上。

师：啊？是不是问题啊？你既然是写黄河的主人，你就应该把更多的笔墨描写在谁上面？（生齐：艄公）写艄公。可是，为什么却写黄河、羊皮筏子和那些乘客。作者写法是不是真的有问题？你说。

生₂：因为，只有写到黄河、羊皮筏子和乘客，才能写出艄公的大胆、技术高超和勇敢。

师：噢！写他们都是为了表现什么？

生₂：艄公的技术高超和勇敢。

师：嗯！我有一点理解了。还有谁讲得更清楚一点？你说。

生₃：因为写到了黄河，羊皮筏子、乘客，利用这三种事物和人物衬托出了艄公。

师：哎！他用了一个词语——"衬托"。你们的回答，让我似乎真的明白了。作者写黄河怎么样？惊涛骇浪！越是写黄河惊涛骇浪，越是写羊皮筏子轻、小、危险，越是写乘客的谈笑风生，就越能——用一个词语：衬托。衬托出艄公的高大形象（擦去板书：艄公，重新书写的"高大"）这样的写法，能增强文章的表现力,给人以鲜明感。可见,作者并没有写错,显然有着很深的文学功底。来,让我们读读这个词语——

(生齐读)

师:想着黄河、羊皮筏子、乘客都是衬托艄公的高大,读得再高大一点——

(生齐读)

师:再高大一点——

(生齐读)

师:看,艄公来啦!(出示课件12)这就是黄河上撑羊皮筏子的艄公,遇上这位饱经风霜的艄公,我们有许许多多的话想对他说。来,在有限的时间内,让我们将千言万语都汇成一句话。谁先来说?

生$_1$:艄公,你在黄河上拥有着丰富的经验,高超的技术,对乘客又如此的负责,你在黄河上如履平地,你这平凡的艄公让我们看到了不平凡的机智。

(师生鼓掌)

师:还有谁说?

生$_2$:艄公,你冒着生命危险,为乘客服务,在黄河上如履平地,成为黄河的主人,您是我们学习的目标,您是我们的榜样。

师:好啊!好一个学习的榜样!还有吗?

生$_3$:艄公,你是一位勇敢而伟大的人,我以后一定要乘您的羊皮筏子感受一下您的镇静与智慧。

师:好了!同学们,奔流不息的黄河孕育了千千万万的中华儿女,而且塑造千千万万中华儿女的精神品质。这位艄公,他凭着勇敢和智慧、镇静和机敏战胜了黄河的惊涛骇浪,他就是千千万万中华儿女的缩影。让我们全体起立,让我们永远记住黄河的主人就是——

生(齐):艄公。

师:艄公,您就是——

生(齐):黄河的主人。

师:同学们,今天的课我们就上到这里,让我们悄悄离开教室,将艄公的精神悄悄地带走。别忘了和台下的老师说声再见。

生:各位老师再见!

(咸高军《我的生活语文》,吉林教育出版社,2011年版第178-189页)

第三章 淮安中学语文语境教学课例研习

20世纪80年代起,随着导学范式的兴起,许多中学语文名师十分重视因材施教、因势利导,努力根据教学语境开展语文课堂教学实践。于漪、洪宗礼等人的课例就充分说明了这一点。淮安语文人认真学习这些名师大家的经典课例,从中获取诸多经验与营养,使淮安语文课堂充满着浓郁的语文味。

第一节 阅读语境教学的典范
——评于漪《晋祠》教学实录

一代语文教学大师于漪教学的《晋祠》,不仅是于漪的代表课,而且是阅读语境教学的经典课例。在该课中,于漪恰当运用多种语境教学方法,将语文教学艺术推到一个新的高度,为后学者提供了可学的教学样本。

一、认知语境教学法的运用

认知语境教学法就是启动学生已有的知识背景和生活经验等认知语境因素,为促进学生当下口语和书面交际能力形成的一种语文教学方法。认知语境是贮存于个人长时记忆内的陈述性知识和程序性知识的实质性内容及其联系,是一个人已拥有的全部知识背景和生活经验。学生已有的认知结构对于当前的认知活动会起到决定作用。大量研究证实,学生关于阅读材料的背景知识是影响阅读理解效果的重要变量。例如,有这样一项研究:请两组阅读水平都比较高的二年级学生阅读关于蜘蛛的文章,其中一组学生关于蜘蛛的背景知识较多,另一组较少。读完文章后请他们回答文章中有明确答案的问题或没有明确答案而需要推理的问题。结果显示,背景知识多的一组比背景知识少的一组在前一种问题上的成绩高出25%,在后一种问题上的成绩几乎高3倍。这说明,如果缺少阅读材料的背景知识,理解水平也会降低。因为阅读认知过程的一个重要信息加工方式是同化加工,读者要利用原有知识去解释、消化文章的信息。因此,学生在阅读前是否具有恰当的背景知识,在阅读时能否激活这些知识,影响着他们对所读文章的理解和记忆的程度。

在本课中,于漪运用认知语境教学法,激活学生已有生活经验,补充相关材料,丰富学生认知背景。

(一) 激活已有生活经验

学习前激活认知材料,容易使学生产生读写期待或图式,促进新旧知识联系,从而触类旁通,为新课教学内容起到定调的作用。

于漪在《晋祠》的教学起始环节,以充满激情的语言要求学生依次介绍自己所知道的一处名胜古迹。43人次发言两分钟后,于漪总结说:

刚才我们花了不到两分钟的时间,把自己熟悉的名胜古迹初步检阅了一下,已经巍巍乎壮哉! 我们祖国无处没有名胜古迹,真是美不胜收。我们祖国究竟有多少名胜古迹呢? 我给你们介绍一本书,[出示书]大家看:《中国名胜词典》。这本书里介绍的都是我国名胜古迹,我们今天要学的《晋祠》,这里也有介绍。你们学过地理,"晋"是指什么地方?

于漪在正式学习课文前,引发学生对祖国名胜的介绍,一方面可以激发学生对祖国名胜的好感,引发学生对新课所写对象的情感期待;另一方面可以很自然地导入新课,令教学环节如行云流水,过渡自然。

特别值得注意的是,直到课堂结束时,于漪再一次提到开头设置的这一引导性材料,既使课堂首尾呼应,又进一步加深了学生的认识。

(二) 补充学生未有经验

学生对新学课文中所写对象"晋祠"几近一无所知,不利于学生进一步学习新的课文内容。因此在导入新课后,于漪指导听写《中国名胜词典》中介绍晋祠的五句话:

晋祠在山西太原市西南25公里悬瓮山下晋水发源处。北宋天圣年间,追封唐叔虞为汾东王,并为大母邑姜修建了规模宏大的圣母殿,殿内有43尊宋代彩塑。殿前鱼沼飞梁,为国内所仅见。殿两侧为难老、善利二泉,晋水主要源头由此流出,常年不息。水温17℃,清澈见底。祠内贞观宝翰亭中有唐太宗撰写的御碑"晋祠之铭并序"。祠内还有著名的周柏、隋槐,周柏位于圣母殿左侧,隋槐在关帝庙内老枝纵横,至今生机勃勃,郁郁苍苍,与长流不息的难老泉和精美的宋塑侍女像被誉为"晋祠三绝"。

这一引导性材料在一定程度上概括了课文所写的主要内容,为学生进一步了解晋祠和学习新的语文知识提供了背景知识,降低了文本理解的难度,为教学的进一步展开确立了一个支点。

在传统的教学视野中,教师能够如此引进相关材料,为学生补充学习新课所需要的生活经验,已经是非常难得的做法了。但于漪并不就此止步,她还要进一步发挥该片段的价值。于漪不仅将晋祠介绍变成听写训练,而且还在此基础上,又要求学生速读课文,把《中国名胜词典》条目里介绍的有关内容和课文中的有关段落对应起来思考,会发现哪些问题?两者有哪些不同之处?判断是课文写得好,还是词典上说明得好。这样,两相对照,强化文本细读,可以带来诸多好处。

第一,帮助学生进一步熟悉了课文的主要内容。通过比较,学生一方面发现两者内容上的相似之处,另一方面还发现两者内容上的不同之处,这有助于学生深入了解课文所传递的信息。

第二,帮助学生认识到不同文体的存在价值。在教学中,运用比较可能有个误区:那就是最终说明课文比别的文本好。但在本课中,学生在教师引导下发现它们各有千秋:就内容来讲,一个比较全面,一个重点介绍;就说明方法来讲,词典上主要是说明,课文中说明中还有描写;从语言特点看,词典上比较平实,课文则比较优美、生动;从说明顺序来讲,词典上说明顺序是采取横式结构,课文则是总分结构。文章好不好要根据作者的写作意图来判断。词典是给人家翻检的,介绍的时候必须要言不烦;文章则具体地描述并说明,给人以美的享受,让我们有身临其境的感觉,所以,除了说明之外,还要加以描写。由此可见,教师在引导比较中,不仅帮助学生读懂课文,还帮助学生确立语境写作意识:不同的写作意图和读者需求对文体写作有不同的要求。这样,不同的文体样式就有不同的存在价值,不宜随意否定。

第三,帮助学生发现课文的特殊点。任何一篇文章都应该有其个性特点,如何发现这一个性特点最简单的方式就是比较。于漪仍然借助这一支架,既降低了阅读难度,帮助学生认识到课文的个性特点,又降低成本,充分发挥该材料的作用,不再另起炉灶、旁逸斜出,以免因另外引进新的材料而徒增纷扰。

第四,渗透训练,让语文学习充满语文味。于漪充分发挥引入这一补充材料的价值。他将该材料变为听写材料,不仅为学生补充了生活经验,促进对课文内容理解,而且还训练了学生的听写能力,可谓一举多得。其后,紧密结合该引导材料,指导学生比较、概括、归纳、阅读、思考,既帮助学生熟悉课文,又锻炼学生的思维能力,使教学始终以培养学生的语文能力为中心,从而充满浓郁的语文味。

第五,教学环节紧凑、简约。于漪紧紧抓住这一材料,围绕这一材料开展教学,不仅让学生很快熟悉了课文所写内容,认识到课文的独特之处,而且还使前后内容联系紧密,一线串珠,重点突出。

二、上下文教学法的运用

上下文教学法是运用上下文语境理论来指导语文教师教学的一种语文教学方法。上下文语境就是语言内环境,指语言符号间的相互关系,包括口语交际中的前言后语和书面交际中的上下文。从其内容和语义层次看,包括语音环境、语义环境、语法环境、语段环境、篇章环境、语体风格环境等,其中语体风格环境是笼罩于整个话语之上的一种上下文语境因素。

运用上下文教学法,可以帮助教师恰当地确立教学内容,提升教学艺术水平。

(一) 根据文体样式确定教学内容

根据文体样式确定教学内容是上下文教学法的一个基本要求,其原因就在于教学内容的确立受到特定的语境制约。在上下文语境中,文体从属于特定的书面语体,而特定的文体特征又决定了特定文本的基本风貌。因而在教学中,上下文语境从宏观上决定了阅读教学内容要从文体样式出发。

在《晋祠》教学中,第一课时,于漪借助"词条"这一说明文体,将课文与之相较,在比较中让学生发现《晋祠》的独特性,也就是《晋祠》不是一般的说明文,而是一篇文艺性说明文。因而在第二课时教学中,在宏观上抓住晋祠"悠久的历史文物同优美的自然环境浑然融为一体"这一特点,探讨该文如何具体写出相关历史文物和自然环境的特点,教师首先设疑:"优美的自然风景"和"悠久的历史文化"分别介绍了哪些说明对象?它们各自的特征如何?全班讨论补充,使板书周全完善。

而在具体分析时,又注意抓住文艺性特点,分析说明相关事物特征时用词、用句的精当和优美。教师对课文中描写"山"的内容一带而过,重点带领学生学习"树"的"造型奇特"和水的"多""柔"特点。这里,在师生的共同活动中再现了晋祠山水之美,领略了晋祠文物之美。在此环节中,有词语的重敲,如写树态的:扭、冲、旋、垂;有读音的甄别;有对比喻、拟人、排比等修辞手法的赏析;还有学生逼真地对接水"小和尚"的动作神态的模仿;讲到小和尚的碗永远盛不满水的时候,还用到了"物理的力学原理"。在"晋祠的美在山,在树,在水"这一教学片段中,教师在让学生认识到该句是总说后,将原句改为"晋祠的美在山、树、水",问学生这样可以不可以,有说可以,有说不可以,教师进一步引导学生分析写成"在山,在树,在水"的好处:排比的方法写,加强了语气;有气势,读起来上口;给读者的印象比较深;有一定的顺序,由高到低,由外到内。这样紧扣文艺性说明文特征组织课堂教学,使教学内容集中,得体。

(二)运用延后法帮助深化理解

上下文教学法中有一种做法叫延后法。延后法是指教师有意识地将学生提出的问题作滞后处理,等待课文学到相关部分时或者学完课文后再来引导学生回答相关问题。这样做便于学生在回答问题时能够联系全文,前后贯通,或避免顾此失彼,或避免游离于文本之外。

在《晋祠》中,学生在第一课时下课前提出疑问:既然悠久的历史文物是重点,那么,就应该先写悠久的历史文物,再写优美的自然风景。在第二课时开始前先请学生回答。结果,学生的回答啰唆,不到位,似是而非。对此,于漪以商量的口气对学生说:"这个问题××同学做了一些分析,但看来一下子答不清楚,先放一放好不好?"将该问题的探讨置后,推迟到学完全文后再组织探讨:"……现在我们再回过头来解答第二课时××同学提的问题。为什么不先写悠久的历史文物[指板书],再写优美的自然风景呢?刚才××[指生,]做了一些分析,没有完全说清楚,它们本来就是并列的,两者浑然融为一体,那么为什么要先写自然风景?"学生认识到:"因为这篇文章第六自然段写了'然而,最美的还是祖先留给我们的古代文化',从这'最美'就可以看出,悠久的历史文物和优美的自然风景相比较,悠久的历史文物比优美的自然风景还美,先写优美的自然风景就能更衬托出悠久的历史文物美。"

在学生没有读懂全文之前,由于学生对下文不熟悉,因而回答不严谨。如果教师直接把自己的体会讲出来,学生便失去了一个绝好的探讨机会。因此,于漪将这一问题的理解延迟到课文学习后,让学生充分熟悉全文,熟悉文本的上下文,再让学生自己根据上下文思考,做到勾前联后,结合全文来回答,化被动思考为主动解答,效果非常好。而且这样做,前后照应,使课堂结构更周密严谨。

三、情景语境教学法的运用

情景语境教学法是运用情景语境理论来指导教师教学的一种教学方法。课堂教学是在一定的课堂情景语境中进行的。课堂情景语境包括交际目的、交际话题、交际对象、交际关系、交际时间、交际地点、交际场景、交际过程中的附着符号束等因素,它们在教学中对教学活动的顺利开展都有重要影响。一方面,这些情景因素制约着课堂活动的开展;另一方面,它们对于言语活动中的某些语言现象在一定程度上起到解释和说明作用。因此,在教学过程中,我们要自觉地遵守情景语境因素的有关要求,并主动地利用和发挥情景语境因素的相关功能,使之对教学活动产生正面的影响。

在这里,我们不必面面俱到谈论《晋祠》一课中课堂情景语境因素对教学的影响,不必具体谈论该课教学目标明确,教学话题集中,师生关系融洽等特点,单就教学内容的生成与体态语言的运用而言,就有很多地方值得我们关注。

(一) 尊重生成性问题

生成性问题主要是由课堂情景语境因素——学生决定的。对于学生提出的问题,有两种态度:一是漠视,视而不见,教师依旧我行我素,按照预设的内容按部就班讲下去。这种做法目中无人,忽视课堂情景因素的作用,因而不一定切合学生的需要,教学效果不一定好。二是尊重学生的意见,将学生问题变为教学内容,做到预设与生成相结合。于漪的做法显然是尊重学生的做法。

学生随着课堂进程的发展,不时地提出问题。对此,于漪总是将这些问题融入教学中去,使之成为教学内容的有机组成部分。如当学生根据教师的要求发现课文围绕晋祠的"悠久的历史文物同优美的自然环境浑然融为一体"这一特点展开时,结构上却并没有先写悠久的历史文物,而是先写优美的自然环境,对此产生了困惑:

生:我想提一个问题。就是这句话和后面的"然而,最美的还是祖先留给我们的古代文化,这里保存着我国古建筑中的'三绝'"。从这两句话中,可以看出作者着重在描写古建筑的三绝。我提的问题就是,既然作者在开头就揭示我们悠久的历史文物是着重描述的,要是我写的话,就会先写建筑、文物,然后再写自然风景,这样不是就和第一句话"悠久的历史文物同优美的自然风景"相一致吗?作者这样写有什么好处呢?

对此,于漪不是不理不睬,而是顺势而为,将其作为教学内容的重要组成引发学生探讨：

师：×××同学坦率地讲了自己的意见,既然"悠久的历史文物同优美的自然风景浑然融为一体"是揭示晋祠的特征,要是我写的话,就先写历史文物,为什么作者先写优美的自然风景呢? 大家动脑筋。

教师之所以这样做,一方面,当然是教师对学生主体地位的尊重,充分反映其"目中有人"的教学理念,在教学中做到从学生的需要出发,体现了语文要教学生不懂的才能提高教学效率的基本思想;另一方面,也体现出教师的教学智慧,教师能够迅速地认识到这一问题恰恰反映了作者行文构思的一大特点,因而当机立断,将其作为一个重要教学内容,来补充预设的不足。

（二）运用体态语言

通过得体的体态语言来传情达意是语文教师的基本功,也是教学艺术成熟的标志。艾伯特·梅瑞宾认为：交流的总效果＝7%的语言＋38%的音调＋55%的面部表情。由此可以看出,教师的体态语言在交流效果中的价值。教师的体态语言指教师在与学生交际过程中用来传递信息、表达感情、表示态度的非言语身体态势。它可以支持、修饰或者否定言语行为,可以部分代替言语行为,发挥对应的表达功能,表达言语行为难以表达的感情和态度。教师要根据教学内容和表达特定情感的需要,恰当地选择和运用与言语内容及情感表达相一致的态势语来表情达意。

于漪善于通过体态语言动作来配合相关语意的表达。如说到我们伟大祖国历史悠久,山川锦绣,名胜古迹星罗棋布,在世界上可以说是首屈一指时竖起拇指;问学生一字不错的有没有时边数边扳手指,要求用很快的速度把课文浏览一遍;把条目里介绍的有关内容和文章上的有关段落对应起来时做两掌相对合拢手势;要求学生思考三个问题时食指、中指、无名指竖起示意;谈秦汉相隔时间很短时拇指与食指示意"短";说到把晋祠抱在怀中,做了一个"抱"的姿势;讲到有的树挺如壮士托天时手向上示意;等等,都恰到好处地反映了课文的相关内容,丰富了教学手段,提高了学生的学习效率。

附　于漪《晋祠》教学实录

第一课时

（上课）

师：我们伟大祖国历史悠久,山川锦绣,名胜古迹星罗棋布,在世界上可以说是——

生(部分)：首屈一指。

师：首屈一指(竖起拇指)。现在请每位同学就你所知道的名胜古迹说一处,要求：一说清楚,二速度快。我不一个一个叫名字了,请挨着次序讲下去。你先说(示意第一排一位学生)。

生$_1$：青岛八大关。

生$_2$：故宫。

生$_3$：从化温泉。

生$_4$：山西云冈石窟。

生$_5$：西安的大雁塔。

生$_6$：杭州的西湖。

生$_7$：长城。

生$_8$：甘肃的酒泉。

生$_9$：善卷洞。

师：在什么地方？

生$_9$：宜兴。

生$_{10}$：福建厦门的鼓浪屿。

生$_{11}$：南翔古猗园。

生$_{12}$：北京的颐和园。

生$_{13}$：普陀山的寺庙。

生$_{14}$：西藏的布达拉宫。

师：好,讲得很好。

生$_{15}$：河北省的赵州桥。

师：河北省的赵州桥我们什么地方碰到过？

生(部分)：课文《中国石拱桥》。

师：对。

生$_{16}$：太湖。

生$_{17}$：西安的大雁塔。

师：重复了。

生$_{18}$：陕西的兵马俑。

生$_{19}$：安徽滁县的醉翁亭。

师：醉翁亭，我们这学期要学《醉翁亭记》。

生$_{20}$：承德的避暑山庄。

生$_{21}$：湖南省岳阳市的岳阳楼。

师：岳阳楼，我们这学期还要学《岳阳楼记》。

生$_{22}$：甲天下的桂林山水。

生$_{23}$：庐山的大天池。

生$_{24}$：洛阳的白马寺。

生$_{25}$：雁荡山。

师：在什么省？

生$_{25}$：浙江省。

生$_{26}$：广西容县古经略台真武阁。

生$_{27}$：河北省保定市的古莲池。

生$_{28}$：广东肇庆星湖。

生$_{29}$：广西阳朔。

生$_{30}$：长白山天池。

生$_{31}$：济南的大明湖。

生$_{32}$：扬州的瘦西湖。

生$_{33}$：北京的天坛。

生$_{34}$：甘肃的敦煌。

生$_{35}$：上海名胜豫园。

生$_{36}$：西藏拉萨的哲蚌寺。

生$_{37}$：绍兴的东湖。

生$_{38}$：北京的卢沟晓月。

师："卢沟晓月"我们也在课文中碰到过。

生$_{39}$：西双版纳。

生$_{40}$：四川的乐山大佛。

生$_{41}$：宜兴的张公洞。

生$_{42}$：庐山的花径。

生$_{43}$：中岳嵩山。

师：中岳嵩山，你还能够说出其他的几个"岳"吗？

生$_{43}$：能。西岳华山、东岳泰山、北岳恒山、南岳衡山。

师：对不对？

生（部分）：对！

师：记得很熟，好。

生₄₄：浙江的瑶琳仙境。

师：刚才我们花了不到两分钟的时间，把自己熟悉的名胜古迹初步检阅了一下，已经巍巍乎壮哉！我们祖国无处没有名胜古迹，真是美不胜收。我们祖国究竟有多少名胜古迹呢？我给你们介绍一本书，（出示书）大家看：《中国名胜词典》。这本书里介绍的都是我国名胜古迹，我们今天要学的《晋祠》，这里也有介绍。你们学过地理，"晋"是指什么地方？

生（部分）：山西省。

师：因此我们查这部词典的时候，在山西省那一部分可以查到。"晋祠"在这本词典的第127页（翻到127页），山西省太原市下的第一个条目就是"晋祠"（出示给学生看）。我们听写一下。为了节约时间，把"晋祠"修建的时间以及后来重建的时间略去。现在请同学们把笔记本拿出来听写。

（听写）

晋祠在山西太原市西南25公里悬瓮山下（"悬瓮山"请你们翻到教科书的137页，"悬"是悬挂的"悬"，"瓮"是酒瓮的"瓮"）晋水发源处。北宋天圣年间（重复一遍），（请翻到书的140页，"天圣"圣人的"圣"），追封唐叔虞（唐尧虞舜的"唐"，追封唐叔虞——）（板书：唐叔虞）（"唐"是地名，"叔虞"是人名，追封唐叔虞）为汾东王（"汾水"的"汾"），并为大母邑姜（板书：邑姜）修建了规模宏大的圣母殿（重复一遍）（"圣人"的"圣"），殿内有43尊宋代彩塑（重复一遍），（"尊"在这里是量词，"尊敬"的"尊"），殿前鱼沼飞梁（请看140页最后一行，鱼沼飞梁）（重复一遍）为国内所仅见（重复一遍）（"仅"不仅而且的"仅"）。殿两侧为难老（"难老泉"的"难老"）、善利（"善恶"的"善"，"利益"的"利"）二泉，晋水主要源头由此流出（重复一遍），常年不息。（问生：哪个"常"？）

生（部分）："长短"的"长"。

师："长短"的"长"吗？

生（多数）："常常"的"常"。

师：（对，"常常"的"常"。常年不息）水温17℃。（问17℃怎么写？）（边做手势边讲），清澈见底（重复一遍）。祠内贞观宝翰亭中——（"贞观之治"

的"贞观",知道吗?)

生(集体):知道。

师:("宝翰亭","宝贝"的"宝","翰林"的"翰"。有些同学看着我,大概不会写这个字)(板书:翰)(注意,"人"下面没有一横)宝翰亭中有唐太宗撰写的御碑——(重复一遍)("撰写"的"撰",什么边旁?)

生(集体):"扌"旁。

师:撰写的御碑,哪个"御"?

生(部分):"防御"的"御"。

师:"晋祠之铭并序"(加引号。"陋室铭"的"铭",知道吗?"晋祠之铭并序")。祠内还有著名的周柏、隋槐("柏树"的"柏","槐树"的"槐"。周柏、隋槐),周柏位于圣母殿左侧(重复一遍),隋槐在关帝庙内(重复一遍),(关帝庙是祭谁的?)

生:(议论)关公。

师:老枝纵横(重复一遍),至今生机勃勃,郁郁苍苍,与长流不息的难老泉(重复一遍)——(这个"长"是哪个"长"?)

生:(议论)"长短"的"长"。

师:(对。与长流不息的难老泉)和精美的宋塑侍女像(重复一遍)被誉为——(哪个"誉"?)

生:(议论)"荣誉"的"誉"。

师:被誉为(被称誉为)"晋祠三绝"。

现在请同学们校对。我读一遍,不仅校对字,而且要校对标点符号,看看怎样点才正确。

(师朗读,生校对)都对了吗?一字不错的有没有?举手。1、2、3、4(边数边扳手指)。错1到4个的有多少?(稍停,学生陆续举手)看来是绝大部分。校对好了以后,请同学们做一件工作:这里一共听写了5句,请你把每一句用阿拉伯数字标出来。

(生标号)

师:标好以后请你们用很快的速度把课文浏览一遍,把《中国名胜词典》条目里介绍的有关内容和文章中的有关段落对应起来。(手势:两掌相对合拢)比如说,第一句"晋祠在山西太原市西南25公里悬瓮山下晋水发源处",这是"1",请你看看,与文章的第几自然段对应?

生(集体)：第1自然段。

师：对，与第1自然段对应起来。在有关的语句旁边写个"1"。好，现在很快地把这5句对一对，看有没有对不起来的地方。看谁对得准，对得快，要有速度。(学生专心而迅速地标号，老师巡视)有的已经对出来了，我们稍微等一等，可能有的内容找不到，仔细找一找就能找到。(××学生小声议论)××，你说。

生$_{45}$："祠内有唐太宗撰写的御碑"找不到。

师：祠内有唐太宗撰写的御碑"晋祠之铭并序"，这一句对不着。(指问其他同学)你们呢？

生(部分)：没有。

师：也没有找到。哪个对出来的，请讲一讲，对得最快的是××。××，请你说说看。

生$_{46}$：第1句话是对第1段。

师：第1自然段，这没有问题。

生$_{46}$：第2句话对第7自然段。

师：第2句话对第7自然段，对不对？

生(部分)：对。

师：对的。

生$_{46}$：第3句话对第5自然段。

师：对吗？

生(部分)：对。

师：好。

生$_{46}$：第4句话——

师：第4句话找不着，第5句话呢？

生$_{46}$：第5句话对第4自然段。

师：第4自然段对第5句话。第4句话呢？这"御碑"对不着，有没有找到的？(学生举手)×××。

生$_{47}$：对第11自然段。

师：第11自然段。

生$_{47}$：11自然段中"历代文人墨客都喜爱晋祠这好地方，山径旁的石壁和殿廊的石碑上，留着不少名人的题咏"。

师：他考虑得对不对？"留着不少名人的题咏"是总的，而《中国名胜词典》条目里只提出题咏中的一个，"唐太宗撰写的御碑"。要对应就对这个地方。×××(指生$_{47}$)的理解是对的。

××(指生$_{46}$)同学，刚才说第5句话对第4自然段，你们认为怎样？有补充吗？(学生举手)×××。

生$_{48}$：还应该对第6、第7、第8自然段。

师：第6、第7、第8自然段？

生$_{48}$：还有第9自然段。

师：第9自然段。请坐。我们把听写的最后一句话读一读，到底应对哪几个自然段？前几句话是一句对一个自然段，一目了然，而最后这句话涉及好几个自然段的内容。我们一起把最后一句读一读，你们看应该从什么地方开始读啊？

生(部分)：祠内还有——

师：祠内还有，预备，读——

生(齐)：祠内还有著名的周柏、隋槐，周柏位于圣母殿左侧，隋槐在关帝庙内，老枝纵横，至今生机勃勃，郁郁苍苍，与长流不息的难老泉和精美的宋塑侍女像被誉为——"晋祠三绝"。

师：这里有哪几个说明对象？第一个是什么？(学生举手)×××说。

生$_{49}$：主要说了晋祠三绝的三个方面内容。

师：哪三个内容？

生$_{49}$：一是周柏、唐槐。

师：周柏、隋槐(校正)，对第几自然段？

生$_{49}$：第4自然段。还有宋塑侍女像。

师：对哪一自然段？

生$_{49}$：对第7自然段。其中还包括晋祠三绝，就是还包括鱼沼飞梁，对第9自然段，以及——(下面学生纷纷议论)

师：××有不同意见，××表情上不同意了，看看包括不包括？请坐，××说。

生$_{50}$：我认为在宋塑侍女像内并不包括鱼沼飞梁、盘龙殿柱，这里说的三绝只是对第4、第5和第7自然段。

师：第4、第5、第7自然段，对不对？

生：(部分) 对。

师：(学生举手) ×××说。

生₅₁：还有,我觉得这句话还应该对——噢！我看错了。

(学生哄堂大笑)

师：看错了。××(指生₅₀)讲得对,第4、第5,是树；二是讲什么？难老泉、水；三是讲什么？圣母殿里面的宋塑侍女像,因此是4、5、7三个自然段。刚才×××(指生₅₀)对得非常快,很好。把《中国名胜词典》上介绍晋祠的语句和课文《晋祠》对照起来看,你们会发现哪些问题？这是一。二是两者有哪些不同之处？(食指、中指竖起示意)三是请你们判断一下,是文章写得好呢,还是词典上说明得好。(食指、中指、无名指竖起示意)有的已经思考好了。(学生举手)××,你说。

生₅₂：《中国名胜词典》上说晋祠是在山西太原市西南25公里,书上说是在山西省太原市西行40里,数据上有些不对。

师：数据上好像有些不大对？25公里是多少里啊？

生(集体)：50里。

师：50里,怎么一个50里,一个40里呢？还有什么问题？

(学生举手)×××。

生₅₃：《中国名胜词典》里介绍的一段话中,"三绝"是指：难老泉、宋塑侍女像和隋槐、周柏,而书上写的"三绝"是：圣母殿、木雕盘龙和鱼沼飞梁。两个"三绝"内容不同。

师：三绝的内容不一样,这又是一个问题。(学生举手)×××。

生₅₄：我认为××同学(指生₄₆)刚才说的问题遗漏了一点,在词典上的第2句中,××同学(指生₄₆)只对了第7自然段,我认为还可以对第9自然段,就是讲鱼沼飞梁。

师：对不对？

生(集体)：对的。

师：好,补充得很好。还发现了什么问题？(学生举手)×××。

生₅₅：书上是唐槐,而词典上说的是隋槐。

师：到底哪一个对？是隋槐还是唐槐？

生₅₅：(继续提问)书上写42尊侍女像,而这里写43尊。

师：是43尊还是42尊？(学生举子)×××说。

生₅₆：书上写的是唐槐,这里写的是隋槐,隋唐相隔时间不长,隋朝的统治很短,所以这里用隋槐、唐槐都可以。

师：可不可以?

（学生点头）

师：隋什么时候建立的?

生（集体）：581年。

师：公元。

生（集体）：公元581年。

师：灭亡呢?

生（集体）：公元618年。

师：（笑）你们历史学得不错,因此我们讲"隋唐""隋唐",就好像秦始皇统一——

生（集体）：秦汉。

师：对。秦汉,秦朝很短,因此常和汉连起来讲。相隔时间很短（拇指与食指示意"短"）,因此问题不大,还有什么问题?（学生举手）×××。

生₅₇：我回答××（指生₅₂）的问题,从山西省太原市西行40里,而词典上是山西省太原市西南25公里,一个是西南,一个是西行,它们之间存在着方向的差别——

师：好,方向上有差别。

生₅₇：（继续说）所以,距离也不相等。

师：距离也不相等,因此两个数据怎么样?

生₅₇：都可以。

师：都可以的。

生₅₇：（继续发表意见）还有关于晋祠三绝,书上与词典上说法不一样,《中学语文课外阅读手册》上说——

师：《中学语文课外阅读手册》上怎么说?（出示此书,学生课桌上都有此书）

生₅₇："关于晋祠三绝的说法多种多样,正好证明了晋祠值得人们欣赏的杰作特别多。"

师：因此,可以说法不一样,对吗?

（生₅₇点头）

师：同学们已经养成了习惯，在读某一篇课文时，总要到《中学语文课外阅读手册》中去找一找，看看有没有相应的文章读，这样对理解课文，扩大视野有好处。三绝可以有多种多样说法——（学生举手）×××。

生$_{58}$：我认为对三绝作这样的解释不是最好，应该说，在课文上它是讲古建筑的三绝，在词典上是讲晋祠三绝，当然它们之间有区别。

师：对。读书要读仔细啊！（学生举手）×××。

生$_{59}$：我来回答刚才×××同学（指生$_{55}$）提出的问题。他说殿堂里面有宋代彩塑43尊，而书上是42尊，好像有差错。其实，书上讲"宋代泥塑圣母像及42个侍女"，这样加起来也是43个。

师：42加1是多少？

生（集体）：43。

师：43。

生$_{59}$：（继续讲）所以，并没有出入。

师：对，请坐。（学生举手）××。

生$_{60}$：刚才我们听写下来的一段话中有这样一句话，"殿两侧为难老、善利二泉，晋水主要源头由此流出"，而139页第5自然段中讲"这里的水，多、清、静、柔。这些水主要是来自难老泉"，说法有出入，这些水到底是来自难老泉，还是来之于难老、善利二泉呢？

师：请坐。（学生举手）××。

生$_{61}$：词典和课本上还有一个不同之处，就是在写晋祠三绝的时候，写作方法是不同的，课文上是先总述，然后再分述，字典是先分述，然后再总述。

师：好，你看出了不同之处，仔细阅读，不同之处还多。我们刚才发现了许多问题，有些问题解决了，比如25公里和40里是不是数据上有出入，刚才××（指生$_{57}$）解答了。一个是西南，一个是什么啊？

师、生：西行。

师：这没有矛盾。42、43，42加1——

生（多数）：43。

师：这也没有出入。至于三绝的讲法，词典上是晋祠三绝，书上呢？

生（部分）：古建筑三绝。

师：因此也并不矛盾。而××（指生$_{60}$）提出的问题是值得研究的，到底发源于难老泉、善利泉，还是只是难老泉呢？请阅读思考（出示《中国名胜词

典》)。这里是一段话,这儿是一篇文章(出示教科书)有哪些不同的地方?××
×想好了,其他同学呢?(学生举手)×××。

生$_{62}$:课文里是描写说明结合起来写的,而《中国名胜词典》上只是简单
的说明。

师:只是简单说明,你看到了这一点。(学生举手)好,××你说。

生$_{63}$:课文中和《中国名胜词典》里说的这两段话顺序不同。

师:顺序不同,怎么不同?

生$_{63}$:《中国名胜词典》上这段话先写圣母殿,然后再写难老、善利二泉,
最后写周柏、隋槐;而书上先写隋槐、周柏,接下来写的是难老泉,最后写的是
圣母殿。

师:次序前后不同,请坐。还有吗?(学生举手)×××。

生$_{64}$:《中国名胜词典》上着重描述的是晋祠三绝,而书上写的方面比较
多,除了写晋祠三绝以外,还写了另外的许多。

师:许多什么?

生$_{64}$:许多美景和古迹。

师:美景和古迹,讲得好。一个比较简单,一个比较丰富。

(学生举手,师示意讲)

生$_{65}$:我认为书上说的这些水都是来自难(nàn)老泉。

师:不是 nàn 老。难(nán),nán 老,青春常在,难老,难于老啊。

生$_{65}$:这些水都是来自难老泉,这些水是晋祠里面的水,而词典上说难老
和善利二泉,主要是晋(说不下去了)——

师:(提醒)晋水发源处,对不对?读书要十分仔细。(学生举手)好,
××。

生$_{66}$:书上既写了晋祠的优美自然风景,又写了晋祠的悠久的历史文物,
而词典上只讲了晋祠悠久的历史。

生:(议论)一样的。

师:噢,一样的。(学生举手)××。

生$_{67}$:我认为《中国名胜词典》上也写了优美风景。

师:也写了优美风景?

生$_{67}$:噢,(改口说)写了这个就是——

师:难老泉?

生$_{67}$：不是。建筑。

师：建筑？

生$_{67}$：不是光写自然风景，在第三方面"殿内有43尊宋代彩塑"，这也不是写自然风景的。

师：没有说清楚。（学生举手）××。

生$_{68}$：刚才××讲《中国名胜词典》上是先分后总，书本上是先总后分，我不同意这个意见。因为《中国名胜词典》上一开头也是写："晋祠在山西太原市西南25公里悬瓮山下。"这里也是先总说，只是具体说明时次序和书本上不一样。

师：在具体说明的时候不一样，请坐。刚才同学们看到的不同地方，综合起来是否可以从这几个方面来理解：《中国名胜词典》上介绍的这段文字跟我们今天要学的这篇课文，就内容来讲，课文中比较全，×××（指生$_{64}$）不是刚才讲吗？介绍了风景和很多建筑，《中国名胜词典》上呢，比较简洁；一个比较全面，一个重点介绍；就说明方法来讲，刚才有同学讲了，《中国名胜词典》上主要是——

生：说明。

师：说明。课文中呢？

生：说明、描写。

师：有说明，还有描写，这是从表达方法来讲；文字上也不一样，《中国名胜词典》上那段话比较平实，我们学的这篇文章则比较优美、生动——待会儿，我们进一步阅读就能体会了；从说明顺序来讲，两者也不完全一样，《中国名胜词典》上说明顺序是一件一件的，采取什么结构方式？

生（部分）：横式结构。

师：对！横式结构，是并列式的，而这篇课文刚才××（指生$_{61}$）说，先是总的然后分的。因此，《中国名胜词典》介绍晋祠跟我们今天要读的这篇文文，不管就内容，就表达方法，就说明顺序，就说明语言来讲，都有不同之处。大家看看，《中国名胜词典》里的这段话写得好呢，还是这篇文章写得好？（学生议论纷纷）（指定学生）你说。

生$_{69}$：就作为词典要给读者以说明以简练的概括来说。

师：（笑）这句话你们听得懂吗？（学生笑了）话没有说通啊，重来。

生$_{69}$：作为词典来说，那段文字是和它的作用相符合的；而作为文章选进

我们的课本要我们阅读,这篇是很适合我们阅读的。(多数学生笑了)

师:大家笑了,可能因为你说得不清楚,你胆子大一点讲。

生$_{69}$:(继续发言)这篇文章把说明和描写结合在一起,在说明中插入描写,以描写来做更加具体的说明,这样就能够使说明更具有形象和生动。

师:更形象,这个"具有"就不要了,更形象、生动。

生$_{69}$:《中国名胜词典》上这段话,就其说明性来说,它是很好的,很概括。

师:这句话说清楚了,对吧?(笑)

生$_{69}$:所以说这两者都有可取之处。

师:两者都有可取之处,有没有好与不好的分别呢?

(生举手)你说说看。

生$_{70}$:我觉得《中国名胜词典》是向别人解释各地名胜的,它应该简洁明白。

师:给人家翻检,应该简洁明白,只要介绍精要就行了。

生$_{70}$:如果用过多的比喻,用各种各样修辞手法,是不合适的。我们所学的《晋祠》这篇文章,说明十分具体,它的写作方法是它用了大量的形容与描述。作为文章来说应该像《晋祠》这样写;而作为《中国名胜词典》,应该像刚才听写的那段文字,我觉得两者都有可观之处。

师:可观之处?这个"观"什么意思?

生(多数):取。

师:可取之处。"可取"口气太大了一点,应该说都有值得我们学习的地方。因此,从这里我们就可以懂得,不能简单地说《中国名胜词典》里这段话好不好、这篇文章好不好,而要根据什么来判断?作者的——

生(多数):写作意图。

师:对,作者的写作意图。《中国名胜词典》是给人家翻检的,介绍的时候要要言不烦;文章呢,具体地说明描述,给人以美的享受,让我们有身临其境的感觉,所以,除了说明之外,还要加以描写。这个问题我们比较清楚了。说明文,说明文得在什么上面下功夫啊?

生(集体):说明。

师:"明",说得一定要"明"。要"明",就得抓住说明对象的特征。这篇文章里一句话就揭示了晋祠的特征,谁能把这句话准确地找出来?(学生举手)×××。

生₇₁：悠久的历史文物同优美的自然环境浑然融为一体。

生（部分）：风景。

生₇₁：噢，自然风景。这就是晋祠。

师：这就是著名的晋祠。请坐。（学生举手）×××。

生₇₂：我想提一个问题。就是这句话和后面的"然而，最美的还是祖先留给我们的古代文化，这里保存着我国古建筑中的'三绝'"。从这两句话中，可以看出作者着重在描写古建筑的三绝。我提的问题就是，既然作者在开头就揭示我们悠久的历史文物是着重描述的，要是我写的话，就会先写建筑、文物，然后再写自然风景，这样不是就和第一句话"悠久的历史文物同优美的自然风景"相一致吗？作者这样写有什么好处呢？

师：×××同学坦率地讲了自己的意见，既然"悠久的历史文物同优美的自然风景浑然融为一体"是揭示晋祠的特征，要是我写的话，就先写历史文物，为什么作者先写优美的自然风景呢？大家动脑筋。（学生举手）噢，已经"动"出来了。×××。

生₇₃：我知道一点，我先说一说——（铃响）

师：下课。

第二课时

（上课）

师：上节课我们懂得了文章的第1段揭示了晋祠的特征，晋祠的特征两个方面浑然融为一体，什么叫"浑然"？

生（部分）：完整的。

师："然"什么意思？

生（集体）：样子。

师：对，浑然融为一体，完整不可分割。（板书：浑然融为一体）浑然融为一体的是两个方面，第一个方面是优美的自然风景（板书：优美的自然风景），第二个方面是悠久的历史文物（板书：悠久的历史文物）。×××（指生₇₂）同学的意思是，要是他来写的话，既然是悠久的历史文物是重点，那么，就应该先写悠久的历史文物，再写优美的自然风景，刚才×××同学准备发表意见，现在请你发表。

生₁：我觉得我能回答这个问题。这篇文章主要突出的是悠久历史文物的美，可是它没有先写悠久历史文物的美，而是先写优美的自然环境。这样可使我们先领略晋祠的环境美。晋祠的美在山,在树,在水,古老苍劲的树,多、清、静、柔的水,还有巍巍的山,在这里作者既作说明又有描述,使我们领会到晋祠的美。在第140页第6自然段中写道:"然而,最美的还是祖先留给我们的古代文化,这里保存着我国古建筑的'三绝'。""最美",把悠久的历史文物和优美的自然环境作了一个对比,自然环境美,但是悠久的历史文物更美,所以,先写自然环境的美,再写历史文物的美,能更加突出地表达作者所要表达的主题。

师:这个问题××同学作了一些分析,但看来一下子答不清楚,先放一放好不好?这篇文章先用一句话来揭示说明对象的特征。先是总的说明,然后从两个方面来说(指板书"优美的自然风景,悠久的历史文物")。刚才不是××(指生$_1$)讲吗,这篇文章的结构是总分式。怎么分的?一个一个说明对象是怎样合起来的?我请一位同学上讲台来写,边看课文边写。比如说,优美的自然风景(手指板书"优美的自然风景"),从哪几个方面说明的?它的特征如何?悠久的历史文物(手指板书"悠久的历史文物"),作者介绍了哪些?它们的特征如何?一位同学上来写,其他同学写在笔记本上,然后我们再细读课文核对。××,请你上来写。

(生$_2$板书)

山巍巍的,长长的(树古老苍劲　水多、清、静、柔　圣母殿巧夺天工、人物形态逼真)

三绝(木雕盘龙木质优良、工艺精巧　鱼沼飞梁形制奇特　名人题咏词工句丽、书法精湛)

师:按课文的顺序写,字写端正,写好了跟黑板上对一对,看看黑板上写的是不是完全正确。(学生举手)×××。

生$_3$:他漏掉了两点。

师:漏掉了两点?我们看"优美的自然风景"(手指板书"优美的自然风景")。

生$_3$:"优美的自然风景"中的树,除了"古老苍劲",还有"造型奇特"。

师:好,这个内容在第几自然段?

生(集体):第4自然段。

师:除了古老苍劲之外,还有什么?

生(集体):造型奇特。

师：（在板书"古老苍劲"后面，用红粉笔写"造型奇特"）请同学们想一想，××怎么会忽略这一点的呢？什么原因？（学生举手）×××说。

生$_4$：因为"造型奇特见长"在一段的当中。

师：对。晋祠的美在山，在水，在树。山的特征抓得对不对？巍巍的，长长的。树，细读一下，就知既以古老苍劲见长，又以造型奇特见长，这里表达的方式跟前面写法不完全一样，所以粗看时容易漏掉。

生$_4$：（继续说）在名人题咏上面，应该还有小品。

师：什么小品？

生（部分）：园中小品。

师：好，还有园中小品，第几自然段？

生（集体）：第11自然段。

师：园中小品（板书：用红粉笔写"园中小品"）。还有吗？

（学生举手）×××。

生$_5$：还有其他建筑。

师：在什么地方？

生$_5$：第10自然段。"以圣母殿为主体的建筑群还包括献殿、牌坊、钟鼓楼、金人台、水镜台等。"

师：应该写在什么地方啊？（指"园中小品"处）对不对？

生（集体）：对。

师：因此又要改了（擦去"园中小品"）。应该是其他建筑（板书：其他建筑），再是园中小品（板书：园中小品）。阅读要仔细，不能遗漏。要把这个怎样？（指"名人题咏"处）全部挪到下面（板书：将"名人题咏词工句丽、书法精湛"圈起来，用箭头标到"园中小品"下方）。大家校对一下，再看一看，这里列出的说明对象是不是周全了？

生（集体）：周全了。

师：文章首先说明优美的自然环境。晋祠的美在山，在树，在水，这是——

生（集体）：总说。

师：晋祠的美在山、树、水，可以不可以？

生（部分）：可以。

师：为什么要写"在山，在树，在水"？为什么？

(学生议论纷纷,举手)

师：×××。

生$_6$：排比的方法写,加强了语气。

师：加强了语气,在山,在树,在水。(学生举手)×××。

生$_7$：这样写有气势,读起来上口。

师：有气势,读起来上口。(学生继续举手)×××。

生$_8$：给作者的印象比较深。

生：(笑)怎么是作者?

师：作者?

生(集体)：读者。

师：给读者的印象比较深。(学生举手)××。

生$_9$：我还要补充一句,晋祠的美在山,在树,在水,有一定的顺序,是由高到低的。

师：对不对?说明的顺序很清楚,由高到低。还有补充吗?山怎样?

生(集体)：巍巍的。

师：再看课文,把晋祠——

师、生(集体)：抱在怀中。(师做了一个"抱"的姿势)

师：因此它的顺序是什么?

生(集体)：由外到内。

师：在山,在树,在水,读起来有气势,而且上口,用排比的写法是好的。刚才几位同学讲得很好。(指部分板书)这些是说明对象。这些说明对象的特征抓得对不对呢?(手指板书)说明文要"明",就得把说明对象的特征抓准。(学生举手)××。

生$_{10}$：我认为还有一点写得不对,就是圣母殿应该是气势十分雄伟,不应该是"巧夺天工、人物形态逼真"——这几点是写侍女像的特点,而不是写圣母殿的特点(指学生的板书)。

师：对不对?

(部分学生点点头)

师：对,巧夺天工并不是圣母殿的特点,圣母殿的特点文中是怎么说的?

生(集体)：气势雄伟。

师：气势雄伟。(板书：用红粉笔将"巧夺天工、人物形态逼真"划去,写上"气势雄伟")"人物形态逼真"是指宋代彩塑而言，××同学说得很好。别的地方还有没有问题？（学生举手）××。

生11：我认为在写三绝的时候，应该写出它的绝妙之处，圣母殿应该是"我国古建筑中现存最早的带围廊的宫殿"；木雕盘龙是"我国现存最早的盘龙殿柱"，鱼沼飞梁是"我国古建筑中罕见的"。应该写这三点。

师：应该写这三点。绝在何处？三绝？（学生举手）××。

生12：我认为三绝不应该像××（指生11）讲的圣母殿是我国建筑中现存最早的，这里应是圣母殿的稀有。

（学生议论纷纷）

师：最早与稀有是两个概念。

生12：罕见，而不是"绝"，"绝"只能是后面一句："殿宽七间，深六间，极为宽敞，却无一根柱子"。

师：好，这是"绝"。关于悠久的历史文物，作者着力写了几个方面，一是三绝；二是其他建筑，就是以圣母殿为主体的建筑群；还有其他建筑，文中列举了很多；然后写园中小品；最后写名人题咏（边指板书边讲）。这些被说明的对象各具有什么特征呢？刚才××（指生10）讲得对不对（指板书"气势雄伟"）？

生（部分）：对的。

师：木雕盘龙对不对（指板书）？

生（部分）：对的。

师：也是对的。鱼沼飞梁呢（指板书）？

生（集体）：对的。

师：这个"梁"什么意思（指板书"梁"）？

生：（议论）桥梁。

师：对，"梁"是桥梁，鱼沼上面架着飞梁，一般的桥是怎样的？从南到北，从东到西。鱼沼飞梁怎样呢？四面都通。这里都是抓住特征来写的。同学们刚才读课文，要点抓得很准确。现在请同学们再推敲一下这篇文章写法上的特点。一开始××同学不是说了吗（指第一课中生57）？他说这篇文章的写法和词典上的介绍不一样，它是说明结合——

师、生（集体）：描写。

师：这是说明的骨架（指板书）。先总后分（指板书：浑然融为一体

"总",优美的自然风景和悠久的历史文物"分")。先总后分(指板书:悠久的历史文物"总",三绝等"分"),一目了然,说得非常明白,非常清楚。说明时夹入描写,使我们有身临其境之感。在说明的骨架上面,作者进行了艺术的渲染。有些我们一看就清楚了——比如写山,一看就清楚(指板书"山"处),它春天怎样?

生(集体):黄花满山。

师:秋天怎样?

生(集体):草木萧疏。

师:用对偶句进行形象的对照。现在读一读第4自然段,作者是怎样对树进行艺术渲染的?(学生举手)××,你说。

生$_{13}$:作者写树的时候,运用了大量的比喻。

师:哪些比喻?

生$_{13}$:在写水边殿外松柏等时候,写它们造型奇特见长,有的偃如老妪负水,有的挺如壮士托天。

师:这是不是比喻?"偃"什么意思?

生(部分):躺卧。

师:躺卧。

生$_{13}$:还有写圣母殿前的左扭柏,把它比喻成像地下旋起了一股烟,又似天上垂下一根绳。

师:是不是进行艺术渲染?

生(集体):是的。

师:好,请坐。因此除了说明外,还进行描写。比喻是其中之一。有的偃如老妪负水,"负"什么意思?

生(集体):背。

师:有的如什么?

师、生(集体):挺如壮士托天(师:手向上示意)。

师:我说写得最妙的是下面几句,我们一起读。请你们看看这里抓住了一个什么关键词来写的?"圣母殿前的左扭柏",预备,读。

生(齐):圣母殿前的左扭柏,拔地而起,直冲云霄,它的树皮上纹理一齐向左边拧去,一圈一圈,丝纹不乱,像地下旋起了一股烟,又似天上垂下了一根绳。

师：抓住什么特征来写的？

生（集体）：扭。

师："扭"，而且是从不同角度，你们看怎么写的？

生：（议论）从下到上，从上到下。

师：第一句是什么（食指竖起，表示1）？四个字——（食、中、无名、小指竖起，示4）

师、生（集体）：拔地而起。

师：拔地而起（手从下而上示意）。气势怎样？哪个动词用得好？

生（集体）：冲。

师：冲！直冲云霄。它的树皮上纹理一齐向左拧去，一圈一圈——

师、生（集体）：丝纹不乱。

师：像地下旋起了一股烟，又像天上垂下了一根绳。哪两个动词用得好？

生（集体）：旋、垂。

师：由地下到天上（手从下而上示意），又从天上写到地下（手从上而下示意），天上地下结合起来，从不同角度描写，因此能够使读者如见其态（板书：比喻多角度）。不仅是说明，而且用比喻进行多角度描写，这样就寓艺术魅力于说明之中。清楚了没有？我们再来看写水，特征抓得对不对（指板书）？多、清、静、柔。请你们说说作者怎样来写"多"的。（学生举手）××说。

生₁₄："石间细流脉脉（mài），如线如缕；林中碧波闪闪，如锦如缎"，还有"桥下有河，亭中有井，路边有溪"。

师：除了这些还有吗？（学生举手）×××。

生₁₅：还有"但见这里一泓深潭，那里一条小渠（xī）"。

师、生（集体）：小渠（qú）。（纠正字音）

师：对不对？（学生举手）还有补充，×××。

生₁₆：还有就是："这么多的水长流不息，日日夜夜发出叮叮咚咚的响声。"

师：这是从什么角度来写的呢？

师、生（集体）：听觉。

师：叮叮咚咚悦耳的响声。好，请坐。（学生举手）××。

生₁₇："石间细流脉脉"，应该读"细流 mòmò"，不应该读"细流 màimài"。

师：我们学习生理卫生的时候，"脉"读"mài"。

生(部分):静脉。

师:对,"静 mài"。这里读"mò"。多音字。(学生举手)××。

生₁₈:还有最后一句话:"当你沿着流水去观赏那亭台楼阁时,也许会这样问:这几百间建筑怕都是在水上漂着的吧!"

师:这句话也看出来了,好。

生₁₈:这是通过人的幻觉来写水的"多"。

师:通过人的幻觉来写水的多。这晋祠几百间房子好像都是在水上漂着的,所以水怎样?

生(集体):多。

师:几位同学讲得对。这里水很多:有的是深潭,有的是小渠,有的是河,有的是井,有的是溪,这是按什么来说明的?

生(部分):视觉。

师:按类别,对吗?写"石间细流脉脉,如线如缕;林中碧波闪闪,如锦如缎"。连打几个比喻,说水的美姿。总之,从水的声音、美姿,水的类别来具体描写水的"多"。这个"多"字落实了没有?

师、生(集体):落实了。

师:写"清",写"静",写法类似,就不一一说了。现在请你们思考回答,"柔"怎么写的?怎么一句话就把"柔"写出来了。(学生举手)×××

生₁₉:写"柔"在这里,139页。

(生议论)

师:"柔"在这里?(哄笑)

师:你说。

生₁₉:139页的倒数第1行,"织成一条条大飘带,穿亭绕——"(讲不下去了)。

师:这字怎么读啊?

生(部分):榭 xiè。

师:穿亭绕榭。"榭"这个字怎么读?(正音:x—iè,xiè;板书:榭 xiè)

生(部分):第三声。

师:第三声?xiè,第四声(指板书:榭 xiè)。

生₁₉:穿亭绕榭,冉冉不绝,从这里就可以看出水的柔。

师:对不对?

生(集体):对。

师:讲对了。这里运用什么手法来写的?

生(部分):比喻。

师:写水像一条条大飘带,飘带风一吹就会怎么样?

生(部分):飘。

师:飘拂不停。写水的"柔"只用了一个比喻,因为用得非常精当,就把"柔"写出来了。穿亭绕榭,有几个动词?

生(集体):两个。

师:两个动词,一个"穿",一个——

师、生(集体):"绕"。

师:冉冉不绝,讲什么东西"冉冉"?

生(部分):飘带。

生(部分):太阳。

师:(笑)太阳冉冉?水如飘带,冉冉不绝。清楚了没有?

现在讨论"三绝"。刚才有同学讲"绝"应该是指最早,"绝"究竟是什么意思?我问的不是特征。"绝"就是绝无——

师、生(集体):仅有。

师:对了,绝无仅有,哪些句子最能够准确地说明晋祠中有些历史文物是绝无仅有的?找到没有?(学生举手)××。

生$_{20}$:140页第7自然段里写道:"圣母殿是我国古建筑中现存最早的带围廊的宫殿。"这里面的"最早",还有——

(下面学生纷纷议论)

师:请你说下去,有不同意见待会儿讨论。

生$_{20}$:还有:"殿宽七间,深六间,极为宽敞,却无一根柱子。"

师:好,这是一绝。

生$_{20}$:廊柱略向内倾,四角高挑,形成飞檐。还有写宋代泥塑圣母像及42个侍女像时写这些塑像巧夺天工,还有——

师:第二个"绝"。

生$_{20}$:第二个"绝"就是"殿前柱上的木雕盘龙,这是我国现存最早的盘龙殿柱"。第三个"绝",就是鱼沼飞梁,这里的鱼沼飞梁写出了"桥边的栏杆和望柱形,望柱形(读破句)——"

师：形制奇特。（纠正）

生₂₀：形制奇特，人行桥上，可以随意左右。

师：他刚才讲的几点有不同意见吗？（学生举手）×××。

生₂₁：他说的第二个"绝"我不同意。第二个"绝"我认为应该是"距今虽近千年，鳞甲须髯仍然像要飞动"。（"髯"读成 rǎn，读错了，师纠正）应该是这个"绝"。

师：应该是这个"绝"。（学生举手）××。

生₂₂：我认为××（指生₂₀）刚才说的，宋代泥塑圣母像及42个侍女，他认为巧夺天工是"绝"，我认为不是的。

师：为什么？

生₂₂：因为在许多——（讲不下去了）

师：（提示）名胜古迹中——

生₂₂：名胜古迹中都有这种形态的。

师：都有这种形态？应该说都有这种特点。（学生举手）×××。

生₂₃：还有一点，就是"这是我国古建筑中现存最早的带围廊的官殿"，这一句也不是的，这仅写出了它的历史悠久。

（学生举手）

（教师示意学生讲）

生₂₄：我认为历史悠久也是"绝"的一个方面。

师："绝"的一个方面。（学生继续举手）×××。

生₂₅：××（指生₂₀）把圣母殿的"绝"讲得太多了。我觉得只要突出一点，就是"殿宽七间，深六间，极为宽敞，却无一根柱子"。只突出这一句就可以了。

师：只要突出这一句就可以了。那么，历史悠久，"最早"，要不要？（学生争论，有的讲要，有的讲不要）

师：××讲要的，"最早的，却无一根柱子"。第二个"绝"也一样，是我国现存最早的盘龙殿柱，从历史的情况看，距今近千年，仍然是鳞甲须什么？刚才字音读错了（指生₂₁），髯 rán，读——

生（部分）：髯 rán。

师：髯 rán，第二声。须髯，周身风从云生。第三个"绝"前面已经找准了。介绍三绝，其他建筑物一笔带过。三绝写得很具体，在说明的同时，描写得很细致,进行了艺术渲染。我曾有机会去晋祠,亲眼观赏过,跟这篇文章里讲的一样,看了不得不令人叹服。如木雕盘龙虽然距今近千年,但是怎样啊?

师、生(集体):鳞甲须髯,仍然像要飞动。

师:这是不是描写啊?

(学生,点头)

师:仍然像要飞动,这不得不惊叹我们祖先巧夺天工的技艺。鱼沼飞梁也介绍得很清楚,其他建筑一笔带过。请同学们看,第11自然段介绍得非常有趣的是什么?

生:(议论)园中小品。

师:园中小品写了两个,第一个是什么?

生(集体):小和尚。

师:小和尚,我看这样好吗?请一位同学把作品中描述的样子做一做,好不好?就请你(指第一排调皮的学生),作者是怎样描绘的?

(生$_{26}$高兴地站起来,对着老师)

师:(笑)对着大家。看他描绘得怎么样。

(生$_{26}$双手托着,肘关节在下方,而且与肋骨靠得很拢)

生:(哄笑)不完全对。

师:应该怎么样?我们一起读,让他纠正。"山上一挂细泉垂下",预备,读——

生(集体):山上一挂细泉垂下,就在下面立着一个汉白玉的石雕小和尚,光光的脑门,笑眯眯的眼神,双手齐肩,托着一个石碗接水。

师:双手齐肩,对吗?手还要高一些(将生$_{26}$手向上抬一些),稍微开一点(将生$_{26}$肘关节部拉开一些)。很好。你们看,这里写得出神入化。水注在碗中,又溅到脚下的潭里,总不能盛满碗,什么道理啊?(学生纷纷议论)一挂细泉(手势),哪个词用得很好?

生(集体):挂。

师:对,一挂细泉,向下面滴水,滴到小和尚托的碗里去,水就溅到深潭,碗始终盛不满,什么道理?

生(部分):物理性能,力学原理。

师:噢,物理的力学原理,今天就不讨论了,下节课再问你们,一定要解答得正确。这里写得十分有趣,描述得栩栩如生。(板书:形容、描述)下面还写了什么？

生（部分）：石雕大虎。

师：呀！我看这里又矛盾了，"小品"怎么又是"石雕大老虎"呢？谁能解答这个问题？既然是小品，怎么又是大老虎呢？（学生举手）×××。

生$_{27}$：这个"大"是相对而言的。

师：相对而言的，对不对？

生（部分）：对的。

师：小和大怎样？

师、生（集体）：相对而言。

师：在这里是大的，可是在整个晋祠的建筑群里面是——

师、生：小的。

师：跟整个圣母殿好比吗？

生（部分）：不好比。

师：不好比。这里描写得很有趣，增添了这篇文章的情趣。现在我们再回过头来解答课开始时××同学提的问题。为什么不先写悠久的历史文物（指板书），再写优美的自然风景呢？刚才××（指生$_1$）做了一些分析，没有完全说清楚，它们本来就是并列的，两者浑然融为一体，那么为什么要先写自然风景？（学生举手）××。

生$_{28}$：因为这篇文章第6自然段写了"然而，最美的还是祖先留给我们的古代文化"，从这"最美"就可以看出，悠久的历史文物和优美的自然风景相比较，悠久的历史文物比优美的自然风景还美，先写优美的自然风景就能更衬托出悠久的历史文物美。

师：对不对？

生（集体）：对。

师：对，我们把前后内容联系起来看就清楚了，最美的还是祖先留给我们的古代文化，风景美，文物更美——（学生举手）你还有意见吗？（示意学生讲）

生$_{29}$：我认为还有一点。因为作者是按照他参观顺序写的，所以就先写自然风景，然后走到里面，看到悠久的历史文物。

师：同不同意？

生（部分）：同意。

师：这是记叙文？游记？（笑）

生（部分）：不同意。

师：噢，这是什么啊？

师、生（集体）：说明文。

师：是说明文，两者都美，风景美，文物美，但是作者在这里更要突出什么啊？

生（集体）：文物美。

师：先写自然风景美比较容易，如果一开始就写"最美的"是什么，那么跟谁比啊？那就显得很突然了。风景美，文物美，确实使我们真切地感受到晋祠美不——

生（集体）：胜收。

师：有人说："看景不如听景。"因为你看景是看自然的原形，同学们游览过一些地方，看的是自然的风景。而听景，就是听人家介绍，读人家描写的，这个时候你还可以享受到艺术加工的佳妙。我们现在读《晋祠》这篇文章，除了认识所介绍的优美的自然风景和悠久的历史文物这些对象之外（手指板书），还领略到作者进行的艺术加工，进行的艺术的渲染，领略到艺术美，这就美上加美了。所以，文章的最后一句话："晋祠，真不愧为我国锦绣河山中一颗——"

生（集体）：璀璨——

师："璀璨的明珠"。什么叫"璀璨"？

生（部分）：形容——

师：形容什么？都是什么偏旁？

生（集体）："王"字偏旁。

师：什么意思？（手势划"王"）查字典。（学生举手）××查出来了，你说。

生$_{30}$："璀璨"是形容玉石的光泽。

师：形容玉石的光泽。在这里是什么意思？

生（部分）：形容晋祠的美。

师：（学生举手）×××你说。

生$_{31}$：形容晋祠像明珠一样发出亮光。

师：像明珠一样发出亮光，闪闪发光，对。所以最后一句话是由衷的赞叹。介绍了自然风景,晋祠的美,在山,在树,在水;介绍了悠久的历史文物,三绝,其他建筑、园中小品,以及名人题咏等等(指板书),最后赞叹"晋祠,真不愧为我国锦绣河山中一颗璀璨的明珠"。

开头我们说了,晋祠只是《中国名胜词典》(出示书)中山西省太原市的一个条目,而这本《中国名胜词典》有一千几百页,晋祠只是其中的一个小小条目。由此可推知,我们祖国的名胜古迹星罗棋布,在世界上罕见,是首屈——(师、生集体)一指的。

我们祖国历史悠久,中华民族数千年深厚的文化平铺在(手势:平铺)我们960万平方公里的土地上,你无论走到哪儿,都可以看到名胜,都可以看到古迹。刚才你们讲到的故宫、颐和园、秀美的西子湖等,讲到的遥远的西藏、新疆无不有我们祖先的文化遗迹,这些历史文化哺育着我们世世代代的中华儿女,我们世世代代中华儿女从祖国深厚的文化中吸取了大量的精神养料。今天,我们同样要从中吸取精神养料,不能愧对(食指向上)——(师生同声)我们的祖先。今天学《晋祠》,领略它的风景美、历史文物美,长大以后,不仅要读万卷书,还要力求——

生(集体):行万里路。

师:对,行万里路,有机会到祖国各地考察,放眼观看我们的壮丽山川,从中吸取丰富的养料,滋养自己,成为精神丰富的人。

今天这堂课就学到这里。下课。

(选自于漪著《可以做得更好》,上海教育出版社2001年版,第183-216页)

第二节 情景语境作文教学的典型范例
——评洪宗礼《你看他(她)像谁》教学实录

1988年,洪宗礼的作文教学《你看他(她)像谁》横空出世。对于该课的研究,韩雪屏先后发表了《一堂充满教育睿智和教育爱的课》《真实·充实·教育爱》,曹兰发表了《在引写中达成"链"的精彩》,分别从教育心理学、对话教学、语文教育链等角度阐述了该课的价值。这些看法自有其道理。但似乎缺少一种国外作文教育发展的背景。本文试图将该课放在作文课程范式转换的视野里,观照该课在我国作文教育史上的地位和价值,从中发现该课作为早期情景语境作文教学课例,堪称引领我国中学作文教学范式转变的经典之课。

一、从作文教学范式转变看课例的价值

从世界范围看,荣维东认为,作文课程经历了三大范式转换,20 世纪 60 年代前为文章中心,70 年代后进入作者中心,80 年代开始出现读者中心倾向①。

文章中心重在结果,意在写出好文章。其教学内容主要是主题、结构、语言,写的文章注重文采,强调要有健康的主题。其问题在于缺乏语境意识,主题单调,空话、套话、假话、大话充斥整个文章。写作过程指导简单。一般是激发兴趣,明确主旨,搜集材料,学生写作,老师批改、讲评就完事了。

作者中心强调过程指导,按写作过程教给学生相关写作知识。一般按预写、写作、修改、编辑出版四个步骤进行。其中每一步骤的完成都有一定的方法供选择。但和文章中心一样,缺乏语境意识,学生写作积极性不高。而且不管什么文体都是同样的写作过程。

到了读者中心阶段,则力求避免上述两个范式存在的问题,强调写作是特定语境中的书面表达交际行为。目的、读者、话题、作者、语言等语境因素制约着文章的风貌,并贯穿于写作过程的每一环节。在交际语境写作范式中,写作成了一种有目的、有读者对象的言语交际行为,是一种生活需要,因而学生写作积极性空前高涨。

目前,西方各国正走进读者中心(交际语境作文)范式。而在我国,尽管三大范式都有存在,但仍以文章中心为主导。也就是说,我国的作文课程还处于文章中心阶段,与西方国家处于交际语境作文范式阶段相比,至少落后了三十年。

而洪宗礼的《你看他(她)像谁》,诞生于 20 世纪 80 年代,正是世界作文教学开始出现交际语境作文范式苗头的时候。该教学运用情景语境教学法,指导学生写作,恰与世界同步。其贡献之大,由此可见一斑。

当然,值得注意的是洪宗礼所处的时代,交际语境写作思想还未传入我国,在洪宗礼的引写理论中,只是提到情境引写法,也未提到交际语境写作。但是我们细细思量,洪宗礼这里的情境引写,与李吉林的情境教学似有联系,却又大不相同。李吉林的情境,是要人为创设典型场景,并非自然情境。而洪宗礼的情境,首先是一种自然情境,即情景语境。也就是说洪宗礼的情境

---

① 荣维东.谈写作课程的三大范式[J].课程·教材·教法,2010(5):27.

引写已经孕育着交际语境写作的做法,是一种情景语境写作。因此,我们可以毫不夸张地说,《你看他(她)像谁》创造性地孕育着中国作文教学的革命——交际语境写作范式即将来临。

因此,当我们读到《义务教育语文课程标准》(2001年版)中所言:"懂得写作是为了自我表达和与人交流","写作时考虑不同的目的和对象"这些语境写作教学思想时,我们不得不佩服洪宗礼的写作教学实践之早,不得不认识到:洪宗礼的作文教学早就进入了交际语境写作时代。

当我们将该课例放置于世界作文教学范式演变的大背景之下,可以发现我国作文教学的创造性实践并不比西方落后。

二、利用情景语境因素激活写作欲望

写作是运用语言文字进行书面表达和交流的重要方式。这一书面表达过程是在特定语境下进行的一种双向互动的对话过程,是具有特定读者对象、特定的时空背景、具体的写作目的和功能的书面语言表达行为,因而"写作思维的每一步,必须考虑将自己思维出来的文章材料、内容让读者、时空背景进行'审核',如果不能被读者、时空背景所接受,就要进行调整和撤换。"[①]这表明写作是在特定语境制约下完成的,写作教学要根据写作语境运用语境教学法,即运用情景语境教学法、虚拟语境教学法、上下文语境教学法和认知语境教学法等。

在《你看他(她)像谁》中,着重运用了情景语境教学法,注意因人、因时、因地制宜,提供真实的写作任务和真实的读者对象。

情景语境教学法是利用情景语境理论来指导教师的教的语文教学方法。课堂情景语境包括课堂交际目的、交际话题、交际对象、交际关系、交际时间、交际地点、交际氛围和交际过程中的附着符号束等因素,它们在教学中对教学活动的顺利开展都有重要影响。在教学过程中,要明确课堂交际目标,将学习任务变成特定情景里学生的语文生活的真实需要;把握课堂交际话题,使教学内容具体、真实、集中;了解课堂交际对象,始终做到因材施教;确立恰当的课堂交际关系,使民主、平等、宽容的交际关系成为课堂交际的主旋律;顺应课堂交际时间,使教学内容的选择与课堂交际时间要求相一致;利用课堂交际空间效应,调整师生人际距离,发挥空间物的理解和启示作用;揣摩课堂交际氛围,使情感表达与课堂气氛相一致;运用附着符号束,恰当地选择教

---

① 马正平.高等写作思维训练教程[M].北京:人民大学出版社,2002:6.

具并适时地使用,正确使用态势语,做到面向身势与话语内容和谐,声气息与教学意图或内容相一致。

根据情景语境教学法,应自觉遵守情景语境的有关要求,坚持动态生成原则,主动利用和发挥情景语境因素的相关功能对教学活动产生的正面影响。写作教学要根据情景语境的客观需要进行表达训练,帮助学生确立读者意识和角色意识。

在《你看他(她)像谁》中,写作目的、读者对象、写作话题均源自于课堂情景,借助于课堂情景语境因素,从而将写作变为学生的需要,调动学生写作的积极性。先看实录开头:

师:请坐下。同学们,本次写作训练我们要写一个人。写谁?(停顿,微笑)要写的人应在你们当中。

生:(悄悄议论)是谁呀?

师:可能是你,也可能是他(她)。

生:(讨论纷纷)会是谁?究竟是谁?

师:(板书作文题)

"人物速写"

你看他(她)像谁?

——为本班一位同学画像

写谁?清楚了吧。你们每个人既是写作者,要写本班的一位同学;又有可能成为其他同学的写作对象,有同学要写你。

生:(笑)哦,原来这样。

洪宗礼一上场便吊起了学生写作的胃口:"同学们,本次写作训练我们要写一个人。写谁?(停顿,微笑)要写的人应在你们当中。"在学生急切想知道究竟写的是谁时才出示作文题目。而正是这个作文题目,引出了写作的任务和读者对象。

《你看他(她)像谁?——为本班一位同学画像》一方面点出了写作任务是通过写作让人猜到写的是谁。这种通过描述让人猜猜究竟是谁的做法,是日常生活中常见的交际方式。这样,本次作文与生活接轨,成了学生现实生活和未来生活的需要,也成了学生为了做事必须完成的交际行为。

在日常写作教学中,任务不清的现象比比皆是,学生不明白为什么要写,感受不到写作的乐趣和价值，因而习作成了没有目的的一种受罪的行为。而洪宗礼的做法，命题中隐含了写作任务，将描述同学行为和外貌变成了一种实实在在的需要，使学生意识到写作就是在做事。

另一方面，这一题目本身还隐含着读者对象：现场的本班同学。写作本是一种交际行为，是要有真实的读者对象的。读者是写作情景语境中的交际对象，他不仅以阅读主体的身份存在于文本之外，而且以"隐含读者"的方式潜藏于文本之中。读者对象制约着学生在习作时要注意选择与之相应的语体和语言的表达方式。

洪宗礼的命题充满读者意识。读者意识指作者在写作过程中设定并贴近读者对象的意识。写作的最终目的是获得读者的某种反应，这种预期反应能否实现，取决于作者是否关注他心目中的读者，并努力使作品从整体构思到细节设计，从材料选择到语言表达都能为"假想的读者"所认可和接受。培养学生的读者意识，能使学生自觉地认识到作文是自己与他人交流思想感情的一种方式，认识到写作时要以读者的眼光，衡量自己的构思，考虑读者的解读心理和解读习惯，关注、理解读者的感受，注意笔下的语言对读者产生的影响，注意不同的写法所产生的不同效果。洪宗礼的命题，让人看到习作的读者对象就是现场的同学，是现场的同学读后猜测写的究竟是谁。这一方面可以激发学生的写作欲望，另一方面也对学生的作文表达样式、结构、语言及表现手段产生影响。

在 20 世纪 80 年代，在中学作文教学中提倡读者意识的并不多见，而在教学实践中如此自然地令人感受到读者对象是谁的，则更是少见。那时的作文，没有读者对象，没有写作目的，因而学生写作兴趣低也就不难想见。

因此，写作教学应该让学生明确"我们为谁写作""作文写给谁看"，要规定种种现实的或假想的读者。这就是《你看他（她）像谁？——为本班一位同学画像》给我们的重要启示。

《你看他（她）像谁？——为本班一位同学画像》还体现出写作话题的真实性。该文写作话题是为本班一位同学画像，即现场情景中的某位同学。用洪宗礼的话说，就是"你们每个人既是写作者，要写本班的一位同学；又有可能成为其他同学的写作对象，有同学要写你"。写作的内容来源于现场人物，因而是学生熟悉的，是真实的。这就为学生的有话可写提供了基础和方便。当然，这样说并不是就可以随便写或拣进篮里就是菜。具体的写作内容还受到写作任务和读者对象的制约。那就是所写的内容不仅是习作者所熟悉的，而且是在场的同学所熟悉的。否则，同学就无法猜出写的是谁，写作交际的任务就无法达成。

由上可见，本次写作提供了真实的写作任务、真实的读者对象和真实的写作话题等情景语境因素，让此次习作有充实的内容可写，写了还有用，因而可以最大限度地调动学生的写作积极性。

三、根据情景作文需要学习写作知识

我国写作教学存在的问题之一是教师不知道教什么。一般的作文教学教的知识就是抽象的记叙文、议论文、说明文三大文体知识，以及如何审题、选材、结构、表达等知识。这些知识由于过于抽象而脱离具体的写作语境需要，因而对学生写作指导意义不大。教师的教一般也就是出个题目，指导学生审一下题目也就完结了。这正如王荣生所言，中小学几乎无作文教学，中小学作文教学普遍处于不作为状态。

洪宗礼的作文教学不是这样的。洪宗礼强调写作教学要有知识引写，重视引进合宜的写作知识，特别是与具体的写作语境相关的写作知识。在本课中，教师突出的是传授和具体的写作情景语境相关的人物速写知识。

通过人物描写让现场的同学迅速猜到写的是哪位同学，这里的写作任务和读者对象决定了写作的文体样式最好是人物速写。因而教师在本节课将写作知识定位为人物速写规则教学就有了合理依据，换句话说，这样的知识教学就成了一种真实的需要，而非可有可无的点缀。

当然，洪宗礼教授写作知识，并不是通过灌输、讲授来将写作知识硬教给学生，而是根据学生的现有起点，根据学生的认知背景，结合所学的相关课文，通过学生的自主归纳，总结出相关规则。学生先是明白"人物速写"是用简练的笔法寥寥几笔就把人物的主要特征迅速勾画出来。接着在相互讨论中明确人物速写的要领：目力——敏锐的观察力；心力——深刻的思考力；笔力——运用简练的语言迅速描写人物的表达力。为了让这个规则能够具体运用，教师又通过让学生现场描述戴荔同学讲故事的情景，让学生感受这些写作知识如何运用。这样，由现象到抽象再到具体运用，让学生通过归纳、概括、迁移掌握了相关的写作知识。

这里，洪宗礼的做法至少给我们三点启示：一是作文教学必须教给学生写作知识，没有写作知识作支撑的写作教学质量很难保证；二是写作知识必须与特定的写作语境相一致,特定的写作语境决定了什么样的写作知识最有效,决定了什么样的写作知识才是学生最需要的;三是写作知识的提取需要学生参与,只有学生主动参与学习,写作知识才能发挥效应。

四、根据课堂情景进行情景评价

作文评价对提高学生习作能力有很大的促进作用。但是,传统的作文评价大都缺少语境意识,不顾写作目的、不顾读者对象、也不顾具体作文,致使这一作用难以充分发挥。

在该课中,洪宗礼创造性地根据课堂情境运用情境评价法,当堂评价学生作文,避免了上述问题。情景评价当着全班学生的面对学生作文进行随机口头评价,直接了解学生写作的动机、目的以及用语的依据,具有即时、亲切感强的特点。我们来看评价姚逊作文的片段。

在这个评价片段中,产生了突发事件,那就是被写者李响对文中写到他缺颗门牙非常生气,当堂和写作者姚逊顶撞起来,顿时课堂气氛紧张起来。对此情景,洪宗礼沉着冷静,走到姚逊、李响的桌旁,面带微笑,语气和缓地对他们说:"别急,别争,请你们先坐下。我想听听其他同学的意见。"同学中有认为确实不好,有损同学的形象;有认为写得好,写出了人物的特征。针对这两种看法,利用学生的认知背景,联系《三国演义》中描绘张飞的外形:"身材高大,豹头环眼",《一面》中的鲁迅先生的外形"黄里带黑的脸","竹枝似的手指","胡须很扎眼,好像浓墨写的隶体'一'字",从中认识到"豹头环眼"写出张飞一副威风凛凛、英武凶猛的样子,展现他的粗犷美,而鲁迅的外貌描写突出了大病初愈的鲁迅先生给人斗志顽强的美感。基于此,再引导学生分析姚逊同学描绘李响同学的缺颗门牙、一对虎眼、两个酒窝、白白的皮肤等外形特征,感受到这些描写写出了一个阳光少年的一种特殊的美感——稚气未脱的童真美,从一系列描写中可以感觉到作者对他所写的人物的赞赏之情,帮助李响同学真正弄清姚逊同学的写作意图,三次"缺颗门牙"的细节描写不仅成为人物外形的鲜明特征,使读者获得深刻的印象,而且它又成为贯穿全文的线索,使文章成为一个整体,不仅令李响与姚逊同学握手言和,而且还在写作中加深了友谊。在评价过程中洪宗礼紧扣人物速写的基本要求,从目力、心力和笔力三个方面引导同学互评、自评,准确判断学生写作情况,在评价中最小限度地贬低学生,最大限度地赞扬学生;力求求同存异,减少分歧,促进相互理解,以诚待生,坦诚相待,不说假话,不说没有根据的话;高度信任学生,尊重学生,平等待生,对学生呵护有加,使评价既富有针对性,在评价中进一步巩固写作知识,又显得真诚自然,促进课堂和谐发展。

不仅如此,洪宗礼随机现场评价能够因材施教,巧借自己的声气息和面向身势,做到评价语言和声气息一致,评价语言和面向身势一致,让学生感受到教师的爱生情怀,达到"一切尽在不言中"的评价效果。

综上所述,洪宗礼的《你看他(她)像谁?——为本班一位同学画像》,运用情景语境教学法那么自然无痕,令人获益无穷。尤其是当我们把这个案例还原到特定的历史语境中去,更容易感受到该课例的价值与意义。

附 洪宗礼《你看他(她)像谁》教学实录

教材自编语文试验课本第三册
班级江苏省泰州中学初二(4)班
时间1988年9月23日

师:上课!
生:起立!
师:请坐下。同学们,本次写作训练我们要写一个人。写谁?(停顿,微笑)要写的人应在你们当中。
生:(悄悄议论)是谁呀?
师:可能是你,也可能是他(她)。
生:(讨论纷纷)会是谁?究竟是谁?
师:(板书作文题)
"人物速写"
你看他(她)像谁?
——为本班一位同学画像

写谁?清楚了吧。你们每个人既是写作者,要写本班的一位同学;又有可能成为其他同学的写作对象,有同学要写你。
生:(笑)哦,原来这样。
师:(用红色粉笔在题目上画了个大的问号)什么意思?
生:(思考片刻)不要说出写的是谁,读了作文后,闭眼一想,就知道写的是谁。
师:真聪明,你看出了这个问号要表达的意思很好。题目有个副标题,规定要为本班的一位同学"画像"。"画像",什么意思?

生:要写这位同学长什么模样。

生:要写这位同学个性有什么特点。

生:要写这位同学和其他同学不相同的地方。

生:写谁就要像谁。

生:读了作文就好像见到了这位同学。

生:不但写形,还要写神。

师:说得都很好,用什么方法来"画像"呢?这篇作文要求用"人物速写"的方法。什么是"人物速写"?(边说边板书)"人物速写"是用简练的笔法寥寥几笔就把人物的主要特征迅速勾画出来。请大家一起来讨论,人物速写有哪几个要领。

生:写出人物的主要特征。

生:笔法简练。

生:表达迅速。

师:说得太好了,我们进一步想想,怎样才能达到这些要求呢?绘画常用速写,大家不妨联系画画来想一想。

生:首先要仔细观察,要看清人物有哪些特征。

师:观察从哪儿开始?

生:从人物的外形开始。

师:为什么?

生:认识一个人,首先接触的是他的外形。课文《一面》写鲁迅先生就是从他的外形开始的,先后集中描写了三次,一次比一次写得细。

师:有道理,俄国作家果戈理说:"外形是理解人的钥匙。"观察人物的外形应放在首位。除了外形,还要观察什么?

生:人物的动作、姿容、神态也要观察。

师:为什么?

生:人物的动作、姿容、神态是他内心世界的自然流露。

师:对,作家杨朔说过:"看见一个人的外态容易,看见一个人内心却是非常困难的;看不见一个人的内心,我们就永远不能认识这个人。"所以必须进一步观察人物的内心。怎样从外形观察走进人物的内心世界呢?

生:注意力要高度集中。

生：要有一副"鹰眼"。

师：什么意思？

生：鹰的目光敏锐，看得快，看得清，看得准。

师：你这个比喻很好。你用"目光"这个词特别好。我就用你的意思把观察力称为"目力"。大家懂得了观察是写作"人物速写"的第一步，(边说边板书)这第一步就是：要用"目力"——敏锐的观察力。就是要以敏锐的目光捕捉人物的外貌、服饰、举止、神态等方面的主要特征。观察还有什么要求？

生：要用心思考。

师：为什么？

生：因为老师刚才讲了作家杨朔的话，要我们走进人物内心。这就需要思考。

师：说得太好了，那思考什么？请说得具体点。

生：要思考哪些必须写，哪些不需要写；哪里详写，哪里略写。也就是对观察的内容要做筛选。

师：怎么筛选呢？

生：要选择表现人物主要特征的内容。

师：什么是人物的主要特征？

生：只有这个人物才有的特征。

生：与其他人相比，明显不同的特征。

生：能够反映人物内心的特征。

师：说得都很好，谁能举例说说？

生：课文《一面》突出地写了鲁迅先生的"瘦"，这个"瘦"，就是鲁迅先生外貌的一个主要特征。作者通过它表现了鲁迅先生顽强的意志力和坚韧的革命精神。

师：好。这个例子说明：只有对观察到的一切做了分析、思考，才能抓准最能表现人物外形、姿容的主要特征，所写的才能表达其蕴涵的思想内容。完成了这个思考过程，我们就称作"心力"，也就是深刻的思考力(板书)。这就需要由表及里分析人物的本质特征，把握人物思想感情变化及个性特征。我请大家再思考一个问题：要把观察结果迅速、准确、生动地表达出来，靠什么？

生：(七嘴八舌)靠描写，靠语言，靠书面表达……

师：谁能把大家的意见集中起来？

生：用两个字表达吧："笔力"。也就是语言的表达能力。

师：你概括得真好，高水平！那么，"笔力"又怎么看出来？

生：简练。

生：用词准确。

生：写得迅速。

师：要有"笔力"，最重要的是什么？

生：要用自己的话来表达，说得明白、清楚。

生：语言还要简洁。

生：还要迅速。

生：我认为最主要的是准确。

师：大家的意见都很好。"笔力"——描写人物特征的表达力。（板书）即用简练的笔法和准确、形象、生动的语言迅速勾勒人物形象。通过讨论，我们可以把"人物速写"的基本方法概括为"三力"：目力、心力、笔力。

下面我们做一次速写练习，看看大家的"三力"怎么样。好不好？

生：（齐）好！

师：大家推荐一位同学上讲台讲个三四分钟的小故事，大家耳听、眼看、心想、手记。要很快地把讲故事同学的外形、姿态、动作"速写"下来。比一比，看谁写得快，写得好。你们推荐谁？

生：（不约而同）戴——荔！

师：为什么推荐她？因为她是班长？

生：她是我们班的"白雪公主"，很会讲故事。

师：好，那就请"白雪公主"上讲台。（戴荔同学在掌声中走上讲台，用2分钟时间，讲了她童年的一件趣事。主要内容是：她养了一只小猫，很宠爱它，常常抱着小猫和它谈话。小猫调皮，干扰她的学习，她想了个办法狠狠惩罚了小猫。从此，小猫躲避她。她感到十分懊悔，表示以后要善待小动物。在叙述中，戴荔富有表情，语气不断变化，根据所讲内容还以姿势助说话，做了些动作。同学们听得入神，并不停地在纸上做些记录）

师：下面，请大家进行速写，题目自拟。

（生写，师巡视、指点。生完成"速写"后，师引导交流）

师：谁来宣读自己的"速写"？

(很多同学举手,教者请一名同学诵读自己的"速写")

李勤:"白雪公主"讲故事

她姗姗地走上讲台,转身面朝大家盈盈一笑。她中等身材,上着蓝色上装,下穿褐色花纹裤,显得温文尔雅。只见她大方地看了一下大家,然后张开小嘴,有声有色地向大家讲述着她儿时的一件关于养猫的可笑又可爱的事情。她微笑着,语气是那样轻松愉快,两手交叉放在胸前,好像正抱着舅舅送给她的小猫,还跟它谈话。

讲着讲着,一片愁云爬上了她的脸庞。她皱着眉头,说话的语调也变低沉了,忽然转了几下眼珠,"嗯"了一声,原来她找到处置顽皮小猫的办法了。她故意地轻轻哼了一声,好像干了一件什么了不起的事。当讲到舅舅教育她不要惩罚小动物时,双手背在身后,拖长了音调,面容变得又严肃又可爱,一位"小大人"的形象出现在我们眼前。当她说到可爱的小猫被她无意弄呆了时,她又难过又懊悔,手轻轻地按在胸前,一脸哭相。当她总结教训时,态度又是那样诚恳认真。她讲得绘声绘色,表演得惟妙惟肖。正当我们听得入神时,她做了个"谢谢"的姿势,仍然温文尔雅地盈盈一笑,走下讲台。

(此稿当堂收缴,教师未作修改)

师:李勤写得怎么样?大家评一评。

生:写戴荔的外形特征很准确。

生:戴荔讲故事时动作、表情、语气的每一次变化都写出来了,她的观察很细致,"目力"不错。

生:"温文尔雅"这个词用得好,戴荔平时给我们的印象就是这个样子,这是她的个性特点。

生:开头写"盈盈一笑",结尾又是"盈盈一笑,走下讲台",把戴荔写得温和可亲。李勤动了脑筋,可见她写作中用了"心力"。这样写又使文章首尾呼应。

生:语言比较简洁,也生动。就是某些句子还有些毛病。

师:哦,请具体说说。

生:有一句"可笑又可爱的事","可笑的事"没问题,"可爱的事"说不通,应该改成"有趣的事"。

师:还有吗?

生:"一脸哭相"这个说法不好。

师：你帮她改改。

生：（思考）一脸……一脸沮丧。

师：李勤同学说说，这样改，好不好？

生：好。

师：看来比老师一人评改得好。（众笑）总的来说，李勤仔细观察人物，用心思考，抓住人物的主要特征，简练迅速地表达，有一定的"笔力"，"速写"的要求基本达到了。应当说，李勤的"速写"是成功的，大家说是不是？

生：（齐）是的。

师：同学们，通过刚才的活动，我们试了试笔，现在，对于运用"三力""速写"人物，有把握吗？

生：（齐）有。

师：那好，下面我们大家都来动笔写"你看他（她）像谁"这篇"人物速写"。写戴荔讲故事，属于现场"人物速写"，被写的人物是指定的。写"你看他（她）像谁"中的哪位同学，由作者选定；人物所处的时间、空间，也由作者安排。大家可以选自己最熟悉、最了解的同学来写，写的内容必须真实。请大家动笔吧。

（近20分钟，同学们或低头沉思，或挥笔书写，间或有同学站起来向他的写作对象看看。教师在行间巡视，时而驻足某一同学身边跟他轻声交谈，时而来到举手的同学面前，解疑答难。对于班级中写作水平好、中、一般的学生，教师有选择地查看）

师：大部分同学不到20分钟就完成了作文。现在交流习作，进行集体评议。

（同学纷纷举手，要求评议作文）

师：举手的真多。姚逊同学，请读读你的作文。

姚逊读作文：

你看他像谁
——为本班一位同学画像

……他见人总是笑。可这么一笑，就显得不太体面了，哦，原来他的一颗门牙掉了。（课堂里听到同学窃窃的笑声。由于掉牙这个特征在全班同学中是唯一的，同学们一下子就知道写的是谁）他的眼睛大而明亮，好一对虎眼。大概是由于爱笑，他的嘴边常常浮起两个浅浅的酒窝。他的皮肤很白，是全班出了名的。他个子偏高，是校运动员，因此经常穿运动服。他体育好，学习更好,特别是在课堂上并没有因为缺颗门牙不敢发言,相反,他总是争着回答老师的提问。(众笑)你看,他举手要求发言时总是把右手使劲向前伸,直冲着老师,为了增加高度,引起注意,屁股总要离开板凳。(众笑)啊,老师终于点到他了,这下,他松了口气,但他并不是一下子站起来,反而先坐稳,然后才缓缓地站起来,两手往身后一背,交叉着,摆一下身体,晃一下脑袋,便高谈阔论起来。他的发言很有感情色彩,既像古人吟诗,又像演员道白,半土半洋的话语常常引得同学们哈哈大笑,他自己有时也禁不住跟着大家一起笑起来,哎呀,不好,这一来又露出那缺颗门牙的一排牙齿……(原文,教师未修改)(一片笑声结束了姚逊同学的朗读)

生:(热烈议论)写得好,写得精彩,写得逼真。

生:真像。

生:把李响的特点都写出来了。

生:(霍地站起,满脸通红)我抗议:他不应写……写……我的牙齿。侮辱人。(风波陡起,满座愕然。教室里突然紧张起来)

生:不行,反正你不应该写我的牙齿。

(姚逊、李响两人同桌,一时间争执激烈,并推搡起来。课堂上气氛绷紧。教者冷静以对,稍作思考后,走到姚逊、李响的桌旁)

师:(面带微笑,语气和缓地)别急,别争,请你们先坐下。我想听听其他同学的意见。

生:几次写别人缺颗门牙,确实不好,有损同学的形象。

生:不对,作者没有这个意思。

生:缺颗门牙的描写应删去,删去就是好文章。

生:不能删,好就好在这个特征的描写。

师:哦,大家也是两种看法。听你们争论时,我想到两个人物。一个是《三国演义》中的张飞,罗贯中是这样写他的外形:"身材高大,豹头环眼",这"豹头环眼"美不美?

生:在电视"动物世界"节目里,我见过豹,豹的头小而圆,并不美。

生:"环眼",又大又圆,一发火,铜铃似的,样子有点怕人。

师:可这"豹头环眼"四个字用在张飞身上,好一副威风凛凛、英武凶猛的样子,就是美,一种粗犷的美。还有一个人物大家很熟悉,就是课文《一面》中的鲁迅先生。请大家说说课文里是怎样描写他的外形的?

生:"黄里带黑的脸"。

生:"竹枝似的手指"。

生:"胡须很扎眼,好像浓墨写的隶体'一'字"。

师:能不能说,这也不美?

生:不能!

师:那美在哪儿呢?

生:美在这些细部描写突出了鲁迅先生顽强的性格和忘我的精神。

师:是的,大病初愈的鲁迅先生给人斗志顽强的美感。我们再看看姚逊同学作文中的人物,外形有哪些特征?

生:缺颗门牙。

生:一对虎眼。

生:两个酒窝。

生:白白的皮肤。

师:在我看来,缺颗门牙,表现在一个少年身上,也有一种特殊的美感,有一个词可以将这种美感表达出来,谁知道这个词?

生:幼稚。

师:讲对了一个字,不是"幼稚",是"稚气",就是"孩子气"。稚气未脱的童真美,谁不喜爱?我就挺喜爱有孩子气的学生。再想想,缺牙,虎眼,酒窝,白皮肤,高高的个儿,穿着运动服,这些特征联系在一起,给人一种什么印象?

生:活泼可爱。

生:朝气蓬勃。

师:姚逊观察人物,"目力"怎样?

生:敏锐,他抓住了人物的主要特征。

生:细致,人物的模样、身材、服饰都写到了,而且准确。

师:形象是惹人喜爱的。人物的个性特征,作文里又是通过哪些细节来刻画的呢?

生:他举手发言,为了引起注意,增加高度,屁股总是离开板凳。这个细节,表现了他争强好胜的个性。

生:老师点到他,他并不一下子站起来,反而先坐稳,然后站起来,这个细节,写出了他当时得意的神情。

生:发言时,两手一背,摆身体,晃脑袋,显示了人物聪明而又调皮的一面。

生：说话半土半洋，引得同学们哈哈大笑，李响平时就是这样幽默风趣。

师：细致的观察，生动的描写，画出了一个活泼可爱的阳光少年的形象。从这些描写中，我们可以感觉到作者对他所写的人物有着什么样的感情？

生：喜爱。

生：赞赏。

师：这样说来，我倒要为姚逊同学鸣不平了，李响同学有没有真正弄清姚逊同学的写作意图？李响，能不能说说你现在的看法？

生：（不好意思）要写就写呗。（众笑）

师：在我看，"缺颗门牙"，为李响的形象带来了独特的"光彩"。（众笑）大家说，是不是？

生：（齐）是！

师：姚逊同学，我要问你，"缺颗门牙"的细节在你的作文里出现了几次？

生：三次。

师：为什么要写三次？有的同学对多次写这个细节有看法。

生：《一面》中写鲁迅先生的外形写了三次，我也想学一学。用它开头，能吸引人；中间出现，加强一下。

师：是"强化"一下。

生：用它结尾，能与开头呼应。

师：看来，这个细节不仅成为人物外形的鲜明特征，使读者获得深刻的印象，而且它又成为贯穿全文的线索，使文章成为一个整体，你学得好，"笔力"不错呀！好了，到现在，李响和姚逊之间的争议应当说解决了。怎么样，你们表个态，好不好？

（李响主动伸出手和姚逊紧握，课堂内响起热烈的掌声）

师：祝贺李响、姚逊两位同学在写作中加深了友谊，更祝贺大家写作和评论成功。我想这次写作是不平凡的一次写作，你们一定会有很多感受，可不可以简单说说。

生：我先说。李响是我最好的朋友，我对他太熟悉了。他的外形，他上课举手发言的样子，我观察过无数次，觉得很特别，很有个性。老师说写人要用"心力"思考，写之前，我想了想：重点写什么？写他有特点的外形和活泼的个性吧，这样就把平时观察到的东西用上了。写时还学习运用了《一面》中的一点写作方法。这就是我的感受。

师：讲得很好嘛。平时留心观察同学，积累了不少素材；写时用心思考，抓住人物外形和个性的主要特征刻画人物形象；学习运用课文中的写作方法提高了文章的表现力，这也是姚逊同学这篇"人物速写"成功的原因。相信大家常常训练目力、心力、笔力，就一定会不断提高写作水平。

师：（布置课后作业）我设计了一份"人物速写"评价表（发给每人一份），请大家运用评价表先对自己的作文进行评价，然后与同座同学交换阅读作文，互相评价。下课。

附：

板书提纲

人物速写

他
你看　像谁？
她

——为本班一位同学画像

人物速写

目力——敏锐的观察力。

心力——深刻的思考力。

笔力——运用简练的语言迅速描写人物的表达力。

（选自洪宗礼著《洪宗礼文集6》江苏教育出版社2008年版，第164–174页）

第三节　在语境的隐现中实现多元解读
——评严华银《黄鹂》教学设计

《黄鹂》的教学设计是严华银的代表性教学设计之一。该课例曾发表于《语文教学通讯》，收录于他的《严华银讲语文》《严华银语文行思录》等书中。特别在《严华银语文行思录》中，为阐述阅读方法，还分别在"切分段落：关键是拿好、用好庖丁的'牛刀'"和"适时介入，巧妙发挥'背景'的作用"部分，两次引用该课例为论证依据。1990年，凭借该课，严华银在市中青年教师教学基本功大赛中获得语文学科组第一名。可以说，历经岁月洗礼，该课成了严华银的经典课例。

评价该课的角度固然可以多样,如严华银本人就将其教学内容处理成例文类,作为介绍"主观性阅读"和"实证性阅读"方法的例子开展教学的。但就课文设计的整体而言,该课之所以成为指导学生学会多元解读的精彩课例,恐怕和语境教学法的精巧运用密切相关。

一、认知语境教学法的运用

《黄鹂》一课的导入颇具特色。一是通过学生默读、朗读关于"黄鹂"的四首古诗词引入本课;二是直接点明教学目标:分析、揭示并评价文章的思想内容;三是点明学法及步骤:解剖结构—把握整体—抓关键句段—分析、揭示、评价文章主旨。其中最值得注意的是善于运用认知语境教学法,激活学生期待视野。

认知语境教学法的实质是借助师生双方的认知背景,如知识背景、生活背景,引发学生新的思考。在本课中,教师首先用投影出示关于"黄鹂"的四首古诗词:

> 两个黄鹂鸣翠柳,一行白鹭上青天。(唐·杜甫《绝句四首》之一)
> 独怜幽草涧边生,上有黄鹂深树鸣。(唐·韦应物《滁州西涧》)
> 池上碧苔三四点,叶底黄鹂一两声,日长飞絮轻。(宋·晏殊《破阵子》)
> 徐行不记山深浅,一路莺啼送到家。(明·杨基《天平山中》)

这四首古诗词有的学生熟悉,有的尽管可能学生还不太熟悉,但透过文字仍可见其诗意优美,从中真切感受到"形态清丽、叫声婉转的黄鹂,很受古代诗词大家的青睐,它几乎约定俗成是美好事物的象征",通过激活和补充知识经验,从而激发学生对黄鹂产生美好联想,进而思考"黄鹂在当代著名小说家、散文家孙犁先生的笔下,又会是怎样的情景"?这种做法一是让学生从文化积淀的角度意识到一些意象具有相对固定的文化内涵,有助于学生由此及彼,顺向迁移,促进对课文内容的理解;二是拓宽了学生的文学视野,丰富了积累;三是过渡自然,导入自如。

当年,严华银在参加市教委举行的中青年教师教学基本功大赛且没有诸多资料可资借鉴的情况下,能够在导入中引入这些诗词,充分反映教师的语文素养之高。这种素养即认知背景的形成,得力于执教者在高校学习期间坚实的诗文积累。在高校,严华银意识到要夯实语文的底子,增强自身的文化底蕴,为一生的语文发展"赚足"本钱,就必须多读多背。在镇江师专,他听说学文的要认真打好文言的底子,要能背上几百首古诗,便每天诵读不断。严华银在毕业前,已胸中诗千首。"腹有诗书气自华"。严华银的努力让他在语文课上挥洒自如,领受了无限风光。

二、上下文教学法的运用

在本课的重点教学中,教师逐步引导学生认识到本课至少有三个方面的思想内容:

(1) 呼唤为黄鹂创设优美和谐的生活环境。

(2) 呼唤为各种美好事物创设优美和谐的生活环境。

(3) 在艺术创作中,应为典型人物创设与之和谐相应的典型环境。

这种多元读解颇符合当今的语文阅读理念。考察这种多元结论的达成,在于执教者善于运用上下文教学法。

所谓上下文教学法,就是在阅读教学中引导学生紧密结合上下文来理解文本。任何一个话语片段都是一个相对自足的言语表达单位,都有一个相对自足的语义内涵。当这个言语片段和其他言语片段联系起来的时候,由于话语片段的增大,话语的含义就会发生一定的变化。执教者利用这一原理,在教学中有意识地遮蔽部分下文,形成不同的话语片断,造成与整篇话语不尽相同的理解,可以为多元读解创造条件。

在本课教学中,执教者抓住《黄鹂》前叙后议的特点,将课文分成两大部分。第一部分为1—23节。接着指导学生按时空的变换将第一部分分成四个模块,并指导学生分析前三个模块和第四模块之间的关系,让学生通过填表了解在不同的时空中黄鹂的生活情形。通过引导,学生感受到1—20节是从反面立意,认识到这三个模块主要描述了黄鹂在"我"童年的家乡、抗战时的阜平山村和中年时的青岛三个不同时地,由于环境的恶劣、不和谐而难以生存的具体情形;认识到第四模块21—23节则是正面立意,作者用充满激情的抒情笔调描述黄鹂在江南太湖这样一个山清水秀、杂花生树、恬静优美的天地里尽情展露其美的情形。

在这样的背景下,执教者做了这样一个假设:

以上我们整体把握了文章的主体描写部分。我们作一个假设,如果本文就只有前面23段文字,那么,根据我们刚才分析的情况和对比的结构,我们可以归结出本文怎样的主旨呢?

学生通过讨论交流认识到写的是呼唤为黄鹂创设优美和谐的生活环境。显然，这是将文章主体描写部分从整个文本中切割出来，作为一个相对独立的片段来引导学生分析。如此，对课文本身便有了一个新认识。

接着，教师又逐步引入下文：要求学生齐读第24段和第25段的第1句，即"各种事物都有它的极致""在一定的环境里，才能发挥这种极致"，再引导学生思考："这一部分联系前面的描写对本篇写作主旨的认识是不是会有新的发现呢？"学生结合上文讨论交流，认识到呼唤为黄鹂乃至各种美好事物创设优美和谐的生活环境。

最后再带领学生看文章结尾"典型环境中的典型性格，也可以从这个角度来理解吧。这正是在艺术上不容易遇到的一种境界"，引导学生思考从这两句话是否可以推断出作者另外的寓意。学生讨论交流后老师归结："原来，借助黄鹂的故事，作者或许也还想演绎一条艺术创作的规律——在艺术创作中，应为典型人物创设和谐相应的典型环境。"

这样，我们可清晰地发现执教者指导学生进行多元读解的主要做法是先采用隔断下文法，将其中的一部分内容暂时隐去，再采用下文渐现法，根据要求逐步呈现下文。可以看出这种隔断和渐现巧妙结合是上下文教学法在阅读教学中的精彩体现，是造成多元读解的重要手段，是形成奇峰突起的神来之笔、引发课堂悬念从而令人拍案惊奇的重要手段。

像这类将隔断下文和渐现下文法巧妙结合的上下文教学法，其实就是上下文隐现法，在语文课程改的背景下，已经成为一部分教师的拿手好戏。如马骉在《河豚子》《离别的礼物》《聘任》等课文的教学中都采用了这一方法，制造波澜，形成猜读。

这类做法不仅仅使学生产生新奇感，令学生神采飞扬，兴奋连连，而且还能进一步凸显教学重点和难点，引发学生思考，激发学生探索欲望。

三、社会文化语境教学法的运用

如果说运用将隔断和渐现巧妙结合的这种上下文隐现法已经令人惊异，那么社会文化语境教学法的运用就更让人感受到执教者别具匠心了。

社会文化语境教学法指运用社会文化语境引导课堂教学的一种教学方法。社会文化语境制约着学生对有关学习内容和学习方式的选择，也制约着学生的表达层次与理解程度。因此，语文教师需要运用社会文化语境教学法，促进学生有效理解与表达，提高课堂教学的效率。运用社会文化语境教学法的最常见的做法是知人论世,介绍作家身世和创作背景。

我们来看严华银的教学步骤:

我们已经成功地进行了一次主观性阅读,大家一定有兴趣乘胜前进,再做一次实证性阅读的旅行。请看孙犁先生写作本文的有关背景材料。出示投影片五。

《黄鹂》写作背景:

本文写于 1960 年前后,其时孙犁先生 49 岁。自从 1956 年写完小说《铁木前传》之后,他再也不写小说了。这固然与一场大病有关,但可能还有更深的时代社会政治原因。

他在后来的《说赵树理》一文中描述那个年代赵树理的处境与心境:"政治斗争的形势,也有变化。上层建筑领域,进入了多事之秋,不少人跌落下来。作家是脆弱的,也是敏感的。他兢兢业业,唯恐有什么过失,引来大的灾难。"这说的更多的恰恰也是孙犁自己。

他在《文虑》一文中说:"目前为文,总是思前想后,顾虑重重,环境越来越'宽松',人对人越来越'宽容',创作越来越'自由',周围的呼声越高,我却对写东西越来越感到困难,没有意思,甚至有些厌倦了。"大家联系文章的整体描写和议论再来看看,文章还应该有着怎样的寄寓呢?

交流回答:呼吁为作家等一切人才(人)的成长、发展创设安全、平和、自由的环境,以使他们充分尽情地展示其全部的聪明才智。

显然,教者的这一做法对于深化学生的认识起到了一定作用。这一做法具有如下特点:

一是应需而用,避免程式化做法。本课摆脱了"红领巾教学法"中形成的在课始介绍背景的一般做法,将相关背景介绍延后,这种变化是根据教学需要而定的。鉴于作家孙犁本人思想厚重,经历坎坷曲折,且作品寄旨遥深,需要借助相关背景材料参与阅读理解。《黄鹂》一文写于 1962 年,那正是历经"反右""大跃进""三年自然灾害"后,社会步入调整期,尽管文化领域相对宽松,出现了散文丰收年,但文字杀人的紧箍咒并没有完全消失。这从作品直到 1978 年才发表似乎仍可寻到蛛丝马迹。试想,历经"文革"可算劫后余生,固然为不幸之幸,但谁又不是心有余悸? 因此,发表本身的漫长经历就别有深意。何况,文本的结尾"这正是在艺术上不容易遇到的一种境界"一句,说的似乎是艺术,又何尝不是对人生感慨的一种欲说还休呢?因此背景的介绍可谓适时、及时,便于学生认识深化。

二是符合阅读心理过程。读者读解作品一般是首先阅读文本然后再了解背景,这样便于真实把握作家的真实意图,避免先入为主。鉴于作者是由特定的语境产生创作欲望,并据此形成文本,而读者则是由阅读文本走向探索作家在特定写作处境中的写作意图,因此在运用社会文化语境教学法时,教师要避免简单的由背景而至文本的教学思路——因为这是作家的创作过程,而非读者的阅读过程。因此本课的做法符合阅读心理。

三是为学生多元读解创造可能。严华银曾指出:"在阅读文学作品特别是主题多元的作品时,将背景的介绍时间尽量后移。也就是说,把每一篇这类作品的阅读理解分为两个阶段。前一阶段是一种纯客观阅读的阶段。在这一阶段中,所有的阅读理解活动的唯一依据便是作品本身,据此而揣摩词句,据此而归纳文意,据此来推断作者的写作意图;后一阶段则以前一阶段的阅读理解为基础,结合可以获得的背景性材料,进一步揣摩作者在那种特定的背景下为文时的真实目的。这样一种阅读,能带给学生较之一般阅读更为丰富的阅读体验,更为开放的阅读视野,更为新鲜的阅读效果。"[1]因此,将背景放在最后介绍,可以为学生能够首先直面文本创造条件,为学生通过文本上下文读解文本自身的内涵提供可能。这样,也就为学生自由读解文本,实现创造性读解提供机会。

四是为教学高潮的出现创造条件。文似看山不喜平,课堂教学亦然。当教者运用上下文教学法完成了对课文的多元读解,本课教学已经大功告成,似乎可以结束了,谁知教者又另辟蹊径,引入背景介绍,可谓"一石激浪","弛而后张,伏而后起,又在波澜高扬时戛然而止"[2],这样做新意迭出,引人入胜,美不胜收。

综上所述,该课善于运用语境教学法,为多元解读创造条件。

附 严华银《黄鹂》教学设计

一、导入

投影出示关于"黄鹂"的四首古诗词。学生默读以后齐声朗读一遍。出

---

[1] 严华银.严华银语文行思录[M].长春:长春出版社,2011:65.
[2] 严华银.严华银语文行思录[M].长春:长春出版社,2011:67.

示投影片一。

　　两个黄鹂鸣翠柳,一行白鹭上青天。(唐·杜甫《绝句四首》之一)

　　独怜幽草涧边生,上有黄鹂深树鸣。(唐·韦应物《滁州西涧》)

　　池上碧苔三四点,叶底黄鹂一两声,日长飞絮轻。(宋·晏殊《破阵子》)

　　徐行不记山深浅,一路莺啼送到家。(明·杨基《天平山中》)

　　很显然,形态清丽、叫声婉转的黄鹂很受古代诗词大家的青睐,它几乎约定俗成是美好事物的象征。那么,黄鹂在当代著名小说家、散文家孙犁先生的笔下,又是怎样的呢?出示投影片二。

学习重点

分析、揭示并评价文章的思想内容。

学习方法及步骤

解剖结构

↓

把握整体

↓

抓关键句段

↓

分析、揭示、评价文章主旨

二、整体把握文章,重点分析文章结构

1. 对于长篇文章来说,解剖结构,从整体上观照文章可以说是获取文章主旨的一把钥匙。我们先默读文章1—23段,将这一部分文字按时地变化分成四大块,然后对照投影片三中表格的要求选择文中的关键词语填空。时间4分钟。出示投影片三。

2. 学生交流发言,教师可以适当做一些点拨。

(1) 齐读第四部分,分析语言表达的特点,体味作者的情感。

(2) 学生回答,老师点拨:排比、长短错杂的句式,拟人、对偶的修辞,恰当地表现了黄鹂在平和优美环境中自由生活的极致之美,也恰当地表达了作者在朝思暮想之后终于看到黄鹂获得理想的生活之地后难以抑制的愉悦、兴奋和激动。

(3) 第四部分与前三部分之间有着怎样的结构关系?

(4) 讨论结束。出示投影片四。

三、重点分析、揭示、评价文章主旨

1. 以上我们整体把握了文章的主体描写部分。我们做一个假设,如果本文就只有前面 23 段文字,那么,根据我们刚才分析的情况和对比的结构,我们可以归结出本文怎样的主旨呢?

学生讨论交流回答:呼唤为黄鹂创设优美和谐的生活环境。

2. (1) 很显然,作者花如此多的笔墨,宣泄了如此充沛的激情,绝不可能是仅仅为了一个鸟类,应该有其更多更深的寓意。

(2) 齐读第 24 段和第 25 段的第 1 句。

(3) 想想,这一部分联系前面的描写对本篇写作主旨的认识是不是会有新的发现呢?

学生讨论交流回答:呼唤为黄鹂乃至各种美好事物创设优美和谐的生活环境。

3. 接着再看文章最末的两句话。从这两句话是否可以推断出作者另外的寓意呢?

学生讨论交流。老师归结:原来,借助黄鹂的故事,作者或许也还想演绎一条艺术创作的规律——在艺术创作中,应为典型人物创设和谐相应的典型环境。

4. 阶段小结,以上我们按照阅读的一般规律和过程,通过把握文章整体,揣摩关键句段等方法已经获得了本文寄寓的几方面的主旨。除了第一点,由于未曾联系到结尾语段,把握上有所局限外,其余两点概括,应该是正确的。有同学要问,一篇文章,怎么会有几个主题呢?实际上,优秀的文学作品,有很多都是多主题、多寓意的,这就是我们常说的:文学主题多元化(板书)。

而且,不知同学们注意到没有,我们刚才的分析自始至终是扣住作品本身的,几乎没有考虑联系作品之外的因素。比如就没有提及孙犁先生写作本文时的背景材料。我们把这种只重文学作品本身,基本不考虑作品之外因素的阅读,称为主观性阅读(板书);而把那种既考虑作品又特别注重作品写作背景因素的阅读叫作实证性阅读(板书)。

5. 我们已经成功地进行了一次主观性阅读,大家一定有兴趣乘胜前进,再做一次实证性阅读的旅行。请看孙犁先生写作本文的有关背景材料。出示投影片五。

《黄鹂》写作背景:

本文写于1960年前后,其时孙犁先生49岁。自从1956年写完小说《铁木前传》之后,他再也不写小说了。这固然与一场大病有关,但可能还有更深的时代社会政治原因。

他在后来的《说赵树理》一文中描述那个年代赵树理的处境与心境:"政治斗争的形势,也有变化。上层建筑领域,进入了多事之秋,不少人跌落下来。作家是脆弱的,也是敏感的。他兢兢业业,唯恐有什么过失,引来大的灾难。"这说的更多的恰恰也是孙犁自己。

他在《文虑》一文中说:"目前为文,总是思前想后,顾虑重重,环境越来越'宽松',人对人越来越'宽容',创作越来越'自由',周围的呼声越高,我却对写东西越来越感到困难,没有意思,甚至有些厌倦了。"大家联系文章的整体描写和议论再来看看,文章还应该有着怎样的寄寓呢?

交流回答:呼吁为作家等一切人才(人)的成长、发展创设安全、平和、自由的环境,以使他们充分尽情地展示其全部的聪明才智。

稍作小结,点一点这种环境从哪里来。

6. 主题概括比较:

(1)呼唤为黄鹂创设优美和谐的生活环境。

(2)呼唤为各种美好事物创设优美和谐的生活环境。

(3)在艺术创作中,应为典型人物创设与之和谐相应的典型环境。

(4)呼吁为人(人才)的成长、发展创设安定、平和、自由的环境。

四、总结

1. 根据今天的阅读活动,请同学们谈谈自身的体会。

2. 教师小结:从我们以上的分析过程可以看出,阅读是一项充满个性色彩且充满创意的心智活动。不同的作品,我们自然可以获得不同的感悟,即使是同一篇作品,也同样可以仁者见仁、智者见智,从不同的角度还可以获得不同的感悟。这就启发我们,遵循科学的阅读规律,掌握正确的阅读方法,聚精会神地读进文章中去,思考揣摩、体味感悟,就一定会不断有所发现,有所创造;长此以往,就一定会不断提高我们自身的阅读能力、欣赏能力和创新能力。

(选自严华银著《严华银讲语文》,语文出版社2008年版,第141-144页)

第四节 语境教学在文言文教学中的精彩体现
——评黄厚江《阿房宫赋》教学实录

《阿房宫赋》教学是黄厚江的代表课,也是语境教学的经典课例之一。

一、根据具体语境确立教学内容

根据上下文语境、情景语境和认知语境来确立教学内容是黄厚江阅读教学的一大特色。在确定教学内容的过程中,根据上下文语境,主要是根据文类特征;根据情景语境,主要是根据现场学情;根据认知语境,主要是根据学生已有的生活经验和语文知识背景。这三条原则可以说是正确确立语文教学内容的基本要求。在《阿房宫赋》的教学中,充分体现了这一点。

首先,根据《阿房宫赋》是文言文的语体特征确定教学内容。文言文和白话文的教学内容不同。文言文的教学内容为文言、文章、文学、文化,学习文言、研习章法、体会炼字、传承文化是文言文教学的基本内容。在《阿房宫赋》中,就是如此。首先是文言学习,教者采用放过、深入、突出、分离的策略,突破传统的逐句翻译串讲的方式,在上课开始阶段集中解决学生预习中提出的关于词句不理解的问题。文章方面,引导学生理解文本主要内容;文学方面,抓住赋体特征,感受铺陈特点;文化方面,感受作者针砭时弊、借古讽今的精神,认识穷奢极欲导致灭亡的内涵。

其次,根据《阿房宫赋》是赋体的特征细化教学内容。教学内容还要在上述文言文教学要求的基础上进一步细化。在本课教学中,抓住赋体"铺采摛文,体物写志"(刘勰《文心雕龙·诠赋第八》)的特征,紧扣课文通过多种途径让学生从内容和形式上感受到这两面的特点。如教师在教学中将其缩写,引导学生阅读填空,再让学生从文中找出对应语句,比较优劣,指导朗读,感受"铺采摛文";指导学生理解重点段——最后一段,将教师自己续写的和原文最后一段比较,感受"体物写志"。

二、补充引导材料,提供学习支架

认知语境教学法要求有二:一是注意激活学生的认知背景,激活学生的生活经验和阅读经验等;二是补充引导材料,提供学习支架,降低学习坡度。

学生在阅读前是否具有恰当的相关知识,在阅读时能否激活这些知识,影响着他们对所读文章的理解和记忆的程度。奥苏伯尔认为:通过"组织者"可以操纵认知结构变量,进而影响新的学习和保持。所谓"组织者",就是先

于学习任务本身呈现的一种引导性材料,它能清晰地与认知结构中原有的观念和新的学习任务关联,可以帮助学习者把已知的内容与需要知道的内容之间架设一道知识之桥,使学习者更有效地学习新材料。

补充引导材料,既可激活已有知识背景和生活经验,也可以提供支架,降低难度,为后续学习提供平台。在《阿房宫赋》的教学中,黄厚江在引导学生学习后,呈现了这样一个片段:

同学们,我读《阿房宫赋》,反复读反复读,越读越短,读到最后呢,这篇文章只剩下几个句子,我大胆地把它缩成这样一段话:

(投影显示)**阿房之宫,其形可谓(　)矣,其制可谓(　)矣,宫中之女可谓(　)矣,宫中之宝可谓(　)矣,其费可谓(　)矣,其奢可谓(　)矣。其亡亦可谓(　)矣!嗟乎!后人哀之而不鉴之,亦可(　)矣!**

这就是黄老师读《阿房宫赋》读到最后剩下的几个句子——后来只剩下几个字——我们后面再说。现在请同学们根据你对课文的了解,想一想在这些括号里填上什么样的词比较合适,看看你们想法和我是不是一致。

根据你对课文的熟悉,你能填出哪一个就填哪一个。

在学生根据课文填好这一段后:

师:现在同学们根据要求,再读课文,划出相关的句子。第一组同学看看课文中哪些句子是写阿房宫其形的雄伟壮丽,规模的庞大;第二组看看哪些句子具体地写出宫中之女的众,宫中之宝的多;第三组找一找"其费可谓靡矣";最后一个组找"其奢可谓极矣"体现在哪里。如果自己的任务完成得很快,可以把所有这些和课文中相对应的句子想一想。有些同学比较慢,也可以集中找一两处。

学生看书,交流。在此基础上,教师又问:"大家比较一下,我写的与杜牧写的哪一个好?为什么?"由此感受赋的"铺采摛文"特征,相互讨论本文的艺术特点,并通过教师范读进一步体会赋的"铺采摛文"特征。

这一引导性材料在一定程度上概括了课文所写的主要内容,为学生了解《阿房宫赋》的主要内容奠定了基础,为学习新的语文知识点——赋体特征在本课中艺术表现提供了知识背景,降低了文本理解的难度,为教学的进一步展开确立了一个支点。在此基础上,黄厚江又要求学生再读课文,画出相关的句子,进一步熟悉课文,感受赋的铺陈特征;请判断一下是课文写得好,还是教者缩写得好。这样,两相对照,加强文本细读,既降低了难度,又容易发现课文的特殊点。特别值得注意的是,教者直到课堂结束时,还再一次设置引导性材料:

师:黄老师在读这篇文章的时候,想法也很多,读到最后一段的时候,我忽然有感而发,把杜牧的最后一段改写了一下。也许是狗尾续貂——可我改写以后蛮得意的,现在呢,"敝帚不自珍",让大家比较一下,作者写的和我写的哪一个好,好在哪里。你不要觉得杜牧写得好,黄老师也不差的哦。(生笑)现在同学们集体把这段话读一下,然后品评一下,看看哪个好。

(投影显示)**观古今之成败,成,人也,非天也;败,亦人也,非天也。成败得失,皆由人也,非关天也。得失之故,归之于天,亦惑矣!**

老师的"狗尾续貂"其实是精心设计的步骤。如何理解杜牧借古讽今、针砭时弊?如何理解赋体文章的"体物写志"?如何从文化的层面上提升这堂课的内涵?如何运用现代眼光读出自己所得?通过补充自己改写很有创意的一环引导性材料,帮助学生辨析文本的思想内涵,传承文本中所蕴含的文化内涵,理解赋体文章的"体物写志"特点。

不仅如此,教者还再一次提到课始阶段引入的补充材料:

现在同学们回想全文内容,或看黄老师缩写的这段话,(投影显示)在这段话里挑三个字,概括全文内容。《阿房宫赋》洋洋千言,其实三字足矣。大家想想,哪三字呢?"阿房之宫,其形可谓雄矣,其制可谓大矣,宫中之女可谓众矣,宫中之宝可谓多矣,其费可谓靡矣,其奢可谓极矣。其亡亦可谓速矣!嗟乎!后人哀之而不鉴之,亦可悲矣!"谁愿意说说?

生$_{20}$:奢、亡、鉴。

师:对。我读到最后,只剩下这三个字。课后,同学们好好背一背这篇千古第一赋,同时让我们永远记住这三个字。奢必亡,这是国君要借鉴的,也是我们这些普普通通的人所要借鉴的。

这里的引入,不是简单的重复,而是要求学生对课文的思想内涵做进一步概括和提升,这样既使课堂首尾呼应,卒章显志,又进一步加深了学生的思想认识。

三、运用上下文教学法,帮助理解课文

上下文教学法的运用不仅体现在教学内容的确定方面,而且还体现在语句理解、思想内容的辨析中：

首先，帮助学生理解语词和语句含义方面。在教学过程中时刻提醒学生，要求学生回答问题要言必有据，从课文本身找出依据。如在本节课开头教学中：

今天我们一起学习第三专题第一个板块的第二篇课文《阿房宫赋》。同学们在课前预习课文时，提了很多问题。但是大家提的问题我们在课堂上不可能一一解决，实际上也没有必要一个一个地解决。因为很多问题，只要把注释用心地琢磨一下，把上下文结合起来想一想，就能够自己解决。在这里，我们一起研究几个具有普遍性的问题。

比如课文第一小节，有同学问最后一句话"一日之内，一宫之间，而气候不齐"这句话应该怎么理解。这句话课文没有加注，实际上大家用心想一想上文的意思，这是能够理解的。有没有哪位同学能够为提这个问题的同学做一个回答？

生$_1$：一日之内，一宫之间，地方不同而气候不同，是强调宫很大。

师：哦，是强调宫很大，很好。其他同学有没有不同理解的？

生$_2$：我觉得这句话从下文来看，"妃嫔媵嫱，王子皇孙"，应该是说秦始皇对一些妃嫔的偏爱或者冷漠……

师：哦，两位同学的理解不一样。一位同学从实处来讲，是说阿房宫太大了，就像经历了四个季节；另一位同学是从主观上讲，宫廷里头不同的宫女受到不同的境遇而感受不一样。都有道理，但我更倾向于后一种说法。因为你看上文，"歌台暖响，舞殿冷袖"，这个"暖"和"冷"，主要是主观的，写感受的。——大家看，把两个同学的理解一结合，这个问题解决得多好啊！

有很多同学问第三小节"一旦不能有，输来其间。鼎铛玉石，金块珠砾"这个句子怎么理解？我们把这个问题一分为二，有哪位同学能根据对全文的理解，说说"一旦不能有，输来其间"怎么理解？这个句子有难度，有没有人愿意尝试？请这位同学——

生$_3$：这句话是说"如果一天没有的话，就再把它抢过来"。

师：哦，是"如果一天没有的话，就再把它抢过来"。（生笑）很好，这是一种说法。理解这个句子的关键在于主语，大家想一想，根据上文来看，这句的主语是谁呢？

生全体：六国。

师：对,是六国。这个"一旦",你体会下来和我们今天说的"一旦"是同还是不同?倾向于"不同"的举手。不要讲理由,凭感觉。有觉得不同的吗?

师：你(举手者)说说看。不同在什么地方?说得出来吗?(生摇头)哦,说不出来。我说过,不一定要说理由。从具体的背景看,从上文看,六国已经亡了。六国亡了,珍宝来了,王子皇孙、公主们也都来了,应该说"一旦"和我们今天的用法比较接近——六国一旦不能再享有这些东西;"输来其间"呢?那位同学说"就再把它抢过来",当我们认同主语是"六国"的时候还同意这种理解的同学请举手。"输来其间"是说宝物都被秦国运到阿房宫来了。

在这一教学片段中,黄厚江一再强调"把上下文结合起来想一想,就能够自己解决""大家用心想一想上文的意思,这是能够理解的""我更倾向于后一种说法。因为你看上文……""有哪位同学能根据对全文的理解,说说怎么理解?""根据上文来看,这句的主语是谁呢?""从具体的背景看,从上文看",等等,足见黄老师的上下文意识非常强。

其次,在帮助学生辨析思想内容方面,引导学生在比较时注意联系课文的上下文：

生₁₉：我觉得杜牧写得好。(生笑)

师：不要紧,你说杜牧好在什么地方?

生₁₉：因为这篇文章前面写的都是阿房宫和秦始皇的奢侈,目的是要使后人以史为鉴;而你写的是关于成功和失败的。

师：就是和前面的描写关系不是太紧密?哦,她是从文章的章法进行比较的。你能不能发现一点我好的地方?(生笑)

生₁₉：你这段话的观点是正确的。(生笑)

师：我这段话的观点是正确的,就是放在这篇文章里不好?(生笑)好,请坐。有没有不同意见的了?大家肯定还有很多想法,现在不能一一讨论了。刚才两位同学比较得还是不错的,但是我觉得你们对我不是很公平。(生笑)为什么道理呢?我就觉得杜牧用秦的奢、秦的灭亡,来告诫历代君主、以后的君主要引以为戒,但是我觉得这局限了历史思考的意义。我做君主吗?我不做。我们在座的同学将来会做君主吗?可能性也不大,是吧?所以我们这些普通的人读《阿房宫赋》,就不能从中汲取一点什么吗?刚才一位同学说我写的内容和前文不太一贯,我觉得还可以啊。(生笑)他说："灭六国者,六国也,非秦也",六国的灭亡是自己导致的,"族秦者,秦也,非天下也",也是秦自己导致的,对不对?所以我说,嗟乎!普通的人虽不能占有一国,成功却是我们都要追求的。所以说我的观点更广泛一点。不过有一点倒是真的,就是从全文结构来看,从语言形式来看,杜牧肯定是比我好。一千年以后肯定有人记得杜牧,一千年以后肯定没有人记得我黄某。(生笑)这时候我就想到一开始我说的,这篇文章我读到后来就成了几个字,其实用三个字就能把全文的内容和结构都表现出来了。

评杜文和续文的优劣并非教学的初衷,教师意在让学生理解章法,从文中体会可以借鉴的思想内容。我们发现,学生在辨别杜牧的议论与教师的感慨时能从文章的文脉和主旨两方面进行比较,在潜意识中已经感受到作文时文脉要一脉相承,主旨要集中突出,前后一致,这充分反映出在教师的引领下学生具备了一定的上下文意识,并能够根据上下文来分析优劣。

附 黄厚江《阿房宫赋》教学实录

师:上课!今天我们一起学习第三个专题第一个板块的第二篇课文《阿房宫赋》。同学们在课前预习课文时,提了很多问题。但是大家提的问题我们在课堂上不可能一一解决,实际上也没有必要一个一个地解决。因为很多问题,只要把注释用心地琢磨一下,把上下文结合起来想一想,就能够自己解决。在这里,我们一起研究几个具有普遍性的问题。比如课文第一小节,有同学问最后一句话"一日之内,一宫之间,而气候不齐"这句话应该怎么理解。这句话课文没有加注,实际上大家用心想一想上文的意思,还是能够理解的。有没有哪位同学能够为提这个问题的同学做一个回答?

生$_1$:一日之内,一宫之间,地方不同而气候不同,是强调宫很大。

师:哦,是强调宫很大,很好。其他同学有没有不同理解的?

生$_2$:我觉得这句话从下文来看,"妃嫔媵嫱,王子皇孙",应该是说秦始皇对一些妃嫔的偏爱或者是冷漠……

师:哦,两位同学的理解不一样。一位同学从实处来讲,是说阿房宫太大了,就像经历了四个季节;另一位同学是从主观上讲,宫廷里头不同的宫女受到不同的境遇而感受不一样。都有道理,但我更倾向于后一种说法。因为你看上文,"歌台暖响,舞殿冷袖",这个"暖"和"冷",主要是主观的,写感受的。——大家看,把两个同学的理解一结合,这个问题解决得多好啊。有很多同学问第三小节"一旦不能有,输来其间,鼎铛玉石,金块珠砾"这个句子怎么理解。我们把这个问题一分为二,有哪位同学能根据对全文的理解,说说"一旦不能有,输来其间"怎么理解?这个句子有难度,有没有人愿意尝试?请这位同学——

生$_3$:这句话是说"如果一天没有的话,就再把它抢过来"。

师:哦,是"如果一天没有的话,就再把它抢过来"。(生笑)很好,这是一种说法。理解这个句子的关键在于主语,大家想一想,根据上文来看,这主语是谁呢?

生全体:六国。

师:对,是六国。这个"一旦",你体会下来和我们今天说的"一旦"是同还是不同?倾向于"不同"的举手。不要讲理由,凭感觉。有觉得不同的吗?

师:你(举手者)说说看,不同在什么地方?说得出来吗?(生摇头)哦,说不出来。我说过,不一定要说理由的。从具体的背景看,从上文看,六国已经亡了。六国亡了,珍宝来了,王子皇孙和公主们也都来了,应该说这"一旦"和我们今天的用法比较接近——六国一旦不能再享有这些东西;"输来其间"呢?那位同学说"就再把它抢过来",当我们认同主语是"六国"的时候,还同意这种理解的同学请举手。(无人举手)连那位同学自己都不同意自己的意见啦?哦——这说明只要一揣摩,就知道不对了。"输来其间",是说宝物都被秦国运到阿房宫里来了。后面一句"鼎铛玉石,金块珠砾"是一直有分歧、有争议的句子。"鼎铛",(板书"鼎铛")有很多书上认为是意动。同学们自己学习的时候,你也认为这是意动用法的,举手给我看看,有没有?(部分同学举手)哦,请放下。认为不是意动的,也请举手。

生$_4$:我觉得是。

师:是意动?

生$_4$:是意动。

师:当然,这也是一个说法,可黄老师不认为是意动。有什么道理呢?同学们想一个你们以前学过的比较典型的意动用法的句子。

生$_5$:《邹忌讽齐王纳谏》里"吾妻之私我者,美我也"。

师:"吾妻之私我者,美我也。"是先"私我"还是先"美我"?

生$_5$:哦,是"吾妻之美我者,私我也"。(生笑)

师:是"美我"。(板书"美我")什么叫"美我"啊?把我看作是美丽的,认为我是美丽的。那么"鼎铛"是什么意思?看注释是怎么说的,是把宝鼎当铛。再想一想,它是意动吗?如果是,哪一个词是意动?还有同学认为是意动的吗?(没有同学举手)没有了?同学们课后根据注释再琢磨琢磨,有不同意见,我们再讨论。好,这是比较难的几个句子。后面还有一个句子"一人之心,千万人之心也",我想我们班同学会很快就能翻译出来。有哪位同学愿意翻译一下?有同学翻译出来吗?(无人举手)这出乎我的意料。你说说看(指名一位同学)。

生$_6$:一个人的想法,同时也是千万人的想法。

师:这"一人"是指谁啊?

生$_6$:秦始皇。

师:对,是指秦始皇。后面"千万人"指谁?

生$_6$:广大人民。

师:对,是广大人民。本来呢就应该用"民",为了避唐太宗李世民讳,避讳,所以用"人"。你秦始皇自己如此奢侈,贪图享受,同样表现了每一个人的心理啊。你一个人奢侈,普通人民也会珍惜自己的财富的啊。就是这样一个道理。"戍卒叫,函谷举,楚人一炬,可怜焦土","可怜焦土"四个字呢,书上也没有注释,要翻译的确有困难。我还是想听听,有哪位同学能把自己琢磨的想法说一说?这个句子呢,前面主语已经有了,"戍卒叫,函谷举,楚人一炬",书上也都有注释,大家揣摩一下,这"可怜焦土"是指谁?

生全体:阿房宫。

师:阿房宫。那么"焦土"和前面什么内容有关系啊?

生全体:楚人一炬。

师:对,那么这个句子就比较好翻译了。有两种理解,一种认为这个"焦土"是名词动化,是"化作焦土";还有一种说法是"焦土"前面省略了一个动词。这两种说法都有依据。大家觉得哪一种更好?

生全体:第一种。

师:是第一种?我也觉得是第一种说法好。这样呢,更切合原文的特点。非常简洁,非常有力。还有些问题,我们会在后面的学习过程中解决,也有些问题需要同学们在课后参照我们课堂上的学习方法自己解决。同学们,我读《阿房宫赋》,反复读反复读,越读越短,读到最后呢,这篇文章只剩下几个句子,我大胆地把它缩成这样一段话:(投影显示)

阿房之宫,其形可谓( )矣,其制可谓( )矣,宫中之女可谓( )矣,宫中之宝可谓( )矣,其费可谓( )矣,其奢可谓( )矣。其亡亦可谓( )矣!嗟乎!后人哀之而不鉴之,亦可( )矣!

这就是黄老师读《阿房宫赋》读到最后剩下的几个句子——后来只剩下几个字——我们后面再说。现在请同学们根据你对课文的了解,想一想在这些括号里填上什么样的词比较合适,看看你们想法和我是不是一致。

师诵读:阿房之宫,其形可谓某矣,其制可谓某矣,宫中之女可谓某矣,宫中之宝可谓某矣,其费可谓某矣,其奢可谓某矣。其亡亦可谓某矣!嗟乎!后人哀之而不鉴之,亦可某矣!根据你对课文的熟悉,你能填出哪一个就填哪一个。最好填的,我觉得是宫中之女可谓……

生全体:美矣。

师:大家想到的是"美",(生笑)可这是否是写宫女的美呢?——宫中之宝可谓……

生全体:多矣。

师:多矣。其费可谓……

生全体:巨矣,奢矣。

师:巨矣,巨大的巨。这个"费"就是耗费。其奢可谓……

生全体:侈矣。(笑)

师:大家填的这个词应该修饰"奢","奢侈"二字意思相近,我们常常说"这个人简直奢侈到了……"生全体:极点。

师:对,其奢可谓极矣。其亡亦可谓……

生全体:哀矣,必矣。

师:哀矣,必矣,都有道理,但是我填的不是这两个词,我填的是《六国论》里刚学的一个字,有哪位同学想出来了?(有生答"速")对了,速。你想,秦始皇自己筑阿房宫,还没筑好,秦已经亡了。其亡亦可谓速矣。后人哀之而不鉴之,可谓……

生全体:哀矣。

师:哀矣。但是呢,哀之而不鉴之,可谓哀,从行文来讲……

生全体:悲矣。

师:对,悲矣。大家总体上和我理解是一样的。我是写的这么一段话:(投影显示)

生全体：阿房之官,其形可谓雄矣,其制可谓大矣,宫中之女可谓众矣,宫中之宝可谓多矣,其费可谓靡矣,其奢可谓极矣。其亡亦可谓速矣！嗟乎！后人哀之而不鉴之,亦可悲矣！

同学们,把我缩写的《阿房宫赋》一起读一遍,好吧？学生齐读。

师：读得很好。你们知道"制"是什么意思？

生全体：规模。

师：哪里有"制"作"规模"讲,哪里有？

师、生全体：《岳阳楼记》："增其旧制,刻唐贤今人诗赋于其上。"

师：现在同学们根据要求,再读课文,画出相关的句子。第一组同学看看课文中哪些句子是写阿房宫其形的雄伟壮丽、规模的庞大；第二组看看哪些句子具体地写出官中之女的众、宫中之宝的多；第三组找一找"其费可谓靡矣"；最后一个组找"其奢可谓极矣"体现在哪里。如果自己的任务完成得很快,可以把所有这些和课文中相对应的句子想一想。有些同学比较慢,也可以集中找一两处。

学生看书。

师：好,有没有找好？下面我们来交流交流。先请第一组说说课文中哪些内容、哪些句子描写了阿房宫其形的雄伟壮丽,规模的极为庞大。（指名）你找到的是哪里？

生$_7$：我找的是第一小节。

师：你把句子读一读,好吗？

生$_7$："覆压三百余里,隔离天日",是写规模庞大；"二川溶溶,流入宫墙,五步一楼,十步一阁",是写阿房宫很雄伟；然后"盘盘焉,囷囷焉,蠹不知其几千万落",写规模很大；"一日之内,一宫之间,而气候不齐",也是写规模很大。

师：好的。这位同学抓住课文第一部分,既读了有关句子,还作了简要分析。我们再看看后面。哪些句子写宫中之女的众,宫中之宝的多,第二组同学哪位同学来说说？（指名）你找到了？

生$_8$：第二节,"妃嫔媵嫱"一直到"焚椒兰也",都是写宫女的"众"。

师：你能简要分析一下,作者是怎样写出宫女的"众"？

生$_8$：他是从侧面来写的,比如"渭流涨腻,弃脂水也"。

师：对。在这里有同学提出一个问题,不知你能不能解答。"绿云扰扰,梳晓鬟也",这个"绿云扰扰"是指什么东西？你有没有想过这个问题？（生摇头)没有?好,请坐。其他同学有没有想过"绿云扰扰,梳晓鬟也"是写什么?

生全体:头发。

师:对,是头发,这也表现了宫女的多。刚才那位同学说,主要是从侧面间接地写,其实作者用了多种方法。夸张、排比、比喻等,都有。"绿"在这里可以理解为黑,我们在日常生活里有没有注意到,有人说"他眼睛黑得发绿",也有人说"这衣服的颜色绿得发黑",说明这黑色和绿色到了一定程度以后,相互之间是难以区分的,所以这里其实就是说"黑云","扰扰"是说飘飘的样子,说明宫女的确很多。那么写"宫中之宝可谓多"的在哪里?哪个同学说说?

生$_9$:"燕、赵之收藏,韩、魏之经营,齐、楚之精英,几世几年,剽掠其人,倚叠如山,一旦不能有,输来其间",表现了宫中宝物的多。

师:好。这里想请你解决一个问题,有同学问"韩魏之经营"的"经营"是什么意思,你能回答吗?

生$_9$:都是指金玉珠宝等物。

师:好,请坐。其实我们这里要注意一个问题,就是文言文理解的方法。其实理解这个"经营",可以从哪些词语中寻得启发和门径,就是可以从哪些词语入手?

生全体:收藏,精英。

师:对。这三个句子虽然从修辞来讲,不能算是互文。比如说"朝歌夜弦"就是典型的互文,你不能说早上就唱歌,晚上就弹乐器,应该是早晚唱歌弹乐器,这叫互文,互文不"合而见义",就不能"解其义"。但是像这一种排列的句子,可以互相参照,是一种反复,同时又回避词语单调简单的重复。所以"经营""精英",都是六国费尽心思从其他国家争抢、抢夺来的宝物。第三组同学说说"其费可谓靡矣"?

生$_{10}$:鼎铛玉石,金块珠砾,弃置逦迤,秦人亦不甚惜。

师:哦,这是耗费的奢靡。有没有不同理解?

生$_{11}$:蜀山兀,阿房出。

师:"蜀山兀,阿房出",就是说把蜀山的东西都砍光了。好的,请坐。其他同学有没有补充理解的?

生$_{12}$:从"使负栋之柱"到"多于市人之言语"。

师:好的。有同学问"瓦缝参差,多于周身之帛缕",这个句子书上没有注释,他不懂,你能解释一下?

生$_{12}$:参差的瓦缝比身上的帛缕还多。

师:好。这个"帛"是布,"缕"是什么?

生全体:丝。

师:对。这告诉我们房子上一片一片的瓦形成的瓦缝比我们身上穿的衣服上一缕一缕的丝还要多。作者仍然是用夸张、比较、衬托的手法,来突出它耗费之靡。好,请最后一组同学说说"其奢可谓极矣"体现在哪里?

生$_{13}$:我认为应该是"鼎铛玉石,金块珠砾,弃掷逦迤,秦人亦不甚惜"。

师:对,这是非常典型的句子。把宝鼎当作破锅,把金玉当作沙砾,可见其奢靡的程度。其实《阿房宫赋》通篇都在表现秦始皇、秦王朝的……

生全体:奢侈。

师:对,奢侈。我们前面学过一篇《赤壁赋》,《赤壁赋》说不上一篇典型的赋。我和你们说过,苏轼对散文的重大贡献,是对赋的拓展,是"以文写赋"。《阿房宫赋》可以说是典型的赋文,有人称之为"千古第一赋",它典型地表现了赋的内容和特征。"赋"的形式特征是什么呢?有同学知道吗?"赋"特别重视……

生全体:铺陈。

师:对,铺陈排比。它能从多角度反复描写同一个对象。我一个字,他写一大排句子,对吧?我几个句子,他用通篇来表现。这就是铺陈。铺陈的作用大家体会出来了吗?

生$_{14}$:更能突出表现所描写的对象,语言有气势。

师:哦,主要有两点。一是更突出事物的特点,还有一点是语言有气势。怎样使语言有气势啊?对,是将大量的排比、比喻和夸张组合到一起,表现了语言的气势,语言具有了超乎寻常的表现力和魅力,征服了我们。下面我想通过诵读,请大家整体感受一下语言的美,语言的气势和文章所表现的阿房宫的特点。(师配乐诵读全文。)

刚才老师诵读了全文,为了加强效果,配上了古典的音乐。现在同学们可以先自由诵读一下,并尝试选择一两个句子、一两个片段,能够在诵读中表现赋的特点。有哪位同学主动试一下?(指名)你读一下第二小节。(生$_{15}$读第二小节)

师:总的来说不错,就是意味的表现稍微欠缺了一点儿。比如"而望幸焉"这里,可以稍微慢些,表现期盼、等了好久都等不到皇上的心理。当然读好这一段,关键在于虚词的处理,你们知道是哪一个?

生全体:也。

师:对,大家数一数,这里一共有几个"也"?

生全体:六个。

师:那你们体会一下这六个"也"表达的效果是否一样?有哪一个"也"和其他"也"作用是不同的?有没有发现?

生全体:最后一个。

师:对。前面五个"也"是表判断,而最后一个"也"更多的是强调。前面五个句子并列关系更为紧密,而最后一个句子要相对疏离一些,所以大家读的时候,最后"辘辘远听,杳不知其所之也",车远远地来了,宫女心中就充满了希望,"要到我这里来了",车又慢慢地远走了,心中的失望随着车声的远去而增强。皇帝看不见了,车声听不到了,我们要读出一个效果来,让我们觉得宫女仍然在翘首盼望。下面同学们集体把这一段再读一下。(生集体读)

师:"杳"字还是读得太急了,同学们课后再仔细琢磨一下。"辘辘远听,杳——不知其所之也",不要太急。课前有同学提了一个问题:"本文的中心段,也就是作者要表达的意思是哪一段?"还有同学问得更具体:"本文点明主旨的句子是不是最后一句?"这些同学都在思考,你们看是不是最后一段?

生全体:是。

师:是不是最后一句?看来大家有不同理解。其实我觉得不一定要落实到具体的某一句,这一段都是作者在表达他的思想。本文和《六国论》不一样,它不是一篇史论,但作者仍然表达了他对历史的感悟、见解,在告诫我们这些后人。大家想一想这一段中的"后人"是指什么样的后人?"使六国各爱其人,则足以拒秦;使秦复爱六国之人,则递三世可至万世而为君,谁得而族灭也?"谁能够消灭他们呢?"族灭"就是"灭族"。"秦人不暇自哀,而后人哀之;后人哀之而不鉴之,亦使后人而复哀后人也。"大家注意,这里四个"后人"的内涵、所指的对象是否一致?

生全体:不一致。

师:怎么不一致呢?哪位同学分析一下?(指名)你说说对这几个"后人"的理解。

生$_{16}$:第一和第二个"后人",是一个意思,相对于秦人的后人;第三个"后人"是相对于前面两个后人的;再一个"后人",是后人的后人。

师:是后人的后人。假如说,我们解读文章的时候,注意文章的背景,如果从杜牧写作的年代、时期来看,他写于唐,唐敬宗大造宫室,不问政事,所以这个"后人",我们可以把它理解为"唐以后的后人"。最后一个"后人"是第三个"后人"的意思呢,还是前面两个"后人"的意思呢?

生全体:和前面两个一样。

师:对。四个"后人"两层意思,一、二、四,是指秦以后的人,第三个是指唐以后的人,是这样的吧?其实,这四个"后人"两个意思,又指一个共同的对象,是什么?

生17:国君。

师:对,主要是指君主、皇帝。黄老师在读这篇文章的时候,想法也很多,读到最后一段的时候,我忽然有感而发,把杜牧的最后一段改写了一下。也许是狗尾续貂——可我改写以后蛮得意的,现在呢,"敝帚不自珍",让大家比较一下,作者写的和我写的哪一个好?好在哪里?你不要觉得杜牧写得好,黄老师也不差的哦。(生笑)现在同学们集体把这段话读一下,然后品评一下,看看哪个好。(投影显示)

观古今之成败,成,人也,非天也;败,亦人也,非天也。成败得失,皆由人也,非关天也。得失之故,归之于天,亦惑矣!

下面我们齐读这一段,我读到"嗟乎",你们就接着读下去。灭六国者,六国也,非秦也。族秦者,秦也,非天下也。嗟乎!——生全体朗读。

师:大家读得很好,说明大家对这段话理解得很到位。下面同学们自由发挥,谈自己的评价,不要碍我面子。哪位同学先说说?(指名)你喜欢哪一个?

生18:我觉得都有长处。(生笑)

师:"都有长处",还有半句话,言外之意,你们能补充出来?

生全体:都有短处。

师:你说说看我们的长短看。

生18:原文前面一半写到"谁得而族灭也",是单指秦国破灭这件事情,而您写的范围更大一点,所以前面一半您写得好。到后面,他的思维又上升到了更高的一个层次,而您最后"得失之故,归之于天",只是对前面再来一个总说,而他写的思想更上了一个层次。

师：这位同学从语言、思想内容等角度进行了评说。我听得出来,她更喜欢杜牧的。(生笑)尽管她在比较的时候,说我写的也有优点,从时空来讲,更有时空感;另外从语言形式说,杜牧的文章思想上在不断加深,而我写的最后一句只是前面观点的重复而已。其他同学有没有不同意见了？

生19：我觉得杜牧写得好。(生笑)

师：不要紧,你说杜牧好在什么地方？

生19：因为这篇文章前面写的都是阿房宫和秦始皇的奢侈,目的是要使后人以史为鉴;而你写的是关于成功和失败的。

师：就是和前面的描写关系不是太紧密？哦,她是从文章的章法进行比较的。你能不能发现一点我好的地方？(生笑)

生19：你这段话的观点是正确的。(生笑)

师：我这段话的观点是正确的,就是放在这篇文章里不好？(生笑)好,请坐。有没有不同意见的了？大家肯定还有很多想法,现在不能一一讨论了。刚才两位同学比较得还是不错的,但是我觉得你们对我不是很公平。(生笑)为什么道理呢？我就觉得杜牧从秦的灭亡、秦的奢,来告诫历代君主、以后的君主要引以为戒,但是我觉得这局限了历史思考的意义。我做君主吗？我不做。我们在座的同学将来会做君主吗？可能性也不大,是吧？所以我们这些普通的人读《阿房宫赋》,就不能从中汲取一点什么吗？刚才一位同学说我写的内容和前文不太连贯,我觉得还可以啊。(生笑)他说,"灭六国者,六国也,非秦也",六国的灭亡是自己导致的,"族秦者,秦也,非天下也",也是秦自己导致的,对不对？所以我说,嗟乎！普通的人虽不能占有一国,成功是我们都要追求的。所以说我的观点更广泛一点。不过有一点倒是真的,就是从全文结构来看,从语言形式来看,杜牧肯定是比我好。一千年以后肯定有人记得杜牧,一千年以后肯定没有人记得我黄某。(生笑)这时候我就想到一开始我说的,这篇文章我读到后来就成了几个字,其实用三个字就能把全文的内容和结构都表现出来了。现在同学们回想全文内容,或看黄老师缩写的这段话,(投影显示)在这段话里挑三个字,概括全文内容。《阿房宫赋》洋洋千言,其实三字足矣。大家想想,哪三字呢？"阿房之宫,其形可谓雄矣,其制可谓大矣,宫中之女可谓众矣,宫中之宝可谓多矣,其费可谓靡矣,其奢可谓极矣。其亡亦可谓速矣！嗟乎！后人哀之而不鉴之,亦可悲矣！"谁愿意说说？

生20：奢、亡、鉴。

师：对。我读到最后，只剩下这三个字。课后，同学们好好背一背这篇千古第一赋，同时让我们永远记住这三个字。奢必亡，这是国君要借鉴的，也是我们这些普普通通的人所要借鉴的。好，今天就到这里，下课！

（选自黄厚江著《享受语文课堂》，教育科学出版社2012年版，第152－163页）

第五节　勾前联后　比照显现
——评程红兵《我的叔叔于勒》课堂实录

程红兵是上海市著名语文特级教师，语文人格教育的倡导者。其代表课《我的叔叔于勒》在小说教学中可谓别具一格。传统的小说教学一般经历由情节而人物、环境、主旨、艺术成就的教学历程，程红兵的教学却由人物的称呼语切入教学，令人耳目一新。而这种切入后的教学之所以能够成功，又在于作者的教学体现出语境教学的精神，有意识地将人物的语言放在不同的语境中，勾前联后，紧密联系上下文，进行比较分析，从而显现情节发展，揭示主旨，反映人物性格特征。

一、根据称呼语出现的背景分类比照

教者开门见山，在学生阅读课文后要求找出课文中的人物是怎么评价于勒的，包括怎么称呼他，怎么说他的。学生经阅读发现课文对于勒的评价或称呼语有：全家唯一的希望、全家的恐怖(坏蛋、流氓、无赖)、正直的人、有良心的人、好心的于勒、有办法的人、这个家伙，这个贼、这个流氓、我的叔叔、父亲的弟弟、我的亲叔叔等。

接着，教者又提出分类要求：

请同学们把这些评价分分类，分类的标准是哪些话是在大致相同的情况下说的，并说说是什么情况，他们对于勒又采取了什么态度。请按时间顺序说。

这一问题可谓高屋建瓴，既从整体上将课文内容前后联系起来，又让人感受到教者的语境意识——在小说中体现为分析小说人物行为的"环境"意识。教者强调分类要根据人物称呼语出现的背景：相同的背景分别是什么，这种背景的具体情形又是怎样。学生在研读课文中发现：

"分文不值的于勒""全家的恐怖"是在同一种情况下说的，因为于勒把自己应得的遗产吃得一干二净之后,还占用了"我"父亲应得的那一部分。

"全家唯一的希望""正直的人,有良心的人",是他们在接到于勒两封信以后说的。

最后几句话是在见到于勒时说的,当他们发现于勒是一个穷水手时,菲利浦夫妇就大骂于勒是贼,是流氓。

不同的背景对于勒的评价竟然差别这么大!教师借助这种背景比照,首先让学生感受到小说情节的发展变化:赔钱——盼、占钱——赶;有钱——赞;没钱——骂、避。

其次,帮助学生了解了课文内容:十年思盼,天涯咫尺,同胞好似摇钱树;一朝相逢,咫尺天涯,骨肉恰似陌路人。

最后,让学生体会到小说的主旨:金钱至上、世态炎凉等。

显然,教者的高妙之处就在于教者抓住人物称呼语出现的语境,将这些不同的语境因素有机联系起来,从小处着手,牵一发而动全身。

二、借助称呼语的评价者身份彰显性格

教者的高妙还在于,教者要求学生根据说者是谁对称呼语或评价语做进一步分类:看看我们前面找出的称呼语分别是谁说的。

说话者的身份、地位、处境决定了说话者能说什么、怎么说,从中折射出人物的种种情况。教师引导学生抓住说者这一语境因素,发现同一个人前后对于勒态度截然不同,进而体会到不同人物不同的个性特点、不同的而又复杂的情感态度。母亲克拉丽丝开始极力夸赞于勒"好心"、"有办法的人",后面又恶意咒骂于勒"这个流氓"、"这个贼",从中可见其势利、无情的一面;父亲菲利浦称于勒"这个家伙"自然有批评、有不满,但其中仍然可见其兄弟情;而若瑟夫称于勒为"我的叔叔,父亲的弟弟,我的亲叔叔",饱含了怜悯之意,对穷困潦倒的于勒充满同情。"父亲的弟弟"针对父母说的,反映了若瑟夫对父母不认兄弟的困惑和不满,"我的亲叔叔"强调一个"亲"字,表明若瑟夫内心充满侄叔亲情。若瑟夫与父母鲜明的对比突出了双方的性格,孩子纯真、诚实、善良、慷慨,大人世故、虚伪、势利、刻薄;也寄托了作者的美好愿望,希望人们能像若瑟夫一样,多一点同情,多一点友爱,多一点善良,社会能更好一点。

附 程红兵《我的叔叔于勒》课堂实录

师：我们一起来学习法国19世纪批判现实主义作家莫泊桑的短篇小说《我的叔叔于勒》。首先请同学们阅读课文，找出课文中的人物是怎么评价于勒的，包括怎么称呼他，怎么说他的。

生："那时候是全家唯一的希望，在这以前是全家的恐怖""花花公子"。

师："花花公子"是对于勒的评价吗？

生：不是。花花公子是说有钱人家的子弟，而于勒家不是，于勒家比较穷。

师：对，请继续找。

生：坏蛋、流氓、无赖。

师：这是直接指于勒吗？

生：不是，这是就一般情况说的，但实际上暗指于勒。还有"分文不值的于勒"，一下子成了"正直的人，有良心的人""好心的于勒""他可真算得上一个有办法的人""这个小子""他是个法国老流氓""这个家伙""这个贼""那个讨饭的""这个流氓"。

师：很好，这个同学找了很多，还有没有？

生："这是我的叔叔，父亲的弟弟，我的亲叔叔。"

师：对，这几句话很重要。现在我把同学们找的主要的板书在黑板上。

（板书：

全家唯一的希望

全家的恐怖——坏蛋、流氓、无赖

正直的人、有良心的人

好心的于勒、有办法的人

这个家伙，这个贼、这个流氓

我的叔叔，父亲的弟弟，我的亲叔叔）

师：请同学们把这些评价分分类，分类的标准是哪些话是在大致相同的情况下说的，并说说是什么情况，他们对于勒又采取了什么态度。请按时间顺序说。

生："分文不值的于勒""全家的恐怖"是在同一种情况下说的，因为于勒把自己应得的遗产吃得一干二净之后，还占用了"我"父亲应得的那一部分。

师：对，占了钱。他们对于勒采取什么态度？

生：把他赶走了。

师：你怎么知道是赶走的？

生：课文用"打发"一词，可知是把于勒赶走的。

师：下面依次有哪些话是在同一情况下说的？

生："全家唯一的希望""正直的人，有良心的人"，是在他们接到于勒两封信以后说的。

师：信中哪些话导致他们这么说？

生："赔偿我父亲的损失""发了财……一起快活地过日子。"

师：于是这一家人每到星期日干什么？

生：到海边的栈桥上等于勒回来。

师：这位同学说"等于勒回来"，这个"等"字用得好不好？请说说道理。

生：不好，"等"字不能说明这一家人此时热切盼望于勒回来的心情。

师：你认为应该用什么词？

生：应该用"盼"字。

师：很好，我们一起来讨论这个"盼"字，文章哪些细节体现了"盼"字？

生："父亲总要说那句永不变更的话：'唉！如果于勒竟在这只船上，那会叫人多么惊喜呀！'"

师：于勒在不在这只船上？

生：不在。

师：你怎么知道？你从哪个词看出来的？

生："竟"表示意外，父亲希望于勒能出乎意料地来到身边，表现了他急切盼望的心情。

师：说得好。真是望眼欲穿，焦急万分，恨不得立刻相见。还有什么细节体现"盼"？

生："这封信成了我们家里的福音书，有机会就要拿出来念，见人就拿出来给他看。"

师：这句话是体现"盼"吗？

生：这句话主要体现这家人高兴、得意，还有几分骄傲的心情，把信给别人看，为了炫耀。

师：还有什么细节体现"盼"？

生："果然，10年之久，于勒叔叔没再来信。可是父亲的希望却与日俱增。"

师：很好，10年时间丝毫没有减少他们的希望，反而增加了。还有吗？

生："对于勒叔叔回国这桩十拿九稳的事，大家还拟定了上千种计划，甚至计划要用这位叔叔的钱置一所别墅。"这笔毫无着落的钱竟然列入了他们的开支计划，可以看出他们急切盼望于勒回来的心情。

师：这位同学分析在理。文中还有一个细节充分体现了急切盼望的心情。请同学们认真看。

生："那时候大家简直好像马上就会看见他挥着手帕喊着：'喂！菲利普！'"

师：他们真的看到了吗？

生：没看到，是他们脑海中出现的幻觉，人到了急切的地步才会出现幻觉。

师：说得好，这个细节很能说明问题。再看其他几句话是在什么情况下说的？

生：最后几句话是在见到于勒时说的，当他们发现于勒是一个穷水手时，菲利浦夫妇就大骂于勒是贼，是流氓。

师：是当面骂的吗？

生：不是，是背着于勒骂的。

师：为什么要背着？

生：生怕于勒重新拖累他们，同时也生怕好不容易找到的女婿知道这件事，因为这位女婿是冲着于勒那封发财的信才下决心求婚的。

师：后来这一家人又怎样了？

生：为了避开于勒，他们改乘另外一条船。

师：我们把情节理一下，请看板书：

（赔钱——盼

占钱——赶

有钱——赞

没钱——骂、避）

从以上板书可以看出，小说情节不长却也曲折起伏，特别是后面情节的安排，既在意料之外，又在情理之中。如果我们把课文分成两大部分的话，应该分在哪里？

生：从开头到旅行之前为第一部分,从动身旅行到最后为第二部分。

师：我用一副对联概括两大部分的内容：十年思盼,天涯咫尺,同胞好似摇钱树；一朝相逢,咫尺天涯,骨肉却如陌路人。这家人盼于勒,盼了十年,希望与日俱增,甚至在脑海中出现了幻觉,明明远在天边,却如近在眼前,把骨肉同胞当成摇钱树,为了用于勒的钱订了上千种计划。一朝相逢,期望中的富翁变成了穷水手于勒,他们失望沮丧,本是同根生,相逢就是不相认,骨肉兄弟如同陌生的路人,前后之间构成了鲜明的对比,这一切因为什么？这副对联少了一个横批。请同学们来拟。

生：人不如钱。

师：请解释一下。

生：于勒这个人还不如钱重要,盼于勒是假,盼于勒的钱是真。

师：有道理。还可以从这件事所反映的社会问题来考虑。

生："金钱至上",盼是因为有钱,避是因为没钱,在人们的眼中金钱是至高无上的。

生："世态炎凉",开始他们热切盼望于勒,后来发现于勒没钱,就避之唯恐不及,根本没有兄弟亲情。

师：同学们拟得非常好,跟老师想的一样。家庭是社会的细胞,由家庭这个细胞看出社会整个肌体的情况,以小见大,可见其主题是深刻的。现在我们再来做第二次分类,看看我们前面找出的评价分别是谁说的。

生："全家唯一的希望""全家的恐怖""分文不值的于勒""正直的人,有良心的人",这些都是大家的看法。"好心的于勒""有办法的人""这个流氓""这个贼"是母亲克拉丽丝说的。"这个家伙"是父亲菲利浦说的。"我的叔叔,父亲的弟弟,我的亲叔叔"是若瑟夫说的。

师：很好。这么归类以后,你们有什么发现？

生：同一个人前后态度截然不同,母亲克拉丽丝开始极力夸赞于勒,后来又恶意咒骂于勒。

师：由此可以看出人物的什么性格？请谈谈你对克拉丽丝的看法。

生：这个人太无情义,满脑子只有金钱,非常自私、势利,只管自己的得失利害。

师：菲利浦夫妇都是小人物,不是十恶不赦的恶棍、坏蛋,但由于他们对待亲兄弟的态度,我们从心底鄙视他俩的人格。还有什么发现？

生：菲利浦夫妇有些不同，克拉丽丝骂于勒是贼、是流氓，菲利浦只说于勒是这个家伙，说明菲利浦是有点同情于勒的。

师：这位同学观察比较细致，但我们看看菲利浦是不是同情于勒？为什么？

生：不是，因为菲利浦最终没认自己兄弟，本是同根生，相逢就是不相认，由此看出他也是无情的，他也是以金钱为重的，菲利浦与克拉丽丝只是有点程度不同罢了。

师：很好，具体说说。

生：克拉丽丝更泼辣，更冷酷，更有心计，因而她也更令人讨厌。

师：这一家人都是一个态度吗？你们看看还有什么发现？

生：若瑟夫和他的父母不同。

师：好，我们来齐读文章写小若瑟夫的一段话：从"我看了看他的手"到"我的亲叔叔"。（读略）

师：同学们还没有把文中的感情读出来。我们一起来分析一下，这里一共三句话，前两句写谁？

生：写于勒。

师：是谁的目光看于勒？

生：若瑟夫的。

师：我读一下，你们看这目光包含了什么？（师读）

生：目光饱含了怜悯之意，对穷困潦倒的于勒充满同情。

师：第三句是写谁的心理活动？

生：若瑟夫的心理活动。

师："这是我的叔叔，父亲的弟弟，我的亲叔叔"三个短语同指一个对象，何以要反复？"父亲的弟弟"是针对谁说的？"我的亲叔叔"强调什么？

生："父亲的弟弟"是针对父母说的，反映了若瑟夫对父母不认兄弟的困惑和不满，"我的亲叔叔"强调一个"亲"字，表明若瑟夫内心充佺叔亲情。

师：请同学们再读一遍。（生读）

师：这一遍读出了感情。若瑟夫与父母形成了鲜明的对比，这个对比有何作用？

生：突出了双方的性格。

师：对。孩子是纯真的，大人是世故的；孩子是诚实的，大人是虚伪的；孩子是善良的,大人是势利的;孩子是慷慨的,大人是刻薄的。作者为何以"我的叔叔于勒"为题?

生:表明了作者的美好愿望,希望人们能像若瑟夫一样,多一点同情,多一点友爱,多一点善良,他希望社会能更好一点。

师:好,下课。

(选自程红兵著《程红兵与语文人格教育》,国际文化出版公司 2003 年版,第 191-198 页)

第六节 借助多重语境 揣摩精彩语言
——评李镇西《荷塘月色》教学实录

李镇西在 2000 年所上的《荷塘月色》教学中,善于通过语境教学法引导学生掌握品味语言的基本方法,品味课文的精彩语言,感受作者的情感世界。

一、教给语境学习方法,掌握运用要点

散文是介于文章和文学之间的一种文类,着重叙写"这一位"作者的所见、所闻,表达"这一位"作者在独特境遇中的所思、所感。散文教学的重点是作者独特的情感认知、个人化的言说对象、个性化的语句章法,外在于散文的客观的言说对象,不在散文"阅读"的视野里①。这就是说,我们在鉴赏散文时要关注作品想表达的作者独特情感以及表达这种情感的特殊方法与独特的语言艺术。由于"散文是真实的人与事的抒写,不联系到被写的人与事,谈不上对散文的理解;散文是作者真情实感的流露,离开了写作的这个人,也谈不上对散文的理解。于是就有了时间和空间。散文是即情即景的产物;脱离了具体的时间和空间,就只能把作品当作言辞的技巧,犹如我们许多语文课所做的那样"②,因而理解散文中作者独特的情感认知、个人化的言说对象、个性化的语句章法,都需要结合语境。这就是说运用语境教学理论是散文教学的必然要求。在教学朱自清《荷塘月色》一文时,李镇西借助单元学习重点"整体感知,揣摩语言",指导学生掌握语境学习法,学会根据语境揣摩语言。

李镇西首先指导学生根据课文了解"整体感知,揣摩语言"的内涵:"本单元的学习重点是整体感知,揣摩语言。揣摩语言,是在一定的语境中,如联

---

① 王荣生.中小学散文教学的问题及对策[J].课程·教材·教法,2011(9):50-51.
② 王荣生.听王荣生教授评课[M].上海:华东师范大学出版社,2007:65-66.

系中心意思，联系上下文，对语言的深层次含义、感情色彩等进行辨析、品味。"接着引导学生质疑：既然学习重点是整体感知，揣摩语言，那么为什么书上却根本不讲什么叫"整体感知"，而直接就解释什么叫"揣摩语言"呢？学生在思考讨论中认识到：①"整体感知"谁都懂是什么意思，所以不用解释；而"揣摩语言"则不太好懂，所以要解释。②"整体感知"是要达到的目的；而"揣摩语言"则是达到目的的手段。③看起来没解释"整体感知"，但实际上解释"揣摩语言"中就解释了"整体感知"，比如书上写了"联系中心意思""联系上下文"，这就是"整体感知"。最后教师补充，点明"揣摩语言一定要联系语境"。告知学生，语境包括外部语境与内部语境，外部语境是指社会背景、文化背景、人际关系等；内部语境是指文章的中心思想、上下文的照应等。

这样，就为学生揣摩《荷塘月色》的语言和把握课文的情感提供了理论支架和认知手段，为学生学会运用语境学习法提供了基础。

二、借助多重语境，揣摩精彩语言

李镇西善于指导学生借助多重语境，指导学生揣摩语言。

（一）利用虚拟语境，学会朗读揣摩

揣摩语言的第一步就是朗读。怎样通过朗读才能真正品味作者的语言和情感？李镇西指出，就是要将把自己"放进"作品中去，在朗读《荷塘月色》的时候，做到"你就是朱自清"。要读出语气，"关键是把自己当作朱自清，进入他的内心，把文章的语言变成自己的心声自然而然地流淌出来"。要求学生设身处地，把自己想象成朱自清，就好像是朱自清在自言自语，如此学生在虚拟的情境中感受语言，揣摩作者的内心世界。

当然，学生究竟做得如何，李镇西先让学生自由朗读，使文本再创造带有鲜明的个体色彩，显现不一样的抑扬顿挫、轻重缓急。接着指读，在发现问题时让学生范读，教师范读并点拨，如"忽然想起日日走过的荷塘，在这满月的光里，总该另有一番样子吧"，像这一句是朱自清的想象，就应该读得缓慢些，读出一种向往的味道。又如，"妻在屋里拍着闰儿，迷迷糊糊地哼着眠歌"，这是多么静谧的情景，"迷迷糊糊"一定要读得低沉、缓慢，读得"迷迷糊糊"。通过这样点拨，再让学生把自己当作朱自清，读出韵味。结果，大多数学生不再像一开始那样大声"读"，而是在体味中窃窃私语般地读出文章的句子。学生沉醉其中，从他们的神态，就知道他们已经开始"走进"朱自清的文章中了，与朱自清化为一体了。再指定学生起来读，读的效果大有进步。特别是易维佳同学,当"曲曲折折的荷塘上面,弥望的是田田的叶子"一段从她口中"流"出来时,学生感到自己仿佛已经置身于清华园的荷塘月色之中了。由此可见通过虚拟语境指导朗读的魅力。

(二) 运用知人论世法,激趣明意

李镇西善于运用知人论世法,通过介绍朱自清生平,激发学生触摸《荷塘月色》语言的欲望。通过介绍相关背景,帮助学生读懂相关语句。如当学生问:"李老师,作者的心情为什么会'不宁静'呢?"李镇西介绍了多种背景:或认为源于对蒋介"四一二"反革命政变的愤懑,或认为是源于作者的思乡之情,或认为源于作者作为一名小资产阶级知识分子面对人生十字路口而产生的苦闷、彷徨,或认为源于家庭生活的不和谐等。并指出正因为没有必要规定一个权威性的唯一答案,《荷塘月色》成了一首耐读的朦胧诗,过去、今天和未来的每一位读者会因年龄、阅历、所处时代等因素,而从同一篇《荷塘月色》中读出属于自己的一片荷塘月色。如此,既丰富了学生的认识,又让学生进一步感受到创造性阅读的乐趣。

(三) 借助上下文语境,揣摩语言

李镇西善于借助上下文语境,要求学生根据上下文,读懂相关语句。如在分析写《采莲赋》一段是否可以删去中,引导结合课文分析课文的情感历程,认识到作者引用《采莲赋》描写采莲时热烈活泼的生活,本身就说明他因内心的苦闷而产生的对自由快乐的向往;认识到关于采莲场面的描写是不能删去的,因为它恰好反衬出作者对现实生活的失望。当学生问"'我爱热闹,也爱冷静;爱群居,也爱独处'是不是有点矛盾"时,引导学生联系上下文,结合"这是独处的妙处",认识到作者实际上强调的是"冷静"和"独处",用平时的热闹来反衬现在的冷静,用平时的群居来反衬现在的独处。当学生问"微风过处,送来缕缕清香,仿佛远处高楼上渺茫的歌声似的"中作者在写荷花的香味,怎么又突然写到歌声时,教师要求学生从文中找出依据探索"清香"与"歌声"之间的相似点,学生结合句中"缕缕""渺茫",发现荷香与歌声都是断断续续、若有若无的,而且是朦朦胧胧的。当学生问"这令我到底惦着江南了"的"这"是指什么时,指导学生看前后文,学生马上回答是指"流水",因为前面写"只不见些流水的影子,是不行的"。李镇西继续追问学生怎么又想到"流水"的呢?同学们能迅速回答出"由《西洲曲》里的'莲子清如水'而来"。

（四）结合文化语境，揣度作者用意

朱自清在文中选择"荷塘""月色"意象写是有用意的，但是学生却很难理解这一点。其原因在于学生不明白"荷塘""月色"意象的文化意味。"荷""月"两个意象在我国文学发展中，积淀了特定的浓郁的文化内涵，在汉语文化语境中，有了相对固定的内涵。李镇西则明确指出：这里的"荷塘"是月下之荷塘，这里的"月色"是荷塘上之月色。这固然反映了作者扑朔迷离、如烟似梦的愁绪，所谓"借朦胧之景抒朦胧之情"，但朱自清赖以言志的是二者更鲜明的相通处，这便是"荷""月"之高洁！所以，在作者笔下，荷叶清纯，荷花素洁，荷香清淡，月色如水，月光如雾，月景如歌……而这一切，无不是作者那高尚纯洁、朴素无华的品格的象征。李镇西又结合作者原名"自华"，后更名"自清"，进一步指出：由此可以读出荷月美景与作者品格的相通处，这就是一个"清"字：出淤不染，皎洁无瑕！而作者一生都无愧于"自清"二字：清正、清贫、清白、清廉……可见作者托物言志，表达了作者对高洁品格和正直人格的主动追求。这样，将"荷""月"放到汉语文化传统中，帮助学生理解"荷""月"的文化意蕴，再结合作者名字的蕴意，揣度作者的写作意图。

（五）补充相关素材，丰富学生认知视界

当学生没有相关的背景知识时，他们对相关问题的认识就模糊不清。为此，教师就要运用认知语境教学法，补充相关背景知识，拓宽学生视野，引导学生触类旁通。如深化学生理解"微风过处，送来缕缕清香，仿佛远处高楼上渺茫的歌声的似的"中用了通感手法时，教师就举了一些例子：宋代词人秦观有词曰"自在飞花轻似梦，无边丝雨细如愁"；诗人艾青曾写诗这样描绘日本著名指挥家小泽征尔"你的耳朵在侦察，你的眼睛在倾听"；实际上日常用语中也常常有通感，比如说某位同学的声音很粗，等等。通过补充材料，促进学生融会贯通。

三、根据课堂情景，灵活生成教学内容

李镇西强调课堂预设要根据课堂情景语境的具体情况而临时变更，强调借助"读到自己，读出问题"，了解学情，灵活生成教学内容。如按预设，李镇西在简单介绍了单元重点并提醒学生要重视揣摩语言后，便介绍朱自清的生平。但此刻，他的话题已经说到通过揣摩语言而进入作者心灵，于是，他临时决定先不介绍朱自清，而从这里切入课文："比如，今天我们要学的《荷塘月色》，就值得我们好好揣摩品味……"指导学生朗读课文，了解作者生平后，李镇西则让学生交流文中哪些话最打动自己,引出讨论写《采莲赋》一段是否可以删去,再讨论学生提出的一系列问题,这显然是根据课堂交际对象——学生的要求来组织课堂教学内容。

当然,在顺应学生学、用的同时,作为学生的交际对象、课堂情景因素之一的教师并非无所作为。李镇西一方面发挥课堂教学的引导者、组织者的作用,另一方面也在学生提出问题的基础上,提出一些重要问题,帮助学生进一步揣摩文中的语言,如"叶子出水很高,像亭亭的舞女的裙""袅娜""羞涩""明珠""星星"以及"月光如流水一般,静静地泻在这一片叶子和花上。薄薄的青雾浮起在荷塘里"等佳词妙句以及作品中叠字运用的妙处。不仅如此,教师还在最后总结文中艺术特色,加强学生对课文的认识和对作者人格的理解。

附　李镇西《荷塘月色》教学实录

这是我给新生讲的第一篇课文。

上课开始,我叫学生把书都合上:"我得考你们两个问题。"

看着学生紧张的表情,我说:"第一个问题其实很简单,就是教材第一单元有哪几篇课文?"

但这么简单的问题还是把好多学生给难住了。举手发言的几个学生都只知道头两篇课文《荷塘月色》和《拿来主义》。最后才有一个学生补充道:"还有《在马克思墓前的讲话》和《杜鹃枝上杜鹃啼》。"

我说:"老师提这问题的目的,就是要提醒大家,今后自学课文要有单元观念,因为课文是按单元编排的,而每一个单元都有相应的学习重点。"

说到这里,我顺势提出第二个问题:"请问第一个单元的学习重点是什么啊?"

教室里一片沉默,看来没有人能够回答这个问题。我正要自己回答这个问题,突然,后排的贾志杰同学举手了:"本单元的学习重点是整体感知,揣摩语言。"

"非常正确!"我忍不住表扬道,随即又问他:"你怎么知道的?"

他回答:"在教材第5页上,编辑是有单元学习重点说明的。"

"好!"我对全班学生说,"都用的是同一本语文书,可贾志杰就比大家会读。他知道不但要读单篇的课文,而且还要读单元前面的学习重点。——好,请同学们打开书第5页。"

学生翻开书后,看到单元提示上果然赫然写着:"本单元的学习重点是整体感知,揣摩语言。揣摩语言,是在一定的语境中,如联系中心意思,联系上下文,对语言的深层次含义、感情色彩等,进行辨析、品味。"

我又问:"大家对这几句话有没有什么疑问,或者说从中看出什么问题没有?"

仍然是沉默。我只好说:"我就有问题,现在问大家——既然'学习重点是整体感知,揣摩语言',那么,接下来就应该先解释什么叫'整体感知'再解释'揣摩语言',但为什么书上却根本不讲什么叫'整体感知',而直接就解释什么叫'揣摩语言'呢?"

学生们不约而同一下抬起了头,用惊讶的眼睛看着我,那一双双眼睛仿佛在说:咦?我为什么没发现这个问题呢?

"注意:从无疑处发现问题,这是最重要的读书方法之一。"我强调道,"好,大家现在就来思考这个问题吧!同桌之间可以讨论一下这是为什么?"

我在教室里来回巡视。两分钟过后,我请几个学生站起来交流他们的看法。有的说:"'整体感知'谁都懂是什么意思,所以不用解释;而'揣摩语言'则不太好懂,所以要解释。"有的说"'整体感知'是要达到的目的,而'语言揣摩'则是达到目的的手段。"有的说:"其实,看起来没解释'整体感知',但实际上解释'揣摩语言'中就解释了'整体感知',比如书上不是写了吗?'联系中心意思''联系上下文',这就是'整体感知'了。"

我说:"都有道理。重要的不是标准答案,而是善于提出问题并对这些问题进行思考。"

我说道:"不过,我这儿要对'揣摩语言'做一些补充性解释。揣摩语言一定要联系语境。所谓'语境',包括外部语境与内部语境。外部语境指社会背景、文化背景、人际关系等等。比如,外国人看宋丹丹和黄宏的小品就不知道中国人为什么要笑;又如,我们今天读鲁迅的文章,对有些语言也觉得不理解。就是对外部语境不熟悉。而内部语境,就是指文章的中心思想、上下文的照应等等。这是同学们很容易理解的。同学们注意,所谓阅读,主要就是通过揣摩语言去整体感知文章的内涵,体会作者的思想感情,进而走进作者的心灵。"

本来按教学计划,我在简单介绍了单元重点并提醒学生要重视揣摩语言后,就应正式进入《荷塘月色》的学习。而学习的第一步应该是介绍作者朱自清的生平。但此刻,我的话题已经说到通过揣摩语言而进入作者心灵,于是,我临时决定先不介绍朱自清,而从这里切入课文:"比如,今天我们要学的《荷塘月色》,就值得我们好好揣摩品味。而揣摩品味的第一步就是朗读,那种'把自己放进去'的朗读。好,现在请同学们自己朗读一遍课文。注意,在朗读《荷塘月色》的时候,你就是朱自清!"

学生开始各自朗读了。我之所以不要学生齐读,是因为我觉得朗读是一种对文本的再创造过程,而且这种再创造带有鲜明的个体色彩,因为朗读本身就打上了理解的烙印,每个学生的对文章的理解不一样,其朗读时的抑扬顿挫、轻重缓急是不一样的。

学生读了一遍后,我开始指定学生起来单独读。我先指定一位男生:"请你从第一段读起。希望你能通过你的朗读,让我和同学们能看到你对课文的初步理解。"

"这几天心里,颇不宁静。"这位男生开始读,"今天晚上,哦不,是今晚上,在院子里坐着,乘凉,突然想起……"他读得结结巴巴,掉字换字不少,而且读得很快。

"同学们,他读得怎么样?"我问。

大家摇头。我问胡迪:"你具体说说。"

胡迪说:"他读得太快了。而且还读错了一些地方。"

"嗯,对。是读得太快了。"我说,"给人的感觉,朱自清不是在散步,而是在跑步。"

学生们哄然大笑。我对胡迪说:"你觉得该怎么读,就给同学们示范一下,好吗?"

胡迪同学的朗读,吐字清晰,很有感情。"不过,还是有点儿小跑的味道。"我一句玩笑话,指出了她的不足。

我决定不急着让学生往下朗读,因为既然问题暴露出来了,就应该及时有针对性地解决。我对大家说:"这篇文章的话语方式是自言自语。因此,同学们在读的时候,要把这种语气读出来。怎么才能读出这种语气呢?关键是把自己当作朱自清,进入他的内心,把文章的语言变成自己的心声自然而然地流淌出来。下面我给大家示范一下。"

我开始读了。一边读一边停下来讲解:"'忽然想起日日走过的荷塘,在这满月的光里,总该另有一番样子吧。'像这一句,是朱自清的想象,就应该读得缓慢些,读出一种向往的味道。又如,'妻在屋里拍着润儿,迷迷糊糊地哼着眠歌。这是多么静谧的情景。''迷迷糊糊'一定要读得低沉、缓慢,读得'迷迷糊糊'。"

示范完了第一段,我给学生们说:"下面,同学们再自己读一遍。按刚才李老师说的,把自己当作朱自清,读出韵味。"

同学们又开始各自朗读了。我在巡视中发现,这一次,大多数学生已经没有了那种大声"读",而是在体味中窃窃私语般地"流"出文章的句子。看他们的神态,就知道他们已经开始"走进"朱自清了。

学生自读完了,我又指定学生起来读。这一次学生读的效果大有进步。特别是易维佳同学,当"曲曲折折的荷塘上面,弥望的是田田的叶子"一段从她口中"流"出来时,我们大家都感到了正置身于清华园的荷塘月色之中。

当然,也有个别学生读得仍不太满意。谢肇文读"月光如流水一般"一段,不但语调缺乏变化,而且太小声。所以他刚坐下,我就开了他一个玩笑:"谢肇文同学读这一段,仿佛是'迷迷糊糊地哼着眠歌'。"在同学们善意的笑声中,谢肇文也不好意思地笑了。

接下来,一个同学读最后三段。读到《采莲赋》时,对好几个字不认识。而且,"鹢首徐回"的"鹢"能够读对,"纤腰束素"的"纤"却读成了"qiàn"。于是,我把这个字写在黑板上,一一抽学生起来读,结果竟然有相当多的学生读错。

"究竟这个字的正确读音是什么?"我问。这时,一位同学举手说:"这是个多音字,在这儿应该读'xiān'。"

"完全正确!"我对全班同学说,"可是,有同学像'鹢'这么生僻的字都能读对,可连'纤'这样的常见字却读错了!看来,同学们一定要警惕那些似是而非的字,千万不要自以为是呀!"

我又问:"请凡是在自读时查过生难字的同学举个手。"

好多同学都举起了手。有的说查了"煤屑"的"屑",有的说查了"鬼楞楞"的"楞",有的说查了"敛裾"二字……

"非常好!李老师提醒大家:以后读书,都要养成自己查字词典的习惯,千万不要依赖老师给你列出生难字词。好,同学们互相交流一下自己查的生难字。"

同学们交流结束后,我开始进入对朱自清的介绍:"同学们,今天我们读的是朱自清的名篇。我想知道一下同学们对朱自清的了解有多少。"

有同学开始举手了："朱自清,著名诗人,学者,民主战士。"

我问:"还有吗?"没人再举手。我说:"刚才的同学说得很对,但我感到他是在背初中教材里朱自清课文中对朱自清的注释。除此之外,同学们对朱自清还有哪些了解呢?"

无人回答。

于是,我说:"朱自清有一篇散文叫《我是扬州人》,但其实他不是扬州人,只是从5岁起便定居扬州。他出生在江苏东海县。而他的祖籍,则是诞生过鲁迅的故乡——"

学生忍不住一齐说:"浙江绍兴!"

"对,他的祖籍是诞生过鲁迅、蔡元培、王羲之、秋瑾等名人的绍兴。"我又谈到"朱自清"这个名字的由来,"朱自清先生的胞弟朱国华曾有过这样的回忆:父亲失业四年,为了培养我们兄弟四人上学,借了三千元高利贷,利上滚利,无力偿还。大哥这时考上了北大预科,须读两年才能考本科。为了早日结束学业,为家中分担债务,他没有读预科,想了个办法,把名字'自华'改为'自清',直接报考本科。这就是'自清'这个名字的由来。"

我又动情地说道:"朱自清的确才华横溢。作为现代著名的散文家、诗人和学者,他更以其灿烂的才华、绚丽的诗文以及辉煌的学术成就饮誉中外。他在学生时代就开始创作新诗,1920年毕业于北京大学。1922年发表长诗《毁灭》,引起文坛关注。1924年,出版了诗和散文集《踪迹》。"

我突然提到了当天出版的《中国青年报》:"今天的《中国青年报》头版头条的新闻是《我国30岁以下的教授已有17位》,开篇第一句是'目前,我国30岁以下的教授已有17位,这在过去是不可想象的。'我读了这则新闻,感到好笑,因为早在75年前的1925年,朱自清出任清华大学教授并任该校中文系主任时,年仅27岁! 1928年,朱自清出版的散文集《背影》,奠定了他作为杰出散文家的基础。1931年到1932年,他曾留学英国,回国后仍执教于清华大学。作为学者和教授的朱自清,他在古典文学、语文教育、语言学、文艺学、美学等学科领域都有着很深的造诣和建树,其中尤以古典文学和语文教育最为突出。"

我又说:"作为一位中学语文教师,我感到特别亲切的,是朱自清也曾是一位中学语文教师。1920年他于北京大学毕业后,在江浙一带做了5年的中学语文教师,他的教学和为人极受中学生欢迎和敬重。"

这时,下课铃响了。我心里一惊:糟了,看来对朱自清的介绍只能"半途而废"了。但我灵机一动,继续从容说道:"当然,李老师第一次听说朱自清这个名字并对他产生敬意时,显然不是因为他曾当过中学语文教师,也不仅仅因为他是一名著名的学者、诗人,而是另一个原因。那么究竟是什么原因呢?"我有意停顿了一下,学生正焦急地望着,期盼着我回答这个问题。

我笑了:"请同学们下一节语文课再听李老师的答案。好,下课!"

"唉!——"在学生们的遗憾的叹息中,我结束了这堂课。

第二课时

我走进教室,上课铃还没响。可已经有同学走到讲台对我说:"李老师,别忘了你昨天给我们留下的悬念啊!"

所以,刚上课,我就说:"昨天李老师说过,我第一次听说朱自清这个名字并对他产生敬意时,显然不是因为他曾当过中学语文教师,也不仅仅因为他是一名著名的学者、诗人,而是另一个原因。那么究竟是什么原因呢?且听我慢慢道来。"

"我第一次知道朱自清的名字,是在毛泽东的著作里。"我对学生们说,"本来朱自清既没加入国民党,也不是共产党人,而是一位有独立人格的自由知识分子,在硝烟弥漫的战争年代,按理他是不太可能进入毛泽东的视野的。但是在新中国诞生前夕的1949年,他的名字引起了毛泽东的注意,甚至是敬意,并写入了他的政论名篇《别了,司徒雷登》中。毛泽东这样写道:'我们中国人是有骨气的,许多曾经是自由主义或民主个人主义者的人们,在美帝国主义及其走狗国民党反动派面前站起来了。……朱自清一身重病,宁可饿死,不领美国的救济粮。……我们应当写闻一多颂,写朱自清颂,他们表现了我们民族的英雄气概。'最终,朱自清先生贫病交加,倒在了蒋家王朝最后一个冬天,也倒在新中国的晨曦之中。他死的时候年仅48岁。朱自清的名字因此载入了中国新民主主义革命的史册!他也因此赢得了我的深深的敬意!"

学生们的心显然被震撼了。我继续缓缓说道:"当然,写《荷塘月色》时的朱自清还是一名清华园的教授,但如果我们了解了朱自清后来的命运,我们今天读《荷塘月色》时,也许会另有一番感受吧。"

我看到已经有同学在情不自禁地点头,我趁势把话题一转:"好,我说了那么多,现在该同学们说一说了。同学们能不能交流一下这篇文章最打动你的文字？不需要说理由,只要把有关的语言读一遍就可以了。"

熊昕同学说:"我最喜欢这几句:路上只有我一个人,背着手踱着。这一片天地好像是我的;我也像超出了平常的自己,到了另一世界里。我爱热闹,也爱冷静;爱群居,也爱独处。像今晚上,一个人在这苍茫的月下,什么都可以想,什么都可以不想。便觉得是个自由的人。白天里一定要做的事,一定要说的话,现在都可以不理。这独处的妙处,我且受用这无边的荷香月色好了。"

易维佳同学说:"我最喜欢这几句:层层的叶子中间,零星地点缀着些白花,有袅娜地开着的,有羞涩地打着朵儿的;正如一粒粒明珠,又如碧天里的星星,又如刚出浴的美人。"

吴桐同学说:"我最喜欢写《采莲赋》的那一段。"

"哦?是吗?"我感到引导学生领悟文章思想感情的机会快来了,"请问,你为什么喜欢这一段呢?"

"因为我觉得这一段写得特别快乐。"吴桐同学答道。

"嗯,原来是这样。"我沉吟道,然后又追问吴桐,"你从哪儿看出了快乐的?"

"'那是一个热闹的季节,也是一个风流的季节。'"吴桐读着课文上的句子,然后又说:"还有《采莲赋》对采莲人的描写,都是很快乐的。"

我说:"这一段的确描写了一种很自由欢乐的生活。但是,同学们知道吗?这一段在过去的高中课本里却是被删去了的啊!"

"啊!"同学们全都表现出很惊讶的样子,并问我:"为什么会删去呢?"

我说:"我先不说为什么会删。我先要问问大家,你们觉得该不该删?"

"不应该删!"几乎全班同学都异口同声地说。

"为什么不该删呢?"我问。

教室里却一下沉默了,没人回答这个问题。

我说:"是不是你们觉得,既然现在课文将这一段补上了,说明编辑自有他的道理,这就证明原来删去是不应该的?如果真是这样认为的话,那证明大家并没有动脑筋独立思考,而仍然还是对教材的一种迷信。"

接着,我"斩钉截铁"地说:"我却认为,原来的教材删得对!"

"为什么?"有几个学生在下面小声地问我。

"为什么?道理很简单,因为这一节与全文的中心并不太吻合。"我"理直气壮"。

学生大脑里的思考火花显然被我点燃了,因为马上就有好几个同学举手,表示不同意我的观点。同时,也有学生点头表示同意我的说法。

我说:"看来我和一些同学有分歧。那么我们首先来讨论一下,这篇文章究竟表现了什么样的思想感情。"

易维佳说:"我认为这一段与全文的中心是吻合的。因为作者在这篇文章中表现的正是一种喜悦的、祥和的感情。"

"何以见得?"我问。

"比如,"易维佳翻开书说道,"他对荷花的描写,对月光的描写,等等,都表现的都是一种恬静愉快的心境。"

熊昕说:"不对。这篇文章主要表现的,还是一种惆怅的心情。因为第一句就说得很清楚:'这几天心里颇不宁静'。"

我故作不解:"这就怪了!易维佳说的和熊昕说的好像都是对的,因为她们都在文中找到了依据。那么,朱自清在文中的思想感情是不是有些矛盾或者说混乱呢?"

唐懋阳说:"不矛盾。因为作者的思想感情在文中是变化的。他开始是不宁静的,为了寻找宁静来到荷塘,在这里,他的心情获得了一种暂时的愉悦。但最终他还是没有摆脱烦恼。"

吴秦科说:"作者的思想感情是从不静、求静、得静到出静,时而烦恼时而愉悦,最后仍然摆脱不了先前的烦恼。"

虽然吴秦科的发言基本上是转述课文后面的分析文字,但我仍然肯定了他读书的认真。

我继续问:"从哪里可以看出他最终还是没有摆脱烦恼?"

学生们来不及举手便七嘴八舌地说:"但热闹是他们的,我什么也没有。""这令我到底惦着江南了。"……还有学生说:"他引用《采莲赋》,描写采莲时热烈活泼的生活,本身就说明他因内心的苦闷而产生的对自由快乐的向往。因为作者说'可惜我们现在早已无福消受了'。"

"好极了!"我忍不住赞叹道,"可见作者的这一段关于采莲场面的描写是不能删去的,因为它恰好反衬出作者对现实生活的失望。是吧?"

"对,对!"许多同学都点头表示同意。

我继续说:"有人把这篇文章所表现的思想感情概括为'淡淡的喜悦,淡淡的哀愁',我认为是很贴切的。但作者的感情底色是'不宁静'。"

有学生问："李老师,作者的心情为什么会'不宁静'呢?"

"这个问题问得好极了!"我说,"不过我也不知道,因为这可能永远是个谜。但是,正因为这是个谜,所以,它为无数读者提供了品味、解读、思考的无限空间。关于朱自清心情'不宁静'的原因,有人认为是源于对蒋介石'四一二'反革命政变的愤懑,联系到朱自清当时的思想背景和这篇文章的写作时间,这不能说没有道理;也有人认为是源于作者的思乡之情,因为结尾作者说'这令我到底惦着江南了';还有人认为源于作者作为一名小资产阶级知识分子面对人生十字路口而产生的苦闷、彷徨;甚至还有人根据一些史料,认为朱自清的'不宁静'是源于家庭生活的不和谐;等等。我认为,在这个问题上,没有必要规定一个权威性的唯一答案,应该允许仁者见仁智者见智。而且也正因为如此,《荷塘月色》将成为一首耐读的朦胧诗,过去、今天和未来的每一位读者会因年龄、阅历、所处时代等因素,而从同一篇《荷塘月色》中读出属于自己的一片荷塘月色。这就是创造性阅读,这就是阅读名作的乐趣!"我停了片刻,又问道："还有没有什么问题啊?"

王驰问："'我爱热闹,也爱冷静;爱群居,也爱独处。'是不是有点矛盾?"

我把这个问题扔给大家："谁能帮王驰解答这个问题?"

有同学说："这里作者实际上强调的是'冷静'和'独处',因为'我爱热闹,也爱冷静;爱群居,也爱独处。'重点还是在后面的'冷静'和'独处'。用平时的热闹来反衬现在的冷静,用平时的群居来反衬现在的独处。"我没有多做评论,只说了一句："我基本同意你的观点。"

这时,王驰又举手了："我想通了,作者的确是在强调'独处',因为接下来后面有一句'这是独处的妙处'。"

"对了,"我说,"我们昨天不是说了吗?揣摩语言要怎么样啊?"

大家纷纷说："联系上下文。"

"对。刚才王驰之所以'想通'了,就是因为他联系了上下文。还有哪些同学有问题?"

一位女同学问道："'微风过处,送来缕缕清香,仿佛远处高楼上渺茫的歌声的似的。'我不明白作者在写荷花的香味,怎么又突然写到歌声了。"

"这个问题问得好。谁能谈谈自己的理解?"我仍然不急于解答。

没有人举手。我提示道："请问,作者究竟听到歌声没有?"

多数学生回答:"没有。"
"为什么?找出依据。"
唐懋阳举手站了起来:"这里是比喻,因为这里用的是'仿佛'一词……"
为了引起学生注意,我有意暂时打断了他的话:"对,是比喻。也就是说,作者是用歌声来比喻荷香,是吧?"
同学们纷纷点头称。
"但是,"我故意设疑,"荷香与歌声有什么可比的共同点吗?"
唐懋阳接着刚才的话说:"荷香与歌声都是断断续续、若有若无的。"
有学生下面接嘴说:"而且朦朦胧胧的。"
我提醒大家:"请在文中找到依据。"
唐懋阳说:"'缕缕''渺茫'。"
"对。"我总结道,"荷香和歌声都是'缕缕'的、'渺茫'的。刚才唐懋阳说了,这是比喻。但我要说。这是一种特殊的比喻,钱钟书先生把它叫作'通感'。请大家看到课文后面的练习二。"
学生看完后,我举了几个例子来说明:"宋代词人秦观有词曰'自在飞花轻似梦,无边丝雨细如愁'。梦与花互比,愁与雨互喻。还有诗人艾青曾写诗这样描绘日本著名指挥家小泽征尔:'你的耳朵在侦察,你的眼睛在倾听……'这也是通感。其实,通感并不仅仅在文学作品中才被使用,实际上日常用语中,也常常有通感。比如,说某位同学的声音很粗,难道他的声音是有直径的吗?"
学生笑了起来,我接着又说:"看,现在每一个同学脸上都呈现出甜美的笑容。可是,你们绝不认为我是在说你们的笑脸是抹了糖的吧?"
大家笑得更厉害了。
"因为,这是——"我故意等同学们接嘴。
"通——感!"大家果然心领神会。
"好,还有什么问题?"
"'这令我到底惦着江南了'的'这'是指什么?"有人问。
"大家看前后文,是指什么呀?"我问学生。
马上就有学生回答:"指'流水'。前面写'只不见些流水的影子,是不行的'。"
"怎么又想到'流水'的呢?"我继续追问。

同学们回答:"由《西洲曲》里的'莲子清如水'而来。"

"对。"我决定这里稍微扩展一下,"知道吗?这是一首情歌啊!"

看着学生不解的表情,我继续说:"'莲子清如水'就是'怜子情如水'的谐音。"

"哦,原来是这样。"学生们恍然大悟。

我继续发挥:"你们看,咱们的古典诗词中的对情感的表现是极富艺术性,含蓄而美。比如刘禹锡的'东边日出西边雨'……"

学生情不自禁地接了上来:"道是无晴却有晴。"

"对了。这里的'晴'实际上谐哪个 qíng 呀?"

"感情的情。"

"而现在的一些流行歌曲,开口就是'让我一次爱个够'!你们看,同样是表现爱情,中国的古典文学诗词与现在的一些庸俗的流行歌完全是两种艺术境界!同学们要学会鉴赏真正的美。"

这时,又有同学举手了:"李老师,我还有个问题——课文第四段说:'这时候叶子与花也有一丝的颤动,像闪电一般,霎时传过荷塘的那边去了。'既然只有'一丝',为什么会'像闪电一般'呢?"

她的话音刚落,另一位女同学举手站了起来:"我理解,这里的'一丝'既指程度很轻,也指速度很快,是'一丝的颤动',稍不注意,就闪过去了。所以,'像闪电一般'。"

不少同学点头表示同意她的看法。

我问刚才提问的同学:"你同意她的说法吗?"

她点了点头。

我觉得有必要引导学生深入揣摩一些词语,便说:"刚才同学们提了不少很有价值的问题。现在,我能不能也提几个问题呀?"

学生点头,好像说:这还用说,当然可以啦!

"请问,'叶子出水很高,像亭亭的舞女的裙'这一句中,为什么作者要用裙来比喻叶子呢?"

有的学生说:"形状相似,都是圆的。"

我说:"那盘子不也是圆的吗?锅盖也不是圆的吗?怎么不说'叶子出水很高,像盘子,像锅盖'?"

学生们笑了起来,有学生回答说:"荷叶和舞女的裙子都很柔美。"我接着问:"何以见得很'柔美'?"学生答:"句中有'亭亭'二字。"还有学生说:"是舞女的裙,有一种舒展、旋转的动感,很美。"

"对。荷叶本来是静的,但作者想象它是动的,是舞女的裙。这是以虚写实,以动写静。"

接下来,我和学生们还一起研究了描写荷花的"袅娜""羞涩""明珠""星星"等词语,还有"月光如流水一般,静静地泻在这一片叶子和花上。薄薄的青雾浮起在荷塘里"等佳句以及作品中叠字运用的妙处。

我看了看表,时间不早了。便对同学们说:"如果大家继续品味、继续推敲和继续研究,还会有更多感受、更多的发现和更多的问题。这就是揣摩。"

我稍作停顿,又继续说道:"《荷塘月色》是我们高中所学的第一篇课文,也是李老师给大家讲的第一篇课文。同学们可能已经感到了李老师的教学特点,同学们千万不要指望李老师讲得有多么精彩,而应该自己参与教学,大家讨论研究,共同交流。在我们的语文课上,应该是学生、教师、作家三者平等对话。老师当然也要参与交流,但我的意见只是一家之言,仅供同学们参考。快下课了,下面我就简单谈谈我读这篇课文的感受。"

我这样概括我对《荷塘月色》的理解——

借景抒情,是阅读本文时应抓住的一个关键。具体说,作者正是借"荷塘月色"之景,抒"这几天心里颇不宁静"之情。

如许多论者分析的那样,开篇一句"这几天心里颇不宁静",的确是全篇的"文眼",定下了文章的基调。这"颇不宁静",正是作者对严酷现实的不满和苦闷心情的写照。因此,他才"忽然想起日日走过的荷塘,在这满月的光里,总该另有一番样子吧"。这说明作者夜游荷塘,目的是使"颇不宁静"的心情宁静下来。而置身于"无边的荷香月色",他也的确感到了某种超脱:"这一片天地好像是我的;我也像超出了平常的自己,到了另一世界里。"也正是在这淡淡的喜悦之中,那弥望的荷塘,那田田的叶子,那袅娜的花朵,那缕缕的清香,那凝碧的波痕,那脉脉的流水,那薄薄的青雾,那淡淡的云影,那柔和的月光以及那光与影和谐的旋律……都让他的心得到了暂时的安宁。然而,这安宁的确只是暂时的,因为,作者心灵深处的惆怅是难以排遣的,所以,当耳边传来"树上的蝉声和水里的蛙声"时,他便发出了"热闹是他们的,我什么也没有"的感叹。一直到"这到底令我惦着江南了",一直到"猛一抬头,不觉已是自己的门前",作者便从梦幻般的"另一世界"回到了依然令人苦闷的现实。

如果说,"借景抒情"表现了作者面对黑暗现实之际对时代苦闷的排遣;那么,"托物言志"则表达了作者对高洁品格和正直人格的主动追求。

近代学者王国维在《人间词话》中写道:"有我之境,以我观物,故物皆著我之色彩。"本来,无论是荷塘还是月色,都不过是自然界的客观景物,但在朱自清眼里,它们都成了寄托自己思想感情和理想人格的载体。许多论者在分析本文时,多抓住"荷塘月色"的"朦胧"大做文章,认为这反映了作者扑朔迷离、如烟似梦的愁绪,所谓"借朦胧之景抒朦胧之情"。这当然是有道理的,但只说对了一半。自然界的"朦胧之景"多的是,可作者为什么要选取"荷塘"与"月色"来抒情呢?问题的实质,在于这里的"荷塘"是月下之荷塘,这里的"月色"是荷塘上之月色。朦胧固然是二者的共同点,但朱自清赖以言志的是二者更鲜明的相通处,这便是"荷""月"之高洁!所以,在作者笔下,荷叶清纯,荷花素洁,荷香清淡,月色如水,月光如雾,月景如歌……而这一切,无不是作者那高尚纯洁、朴素无华的品格的象征。作者原名"自华",后更名"自清",由此我们可以读出荷月美景与作者品格的相通处,这就是一个"清"字:出淤不染,皎洁无瑕!而作者一生都无愧于"自清"二字:清正、清贫、清白、清廉……

只有从理解作者的思想感情出发,我们才能真正领会文章在写法上的艺术魅力。

下课铃声响起了,我最后总结道:

"朱自清在写这篇《荷塘月色》时,只是一个自由主义知识分子,他当然不可能想到自己20年后的命运。但是,我们从这篇文章所体现出的高洁品格,却完全可以理解20年后朱自清所作出的选择。作为一直追求真理追求进步的知识分子,他有过苦闷和彷徨,然而他一旦将祖国的命运和自己的命运联系起来的时候,他就毅然融入了时代的潮流,成了一个坚定的革命民主主义战士。1946年10月,西南联大迁回北平后的两年是中国黎明前最为黑暗的时期,却是朱自清一生中最辉煌的时期。面对一个行将灭亡的腐朽政权,贫病交加的他便毫不犹豫地加入了'反饥饿,反内战,反迫害'的民主斗争的洪流,并以大义凛然的骨气,写下了自己人生的最后一行壮美的诗句!他瑰丽的诗文成了永远流传的文化珍宝,他朴素的名字成了万代敬仰的人格丰碑!——下课!"

当学生们整整齐齐地站立起来的时候,我分明看到他们的眼中,正闪烁着与他们的年龄似乎不太相称的深沉与庄严。

(李镇西《听李镇西老师讲课》,华东师范大学出版社,2005年版,第38-52页)

第七节 生活化语文：语境教学的形象化注解
——评董旭午《荷塘月色》实录

　　江苏省特级教师、正高级教师董旭午是语文教学生活化的倡导者和践履者,他主张语文学习与生活实践对接,强调教者要凭借"教师生活"充分引导学生调动"学生生活",走进"作者生活"和"课文生活",并联系"读者生活"与"生活情理"等,多维而深刻地体验、感受、思考、感悟作者为什么这样而不那样遣词造句、布局谋篇、运招用技的缘由。其实质是借助文本的上下文语境、作者的创作语境、师生的认知背景来指导学生理解课文。在《荷塘月色》教学中,董旭午善于引导学生深入走进"作者生活"和"课文生活",披文入境、入情,准确地把握了作者的思想感情。这在他的《默默流水寄真情》(参见《中学语文教学》2012年第7期)一文中已做了详尽说明,兹处不赘。

　　在我看来,董旭午主张的抓住"课文生活"的要义,就是要根据文本的文体特征,根据文本的上下文,贴着文本的语言,引导学生体验文本的真感情。在《荷塘月色》的教学中,董旭午就紧紧扣住散文特征,围绕"能够比较准确地把握住作者的思想情感"这一教学目标开展教学。

　　根据王荣生所述,散文着重叙写"这一位"作者的所见、所闻,表达"这一位"作者在独特境遇中的所思、所感。散文中谈论的所思,表达的所感,是"这一位"作者依赖其独特境遇所生发的极具个人色彩的感触、思量。因此,散文极具个人性、真实性、独特性。散文教学的重点是独特的情感认知、个人化的言说对象、个性化的语句章法。

　　基于此,散文教学的核心是弄清楚作者的所思所感,是分辨清作者的极具个人色彩的思想感情。而作者的所思所感首先是隐藏在作者创造的文本中,隐含在作者的情感流动中,隐含在作品的语言创造中。在教学中,董旭午抓住散文教学的要义,将教学目标准确定位,充分体现了教者的文体意识;而达成这一目标,就要从学生的阅读经验出发,根据学生的阅读起点,来引导学生理解。基于此,教者首先范读课文,了解学生对课文所表达的情感的不同认识,把握教学起点。又从学生的兴趣点出发——荷塘月色美景的理解入手,默读课文第四至六段。但是,教者的立足点已经发生了变化——不是引导学生流连在景象描绘中,而是思考这景物描写中蕴含着作者怎样的思想情感。这样就将教学重点由传统的谈论文中所描绘的材料转向品味描绘的材料中所体现的作者情感体验上来,帮助学生认识到尽管景很美,但作者仍然很苦闷、寂寞。接着教者抓住文中作者的情感流露线索,由"这几天心里颇不宁静""忽然想起日日走过的荷塘""且享用这无边的荷香月色好了""热闹是它们的,我什么也没有""忽然想起采莲的事情来了""可惜我们现在早已无福消受了""又记起《西洲曲》里的句子","今晚若有采莲人,这儿的莲花也算得'过人头'了;只不见一些流水的影子,是不行的。这令我到底惦着江南了",到"轻轻地推门进去,什么声息也没有,妻已熟睡好久了",引导学生体验作者的情感变化,感受作者真情流露出的追求平和、宁静的如"脉脉流水"般的理想境界,追求人格独立、人性美好、充满了友爱和自由的世界而不得的烦闷、孤独、痛苦,体味到作者那淡淡喜悦浓浓哀愁的悲凉心境。

正是教者能够从散文文本特征出发,紧扣文本的上下文,紧扣住文中的语言,才得出了这个较为稳妥的看法,避免了人云亦云的习惯说法,使教学落点既源于学生起点,又高于起点,有效达成了教学目标。

教者在根据文本特征抓住教学目标的过程中,不放弃教者的引导责任,教学生之所需,舍得投入时间讲学生之不懂,也体现了教者真教语文,教真语文的情怀。如对文眼"这几天心里颇不宁静"的品读,教者就不放弃为师的责任,紧扣文本的上下文、作者的生活背景,做出详尽而有说服力的讲解,一反新课改中放羊式教学作风,迎难而上,在发挥学生主体作用的同时,让教师主导作用得到淋漓尽致的释放,使学生学有所获,体现出"语文教学生活化"能够从实际出发,从学生的语文生活需要出发,促进学生语文成长的教学本质。

附 董旭午《荷塘月色》实录

课前:学生搜集有关背景资料,走进作者当时的生活状况和内心世界;阅读课文,整体感知,初步感受作者的思想情感。

师:首先,我朗诵一遍课文。同学们在听准字音的基础上,感受作者的思想情感。这节课,我们就是要能够比较准确地把握住作者的思想情感。

(师声情并茂地朗读全文。约8分钟)

(生静听。师朗诵完,生鼓掌)

师:课文读完了,请同学们说说文本表达了作者怎样的思想情感。

生：我认为，作者还是比较惬意的，在受用那无边的荷香月色，虽然心里很不宁静，但还是可以自由地想或不想。

生：我认为作者很烦闷、很孤独的，热闹是蝉和蛙的，"我"什么都没有啊。

生：我认为，作者还是很高兴的，内心里有一种淡淡的喜悦。月下的荷塘是那么幽静、朦胧、恬淡、迷人，他正在享受呢。

生：我认为，作者表面上好像比较快乐，其实他的内心还是很痛苦，很孤独和烦闷的。我总的感觉是，"这几天心里颇不宁静"这句话是真的，其余的话都好像在无奈地说反话。

师：你们几个讲得都有一定的道理，但还只能说是一种比较初步的感受，还是一种盲人摸象的感觉。请同学们默读课文第四至六段，同时思考：这景物描写中蕴含了作者怎样的思想情感？

（学生一起默读第四至六段，思考）

生：荷塘月色是幽静朦胧，恬淡迷人，恰到好处，但我还是感觉到作者并不真的很开心，很陶醉。作者的内心还是空落落的，还很孤独、寂寞，甚至很痛苦。

师：你为什么会这样认为呢？能具体说说理由吗？

生：第六段里有几句话："这时候最热闹的，要数树上的蝉声与水里的蛙声；但热闹是它们的，我什么也没有。"这话在明确地告诉我们，眼前的美景并不属于作者，他"什么也没有"，可见，作者心里是很孤独、寂寞的，甚至是很痛苦的。

师：好。其实，在课文的第三段里，作者就已经隐约流露出这种孤独、烦闷甚至痛苦了。请同学们默读第三段，看看有哪些词语比较明确地流露出了这样的思想情感？

（学生默读第三段，思考，找出关键性词语）

生：我认为有"好像""便觉""暂且"等词语。

师：嗬，你好厉害呀！你能具体说说你为什么要找这些词吗？

生："好像"绝不等于"就是"，"便觉"也只是一种自我感觉，实际上也不是，这就等于说作者实际上根本就不自由。"暂且"就是"暂时姑且"的意思，强调的是暂时的，很无奈的。

师：很好！你对语言是很敏感的，对词语的意思把握的也很准，这说明你的语言功底不错。再接再厉哦。通过你的分析，就说明朱自清先生此时此地头脑很清楚、内心也很无奈,只好暂时来受用这无边的"荷塘月色"了。同学们,这荷塘月色到底美不美呀?请同学们朗读课文的第四和第五两段,用心感受一下,而后再回答我。

(生动情地齐声朗读课文第四和第五两段)

师:荷塘月色到底美不美呀?

生:(齐声)很美!

师:美在哪里呢?谁能简要地说说。

生:美在朦胧清幽,美在柔和恬静,美在恰到好处,美在很有情趣。

师:这"朦胧清幽""柔和恬静""恰到好处"是容易感受到的,可这"很有情趣"倒是蛮新鲜的,我倒想请教一下。你能具体说说吗?

生:老师,你看,"有羞涩地打着朵儿的"这个拟人的句子就很有情趣啊,那含苞待放的荷花就像羞涩的少女,真是太美妙了!

师:很好。我看,"光与影有着和谐的旋律,如梵婀玲上奏着的名曲"这个句子也很有情趣的。同学们想想,这光和影,从人的感觉来看,本该属于什么范畴?

生:(齐声)视觉。

师:对呀,但在这里它们居然有一种和谐的旋律了,居然成了"梵婀玲上奏着的名曲"了!这又属于什么范畴了?

生:听觉范畴。

师:对呀。真是太离谱了!但细一琢磨,又那么贴切,那么合适,真的太有趣了。修辞家称这是通感,同学们能理解吧?就是用人们的另一种感觉来描写人们的某种感觉,让感觉实现互通。也没有什么好神秘的,希望同学们能理解到位,并牢牢地记住这种修辞。课文的第四段也有类似的句子,请同学们把这个句子找出来。

生:"微风过处,送来缕缕清香,仿佛远处高楼上渺茫的歌声似的。"

师:对。清香属于嗅觉范畴,这里作者把它描写成了——

生:听觉。

师:对。比喻是讲究有相似点的。请同学们说说,"缕缕清香"和"渺茫的歌声"有相似点吗?谁来说说?

生:有,都是断断续续、若隐若现的。

师:很好。不过,我还有个问题:"微风过处,送来缕缕清香"中的"送"字能不能改成"吹"或"刮"之类的动词呢?

生:我认为不能,因为这里用的是拟人修辞,用"吹"或"刮"就不是拟人了,就不生动了。

师:哦。不过,用"吹"或"刮"不更符合自然状态下的风的特点吗?风不就是吹的吗?不就是刮起来的吗?

生:沉默。

师:不过,在朱先生这里,"微风"好懂得人心啊,它竟然是乖顺地"送"来这"缕缕清香",让作者去享受。有情趣吧?如果把"送"改成"吹",虽然用词很准确,最符合风的天性,但却一点儿也没有了这样的情趣。此时的朱先生正暂且"受用"这荷塘月色呢,他满心满眼都是朦胧清幽、柔和恬静、恰到好处、有情有趣。所以,"微风"也通人性情了,也变得殷勤乖顺了。下面,请同学们再动情地一起朗诵课文第四和第五两段,同时用心感受。

(生动情地朗诵,用心感受。)

师:最后,作者真的彻底沉醉于月色之中了吗?真的对这荷塘月色非常满意吗?

生:没有。作者认为自己"什么也没有",他很不满意。

师:于是作者又想起了什么?

生:他想起来江南采莲的旧俗,想起来那个自由自在的风流季节,想到了梁元帝《采莲赋》所描写的青年男女嬉戏的情景。

师:作者很喜欢吗?

生:很喜欢。他认为"这真是有趣的事",但他又说"可惜我们现在早已无福消受了"。

师:是的,作者很想来个时空穿越,回归到古典文学所描写的自由世界里去,但残酷的现实令他无法解脱,根本就不可能找到这样没有阶级斗争而充满人性美的自由世界。于是,他不得不再次亲手撕碎自己的梦幻,继续寻找那个理想的自由世界。他又想到了什么呢?

生:朱先生又想到了《西洲曲》里的句子。

师:这回朱先生又怎么说的?

生:他说:"今晚若有采莲人,这儿的莲花也算得'过人头'了;只不见一些流水的影子,是不行的。这令我到底惦着江南了。"

师:作者为什么会认为"只不见一些流水的影子,是不行的"?这荷塘里的"流水"到底该象征什么呢?

（生沉默。）

师：同学们，我们不妨想一想，这荷塘里的流水常态下是应该是平和、自由、宁静、恬淡的。大家都有这样的体验吧。其实，根据客观事物的特性来赋予它与之相似的人格和精神，这一直是我们老祖宗进行文学创作的拿手好戏。我们称之为意象或象征。比如，用耐寒的松竹梅象征高洁、坚韧的品格等，大家都还是不陌生的。这里，作者用"流水"隐喻自己的理想和追求，那就是追求宁静、中和、独立、自由的人生。

再有，1927年9月，作者朱自清在给友人的《一封信》中也曾写道："这几天似乎有些异样。像一叶扁舟在无边的大海上，像一个猎人在无尽的森林里。……心里是一团乱麻，也可说是一团火。似乎在挣扎着，要明白些什么，但似乎什么也没有明白。"信里流露出作者当时压抑、烦闷的心境及对时局的突变的惊恐和困惑。1928年2月，朱先生又写了《哪里走》一文。他说，发现与重视"个人价值"的时代已经结束，在社会政治革命中，"一切的价值都归于实际的行动"与"理智的权威"，而党便是这种理智权威的具体化。他深深陷入不知"哪里走"的"惶惶然"中。在这"惶惶然"中，他认为，只能选择"做些自己爱做的事业"，"躲到学术研究中"，与"政治"保持距离，"就是将来轮着灭亡，也总算有过称心的日子，不白活了一生"。

可见，作者当时的心志就是不想加入任何党派，不想按照任何党派要求的方式生活，只想过自己的日子，做自己爱做的事业，追求宁静、中和、独立、自由的人生。然而，现实却充满了党派和主义，恐怖和血腥，根本无法从这样的现实中超脱出来，内心充满了苦闷、烦郁、孤独、彷徨和无奈。

同学们，这回大家该明白"流水"到底象征什么了吧?

生：象征作者所追求的宁静、中和、独立、自由的人生理想。

师：这种理想在"荷塘月色"中却找不到一点影子，那怎么能行呢？所以，尽管这里的"莲花也算得'过人头'了"，但却没有了"低头弄莲子"的自由、温馨、幸福和美好了。其实，这句话早在课文的第四段就已经预设了伏笔。是哪几句话？谁来说说？

生：我认为，应该是"叶子底下是脉脉的流水，遮住了，不能见一些颜色；而叶子却更见风致了"这几句话。

师：对。"脉脉的流水"中的"脉脉"，有默默地用眼神和行动表达情意的样子的意思。同学们请想想看,这"脉脉的流水"不正是在低调地、平和地、淡定地、宁静地、自由地流淌着、行进着、追求着吗?不正是作者的精神和人格的真实体现吗?然而,却被掩盖现实的"叶子"给遮住了!可见,作者早就精心地预设好伏笔了。阅读《荷塘月色》这种经典美文,我们不可不用心留意啊!所以,作者不得不第三次亲手撕碎自己超现实的梦幻,"到底惦着江南了"。这"江南"又该指什么呢?

生:该指作者所追求的"脉脉流水"般的理想境界,那里平和、中和、恬淡、宁静和独立的,那里充满有人性的美好,充满了友爱和自由。

师:你讲得很好!其实,前文在引述梁元帝的《采莲赋》时作者就已经提到了这个理想的"江南"了。只可惜现实太无情了,他只能又无奈地回到自家的门前,"什么声息都没有"啊!朱先生的理想梦幻就这样被现实撞了个粉碎——周围却一点反应都没有!可见,这篇《荷塘月色》表达了作者追求平和、中和、恬淡、宁静的如"脉脉流水"般的理想境界,追求人格独立、人性美好、充满了友爱和自由的世界而不得的烦闷、孤独、痛苦,表达了他对当时社会现实的深深失望和一腔浓浓的悲哀!

下课。同学们再见!

(选自董旭午著《真教语文 教真语文:董旭午生活化语文教读课例精选精评36》,陕西师范大学出版社2013年版,第155-159页)

第八节 创设编剧语境 感受诗歌魅力
——评宋明镜《〈石壕吏〉教学设计》

古代诗文教学在相当长的时间里大都秉承串讲策略。教师带领学生逐字逐句翻译,指导学生弄懂诗文大意。这种教法的好处是便于学生理解,缺点是脱离学生的生活语境,远离学生的日常生活世界,古诗文学习成了一种无用的点缀,无法成为学生语文学习的需要,无法走进学生的心灵,无法调动学生学习的积极性和主动性,因而学生无法理解古代诗文的魅力所在,教学效果不好。

江苏省特级教师、淮安市语文教研员宋明镜在古诗文教学方面则善于将古诗文教学与学生的生活对接,通过创造各种语境,将古诗文学习变为学生的生活需要,让学生从烦琐的串讲学习中走出来,去直面古诗文的艺术魅力。他在《石壕吏》的教学设计中,就善于通过创设编剧语境,将《石壕吏》的学习变为充满诸多乐趣的编剧活动。

一、根据课文特点，创设编剧语境

将课文改编为课本剧可以说是诸多中小学生特别喜欢的一项语文活动。记得笔者在中学学习时，就曾幻想将古代诗歌《孔雀东南飞》、鲁迅先生的《药》以及茹志鹃的《百合花》编成剧本，或表演，或拍成电影。可惜，无人指点路径，当年的编剧梦也只能是少年梦了。而宋明镜的教学，可谓直中少年心事，导入便是："同学们都喜欢看演出，不知有没有尝试过，自己当一回编剧、导演、主演、灯光师、音响师？如果有兴趣，今天就试一试，将《石壕吏》改编成课本剧。"开课便创设编剧语境，点明教学目标，将诗歌学习与学生的编剧生活结合，使诗歌的学习变成学生参与语文编剧活动的需要，让学生过把编剧、导演、主演、灯光师、音响师瘾，成为编剧、演剧活动中的一员，从而将静态的诗歌学习活动变为动态的语文实践活动，将诗歌与剧本对接，激发了探索原诗的欲望。

当然，创设编剧语境不是一种胡编乱造的随意行为，而是要根据文本本身提供的可能性来开展的。基于《石壕吏》是一首叙事诗，宋明镜针对该诗故事性强、隐性对话显著、人物性格明显、矛盾集中尖锐，以及故事发生的时间短、地点集中等特点，发现该课适于改编为剧本，通过改编表演，可以激发学生的学习兴趣，促进学生自主学习，加深课文理解，实现阅读创新，获得新的审美体验。

在指导编剧前，宋明镜还注意将编剧方法教给学生，为学生提供编剧支架。宋先生借鉴电影剧作家夏衍在改编《祝福》《林家铺子》时提出的"忠实于原著的主题思想""力求保持原著的艺术风格""为了使没有读过原著，对作品的时代背景、地理环境、人情风俗缺乏了解的观众易于接受，而做一些通俗化的工作"三点要求，帮助学生掌握改编时要注意的原则。同时，根据同学讨论，指导掌握改编要注意的方法：原著中的文字叙述，改编后转化为场面和场面的转换，人物被放置在周围人物和环境的空间关系中表现，情节融会在场面和场面的转换关系里呈现。如此，注意加强语文程序性知识的学习，教给学生编剧原则和方法，从而将编剧活动变为可以操作的现实行为。

二、指导编剧活动贯穿始终

在教学中，我们发现一些老师也注意创设相关语境，但是大多是作为一种点缀，一种导入形式，在教学过程却忘了当初设置的语境，很快就又回到了原来的教学形态。这样，所创设的语境无法真正有效地达成语文教学的根本目的。

宋明镜在《石壕吏》的教学中,则将编剧活动贯穿整个教学活动,指导揣摩人物动作、语言,考虑画面布置,选配音响,设计布景,确定主题音乐等,让教学的每一步进程都成为编剧的需要。

首先,宋先生开门见山,点出将《石壕吏》改变为剧本;要求全班同学默读课文,讨论课文的感情基调以及选配音乐,提出背景音乐最好是中国风格的,带有悲剧色彩的、西北情调的音乐,以便与作品的背景、题材相吻合。学生再试读课文,读出对课文的理解、人物的感情。

接着,指导学生理解剧情,编写剧本。

第一步,讨论改编的原则和方法,为编写剧本奠定基础。

第二步,要求学生朗读课文第一部分,为诗中的"我"、差吏、老翁、老妇四个人物设计动作,落实字词:暮、夜、逾、走、看。思考差吏为什么不在白天捉人,而在夜里?老翁、老妇的反应为何如此之快?理解剧本内容的社会背景。

第三步,学生自由朗读,分组讨论,给第二部分设计情景对白,体会差吏可能怎样问,才有老妇这样的回答。思考老妇自叙家事,是不是自言自语或自问自答?理解作者运用了藏问于答的手法。讨论后请同学表演。通过落实重点字、词、句,思考老妇诉说的遭遇反映出战争给人们带来的悲惨生活。

第四步,学生默读,为"夜久语声绝,如闻泣幽咽"设计场景。包括布景(阴郁萧条的树林,荒芜杂乱的田野,破败矮小的茅舍,恐惧可怕的黑夜)、气氛(冷清、凄凉、恐怖)、画面(儿媳哭,老翁硬咽,乳孙抽泣,昏暗无光,青烟似有似无)、音响(哭声、哽咽声、抽泣声、偶尔隐约传来几声怪叫)等。体味"语声绝""泣幽咽"中体现出的情节由高潮趋向尾声,冲突由剧烈趋向缓和的发展走势,思考此时此刻诗中的"我"的感情、心绪。

第五步,情景对比。感受"暮投石壕村"与"独与老翁别"场景的不同之处,思考写上"天明登前途,独与老翁别"是否多余。

最后,布置作业,小组合作,改编、演出《石壕吏》。要求在两周后,活动课上表演,并评出"金像奖"——最佳编剧、最佳导演、最佳男演员、最佳女演员、最佳道具、最佳灯光、最佳音响等奖项。

由上可见,教师将编剧活动贯穿于整个教学过程,使整节课都处在指导学生编剧这样的语境过程中,令学生时刻感受到学好课文是一种需要。

当然,宋先生让指导编剧活动贯穿始终,却始终将《石壕吏》的学习推向台前,始终以学习《石壕吏》为核心,突出《石壕吏》自身的特点,注重诗歌本身内涵的鉴赏、品读、背诵,以学习《石壕吏》为基础,紧密联系《石壕吏》本身的文体特点和上下文语境,将编剧和课文学习融为一体,避免了游离文本、非语文、泛语文现象出现。

三、善用互文比较语境

宋先生在指导编剧过程中,还注意创设互文语境,将杜甫的《石壕吏》和白居易的《卖炭翁》放在一起,进行比较阅读,辨析两位大师的两篇杰作在人物塑造、情节描写、语言风格、创作方法等方面异同,彰显《石壕吏》的个性特色,为编剧提供了广阔的文学背景,为学生把握《石壕吏》独特的艺术贡献提供了方便。

总之,宋先生善于创设编剧语境,将课文学习与课外的语文活动联系起来,激活了学生学习诗歌的兴趣,使语文的综合性、实践性特点得到了进一步彰显。

附 宋明镜《石壕吏》教学设计

一、指导思想

初中学生对文言文的学习感觉有些难。因此,针对本文故事性强的特点,可进一步激发学生的学习兴趣,让学生带着课本走近生活,通过改编表演,自主学习,在理解课文的基础上创新,在创新的基础上加深对课文的理解,并获得新的学习体验。

二、学习策略

1. 带着教材走进生活。学生根据课文自编自导自演课本剧。包括揣摩人物动作、语言,考虑画面布置,选配音响,设计布景,确定主题音乐等。

2. 积累感悟,体味背诵。

3. 在比较中辨异析同。引导学生对《石壕吏》和《卖炭翁》进行比较研读。

三、辅助教学媒体:VCD、录音机、电脑。

四、学、教过程(一课时)

(一)让学生带着教材走进生活

1. 导入

同学们都喜欢看演出,不知有没有尝试过,自己当一回编剧、导演、主演、灯光师、音响师?如果有兴趣,今天就试一试,将《石壕吏》改编成课本剧。

2. 熟悉课文

(1) 全班同学默读课文(注意读准字音)。

(2) 讨论：课文的感情基调应是怎样的？可以选配什么风格的音乐？

(提供带有悲剧色彩的音乐 VCD，供学生选择。其中之一，可选配《二泉映月》，播放配乐朗诵，让学生感受体会。)

★课堂突破：(带有悲剧色彩的)最好是中国风格的，带有西北情调的音乐——与作品的背景、题材相吻合。

(3) 学生试读课文，要求把自己对课文的理解、对人物的感情读出来。

3. 理解剧情，编写剧本

讨论：改编要注意什么原则。

(我国著名文学家与电影剧作家夏衍，在改编《祝福》《林家铺子》时，对自己提出了三点要求：① 忠实于原著的主题思想；② 力求保持原著的艺术风格；③ 为了使没有读过原著，对作品的时代背景、地理环境、人情风俗缺乏了解的观众易于接受，而做一些通俗化的工作。)

讨论：改编要注意的方法。

(原著中的文字叙述，改编后转化为场面和场面的转换，人物被放置在周围人物和环境的关系中表现，情节融会在场面和场面的转换关系里呈现。对环境场景的展现及人物形象的描绘，既可以借助色彩、光线、画面构图等视觉手段，还可以运用音响、音乐等听觉手段，以加强艺术表现力和感染力。)

第一部分

(1) 学生朗读。

(2) 给诗中的四个人物设计动作。

"我"：天黑时分投宿石壕村一户人家。

差吏：深夜偷袭，如狼似虎、凶神恶煞。

老翁：仓皇翻墙，逃跑避难。

老妇：出门周旋，惊恐万分。

落实字词：暮、夜、逾、走、看。

(3) 想一想

① 差吏为什么不在白天捉人，而在夜里？

第一，差吏捉人之事时常发生。

第二,差吏捉人的手段狠毒,在百姓已经入睡的深夜突然袭击。

② 老翁、老妇的反应为何如此之快?

(百姓长期深受抓丁之苦,昼夜不安,即使到了深夜,仍然寝不安席。)

★课堂突破:逃生的本能,使老翁反应如此迅速、敏捷;说明别人家被抓走老汉已有先例。

社会现状:

兵荒马乱,鸡犬不宁。酷吏横征暴敛,胡作非为,鱼肉百姓;百姓居无宁日,生活苦难悲惨。

第二部分

(1) 学生自由朗读。

(2) 给第二部分设计情景对白。

老妇自叙家事,是不是自言自语或自问自答?

(不是)作者运用了藏问于答的手法,请为第二部分设计情景对白。差吏可能怎样问,才有老妇这样的回答?

(先分组讨论,再请同学表演。)

落实重点字、词、句。

(3) 想一想

① 老妇诉说的遭遇用成语概括,可以是<u>家破人亡、妻离子散</u>。(★课堂突破:翁离子死)

② 一家三儿全部被征,差吏又夜晚捉差,说明<u>兵役之苛酷</u>。

③ 三儿已战死其二,可见战事频仍、<u>战争之惨烈</u>。

④ 家无承重之人,小媳衣不蔽体,从侧面反映<u>战争破坏严重</u>(战争给百姓带来的苦难)

⑤ 老妇自请赴役是怕<u>儿媳被抓,乳孙饿死</u>。(★课堂突破:想感化差役,放过她们家。以进为退,说明自己家已实在没有人能应差)

⑥ 差役为什么连老妇也不放过? 说明<u>差吏穷凶极恶</u>。(★课堂突破:也说明无壮丁可征;老妇主动从戎)

⑦ 吏呼一何怒,妇啼一何苦!

呼:表现差吏的凶恶(作威作福)。

啼:表现老妇悲惨(忧伤)。

一何:表现作者对官吏的憎恶,对百姓的同情。

第三部分

(1) 学生默读。

(2) 为"夜久语声绝,如闻泣幽咽"设计场景。

布景:阴郁萧条的树林,荒芜杂乱的田野,破败矮小的茅舍,恐惧可怕的黑夜。

气氛:冷清,凄凉,恐怖。

画面:儿媳哭,老翁哽咽,乳孙抽泣,昏暗无光,青烟似有似无。

音响:哭声,哽咽声,抽泣声,偶尔会隐约传来几声怪叫。

(3) 想一想

"语声绝""泣幽咽"体现了情节由高潮趋向尾声,冲突由剧烈趋向缓和,此时此刻,诗中的"我"的感情、心绪会是怎样的?

(诗中的"我"一直以关切的心情倾耳细听,眼前所发生的一切,是那样的突然,那样的不合情理,老妇一家是那样的无助,"我"又是那样的无奈。此时此刻,也像死一般的静,但耳中好像还听到隐隐约约的哭泣声,这是经过一场惊心动魄的猝然事变后的一种幻觉,一种心有余悸,一种郁闷、悲愤、无助)

(4) 情景对比

"暮投石壕村"与"独与老翁别"场景的不同之处?

(昨晚投宿时,老翁、老妇双双迎接,时隔一夜,老妇被抓走,儿媳泣不成声,"我"只能与逃走归来的老翁作别。老翁的心情,"我"的感受,不言而喻。)

(★课堂突破:也可以理解为"老妇""儿媳"连同"乳孙"都被抓走了,依据——"夜久语声绝,如闻泣幽咽。""天明登前途,独与老翁别。")

(5) 想一想

老妇被抓走了,一场劫难已经结束了,还写上"天明登前途,独与老翁别"是否多余?删去好不好?

(诗的开头"投",结尾"别",首尾呼应,诗歌的叙事完整无缺;投宿是暮,告别是天明,只一夜之隔,本已非常不幸的家庭又猝然再遭劫难。)

★课堂突破:客观的叙述中,渲染了悲剧气氛。逃过一劫的老翁,命运又将如何,留下了悬念。"我"虽已与老翁告别,但心里依然牵挂着老翁。

(二) 积累感悟,体味背诵

(1) 学生自我回顾全诗情节。

（2）体味诗中人物的情感。

诗中的人物：老妇、"我"、老翁、儿媳、乳孙。

（3）背诵全诗。

（三）比较阅读，辨同析异

1. 导入

在唐代诗人中，像杜甫这样关注现实、关注人生、悲天悯人的诗人还有很多，他们的作品感召了一代又一代的有志之士，为改变民生疾苦而呼号、抗争、奋斗。

其中比杜甫的《石壕吏》稍晚的又一首催人泪下的诗篇是白居易的《卖炭翁》。

2. 回忆背诵

3. （电脑展示配乐配画）朗读《卖炭翁》

4. 比较阅读

白居易与杜甫相距仅有60年，受杜甫的影响很大。两位大师的两篇杰作在人物塑造、情节描写、语言风格、创作方法等方面同中有异，异中有同，如奇葩并秀，双峰并峙，在唐代，在中国文学史上，各领风骚，我们可以共同感受一下他们的忧民情怀，体味一下两首杰作的异曲同工之妙。（电脑幻灯打出）

	《卖炭翁》	《石壕吏》	相同点
人物形象	吃尽千辛万苦，艰难维持生计的卖炭翁	年老力衰，无助无奈的老妇	典型、生动
写作方法	"满面尘灰烟火色，两鬓苍苍十指黑"（外貌）；"可怜身上衣正单，心忧炭贱愿天寒"（心理）	"夜久语声绝，如闻泣幽咽"（侧面烘托）；"独与老翁别"（场面）	细节真切、感人
语言风格	全诗135字，却清晰地表现了卖炭翁艰辛的劳动、生活处境以及被掠夺的全过程	全诗120字，却写出了安史之乱中"有吏夜捉人"这一事件的全过程	含蓄、凝练
情感表达	诗人对宫市罪恶的揭露与控诉，对劳动人民的深切同情，都蕴涵在情节的叙述和人物的描写中	全诗句句叙事，但叙事中蕴含着强烈的爱憎	寓主观情感于客观叙述中

*黑体部分原本为空白，让学生先思考、填写，再讨论、完善。

（四）作业：

1. 在体味人物感情的基础上，诵读、背诵全诗。

2. 以小组为单位，团结合作，改编、演出《石壕吏》。

两周后，活动课上表演，并评出"金像奖"——最佳编剧、最佳导演、最佳男演员、最佳女演员、最佳道具、最佳灯光、最佳音响等奖项。

（本文发表在《中学语文教学》2002年第6期）

第四章 淮安语境教学实践研究

淮阴师范学院和淮安市中小学教师密切合作,以语境教学研究课题为纽带,积极开展相关实验,取得明显成效。

第一节 淮安语境教学实践概述

在明确研究方向的基础上,淮安人一方面成立相关学术研究机构,为统筹开展语境教学研究创造条件;另一方面,加大语境教学研究课题申报力度,理论研究和实践研究紧密结合,在淮安市实验小学、淮阴师院第一附属小学、淮安市周恩来红军小学、深圳路实验小学、淮阴师院第二附属小学、淮安市周恩来外国语学校等校中一些班级开展实验,取得明显成效。

一、确定研究方向

为深化语境教学研究,我们确立了具体的研究内容:

(一)加大分段研究力度

分别做好小学语文语境教学、初中语文语境教学以及高中语文语境教学研究。目前重点在研究小学段,开展初中段语境教学运用研究。

(二)加大分项研究力度

分别做好识字语境教学、阅读语境教学、写作语境教学、口语交际语境教学、语文综合性学习语境教学、语文教材语境编制、因境定教法、语境设计法、语境教学法、语境学习法、语境评价法、中国语境教学发展史、西方语境教学发展史等方面的研究。

(三)加大实验研究力度

以淮安市中小学为基地,在南京市、苏州市、宿迁市相关学校开展实验研究。

二、成立研究机构

淮阴师范学院于2014年正式成立语境教学研究中心。这是全国第一家这类研究机构,意义重大。这为协调相关研究、组织相关实验、交流研究经验、培训语境教学研究者和实验者搭建了平台。

三、开展课题研究

"十五"以来,围绕语境教学研究,我们联合淮安中小学教师申报了五个项目:一是江苏省高校社科指导项目"语文交际教学观研究"。该项目从言语交际学角度切入,认识到语文本义指中国言语,语文教学目标是培养学生的与特定语境相一致的言语交际能力,语文教学过程是在特定的教学语境中提升学生言语交际能力的言语交际过程。在语文教学中,语境教学是一种基底理论,要实现学生言语交际能力的提升,必须运用语境教学理论。二是江苏省教育厅高校社科一般项目"语境教学观的理论与实践研究"。该课题着重探讨语境教学的特点、原则、途径和具体做法,为语境教学实践奠定基础。三是江苏省教育厅高校社科资助项目"教育名家与语境教学发展",重点分析20世纪名师大家的语文教育理论中蕴含的语境教学思想,为整合语境教学理论提供借鉴;分析名师大家的经典课例,为促进语境教学实践提供样例。四是江苏省"十二五"教育规划重点自筹项目"苏派语文的语境化特征研究",充分挖掘苏派语文语境化特征在理论研究、教材编制、教学实践方面的具体表现,探寻苏派语文成功的秘诀,引领苏派语文人进一步深化语文教育改革。以上四项由孔凡成主持,淮阴师范学院第一附属小学姚娴老师、江苏省语文特级教师淮安市实验小学顾琴副校长、淮安市深圳路小学潘宝翠副校长等参与了上述课题研究。五是江苏省"十二五"教科规划重点自筹课题"初中阅读教学语境化研究",由江苏省特级教师、正高级教师淮安外国语学校张宁生副校长主持。该课题着重运用淮安市已研究出的语境教学理论改善初中语文阅读教学实践。

以上五个课题中,已经有三个项目结题。后两个项目研究正在进行中。今后,我们还将进一步申报高水平科研项目,力争获得省部级、省教育科学规划及以上项目立项1~2项,通过科研立项的方式,与淮安市以及省内外各类中小学建立更广泛的研究合作关系,进一步推进语境教学实践研究。

四、产生辐射影响

淮安语境教学研究获得了较好的成绩,对外产生了一定的影响。其中《语境教学研究》荣获江苏省第三届教育科学成果奖理论创新奖二等奖,该研究成果受到相关专家、学者和一线教师的高度评价,《语文建设》2011年第6期发表刘艳老师《探索符合汉语规律的教学理论——读〈语境教学研究〉》。专著《从情境到语境——小学语文课堂教学的发展走向》,荣获淮安市第十二届哲学社会科学优秀成果奖。

一些学校和个人受孔凡成研究成果影响,开展教学实验和课题研究。原泗洪实验小学刘艳主持江苏省"十一五"教科规划重点自筹课题"多元语境对语感生成的能动性研究",泗洪县第一实验小学阮彩伟主持江苏省"十二五"教科规划重点资助课题"多元语境下小学生语感生成及失范诊疗的实践研究"。

研究成果引用率高。据中国期刊网,孔凡成教学论文被引用已达221次。其中论文《情境教学研究的发展趋势》达87次,论文《语境教学的理论基础研究》和《教学模式的交往分析》均在16次以上。专著《语境教学研究》2009年11月出版后,至少被16篇硕士论文引用,6篇省级以上期刊发表的论文引用。

《语境教学研究》专著转化为淮阴师范学院选修教材并开设相关选修课程:语境教学研究。这为提升语文教学质量提供了优质的后备师资。

语境教学理论研究者孔凡成多次在"国培"以及江苏省骨干教师培训会上作"语境教学理论与实践"方面的讲学活动,参加"语文教育的反思与汉语国际教育"研讨会、全球化语境下语言文学教育国际研讨会、上海市教育教学研究基地首届语文教育论坛等,并做《语境教学:语文教学的发展方向》《语境教学在中国大陆母语教学中的发展》《语境评价刍议》等主题发言,引起广泛共鸣,颇受好评。

目前,淮安语境教学实践初步实现理论研究和实践研究的对接。一方面理论研究者深入实践,为实现理论成果转化发力;另一方面实践者主动参与理论研究,在实践中丰富语境教学理论。

第二节 淮安理论研究者下水实践

淮安理论研究者在语境教学理论研究之余,深入淮安市中小学,坚持上下水课,帮助相关教师设计语境教学课例。这里略呈数例,供同道研讨。

一、《在大海中永生》课堂实录

时间:2011年10月8日

地点:淮安市实验小学集团长征分部五(1)班

第一课时

孔凡成自我介绍,姓"孔"不是"孙"。板书:孔

我们共同学习两节课。

师生问好。

一、导入，学习生字

师：今天我们学习的课文是《在大海中永生》。这篇课文反映的是邓小平爷爷走完人生最后一个篇章的故事。具体写的是什么呢？请自由读课文。注意生字词，对照生字表，可以查工具书、问老师、问同学。

生自由读课文（师巡视、指导）。

师：看出示的词。哪位同学来读一下？

全党　崭新　呜咽

海疆　香港　属于

无垠　澳门　舷窗　震撼

生个别读。

师：有没有读错的？（指导读音呜咽、舷窗）齐读

（指导写法，分析字形结构，注意形声字"党""崭""呜咽""疆""港""属""垠""舷""澳""撼"）

师：在这些词中，有些是要学会写的，特别是第一、二行。如"党、崭、呜咽"，分析其结构；分析"疆"的形旁、"港"的写法。这些字都应该会写。怎么写？看课后习题2，拿出钢笔描红，注意笔画。

生描红。

师：有些同学课前已经描红过了，可以临写一下。描红时要注意笔顺。（师巡视、指导，强调描红时注意笔顺）

二、整体感知课文

师：这篇课文读正确了吗？我请几位同学来读。请三位同学分别读课文。（第一自然段，第二至第四自然段，第五至第七自然段）

师：他读得怎么样？很流利，就是稍快了点。

继续指名读（生读得流利、非常好、正确流利）。

师：读得怎么样？（生评价，略）

师：假如有人想问你这篇文章写的是什么内容，你能用一两句话告诉他吗？

默读课文，把你想告诉他的内容写下来。

师（巡视时发现学生部分学生看参考书）：不要看参考书，不然就不是你思考的了；写的时候不要写"这篇课文写的是什么"，把它去掉。

师：同桌之间、前后可以交流一下，相互补充。

师：假如有人问你这篇文章写的是什么，可他没有时间详细听，请你简要概述一下，怎么说？

生：写了1997年3月2日上午，撒向大海。

师：有一个地方注意一下，什么撒入大海？（邓小平爷爷的骨灰）

师：还有其他说法吗？

生：写了1997年3月2日上午，邓小平爷爷完成了人生的最后一个篇章。

师：他说的"最后的篇章"能听懂吗？最好再加入一句"邓爷爷的骨灰撒入大海"就更具体了。还有谁说？

生：写了1997年3月2日上午，将邓小平爷爷的骨灰撒向大海，他虽然死了，却在人们心中永生。

师："死了"最好改为"逝世"。

师简述内容：1997年3月2日，邓小平爷爷的骨灰撒入大海。愿他在大海中永生！

师出示课件：

1997年3月2日，邓小平爷爷的骨灰撒入大海。愿他在大海中永生！

师：前一句是事情，概括事情；后一句是人们的愿望，反映出人们的态度。

师：我又想问一个问题了，这句话与课文比较起来，哪个写得更翔实具体？

生：本句与课文比，课文更详细。

师：读课文，看看课文是用什么方法把内容写具体的？课文增加了什么内容使课文更充实？边读边思考。

生再读课文，思考：课文怎样将这件事写具体写充实的。

生：增加(第七节)这样抒情性的语言。

师：还有吗？

生：第二自然段第二句"大海呜咽，狂风卷着浪花，痛悼(diào)伟人的离去……"

师：说得不错，增加了相关的景物描写。不过这里的"悼"应该读——

生：(齐声) dào。

生：第三自然段中说"也许……"

师：这个事情是不是真发生了？这个地方加入了联想、想象。

生：第四自然段，增加了排比。

师：这是排比吗？排比至少要有三个句式相同的句子。

生：增加赞美邓爷爷的词、句。

师：还增加了赞美伟人的句子。还有别的地方吗？

生：只有伟人才完成篇章。

师：有意思的想法。

生：第五自然段，写得详细。

师：结合大家刚刚说的，我总结了一下。怎么把内容写得更具体？（出示）

写出事件经过。根据课文内容简说：飞向大海——撒入大海——告别大海。

强化景象描绘。第二和第五自然段。

补充相关信息。如和本文有联系的关于邓小平爷爷相关情况。

添加相关联想。如第三自然段和第五至六自然段。

具体学习联想，出示第 3 节，学生齐读。

师：我们来看看什么叫联想。联想就是由一件事想到另一件事上。

出示第三节。齐读"也许，奔腾不息的浪花……也属于全世界。"

师：把这一节去掉如何？

生：（若将第三自然段删去，师范读）内容单薄了。

师：再读联想的话。出示："从那永不停息的……"

师：把这些联想的句子去掉，会怎么样？出示：

飞机在高空盘旋，鲜花伴着骨灰，撒向无垠的大海。大海呜咽，寒风卷着浪花，痛悼伟人的离去……

骨灰撒大海，鲜花送伟人。

时近中午，专机盘旋着向大海告别。透过舷窗望去，水天一色，波翻浪涌。

与大海同在，与祖国同在，与人民同在。我们衷心爱戴的邓小平爷爷在大海中永生！

师：这些都说明了什么？

生：删掉后就显得单薄了，前后也不通。增加联想的内容使内容更充实！

师：一起读课文，感受作者是怎样把内容写充实的。

生齐读课文，再次感受课文怎么写具体的，边读边思考，读后总结。

师出示：

> 写出事件经过
>
> 强化景象描绘
>
> 补充相关信息
>
> 添加相关联想

生齐读。

师：这篇文章800字，要你扩充成3000字，会吗？你会怎么写？请阅读新华社记者何平、刘思扬所写的长篇通讯《在大海中永生——邓小平同志骨灰撒放记》。

生自由读通讯原文，品读作者如何写具体的。（下课）

第二课时

一、复习上一节课所学知识点

师：结合新华社记者何平、刘思扬所写的长篇通讯《在大海中永生——邓小平同志骨灰撒放记》，将50字文章变成800字文章，再变成3000字，方法掌握了吗？说——

生齐读：

> 写出事件经过
>
> 强化景象描绘
>
> 补充相关信息
>
> 添加相关联想

师：根据不同读者需要，将3000字变成800字，再变成50字的句子。怎么做？

生：缩写时，将事件经过、景象描绘、相关信息、想象联想的内容删掉。

师：对。我们来看《月光曲》中的这两段话。

一阵风把蜡烛吹灭了。月光照进窗子来，茅屋里的一切好像披上了银纱，显得格外清幽。贝多芬望了望站在他身旁的穷兄妹俩，借着清幽的月光，按起琴键来。

皮鞋匠静静地听着。他好像面对着大海，月光正从水天相接的地方升起来。微波粼粼的海面上，霎时间洒遍了银光。月亮越升越高，穿过一缕一缕轻纱似的微云。忽然，海面上刮起了大风，卷起了巨浪。被月光照得雪亮的浪花，一个连一个朝着岸边涌过来……皮鞋匠看看妹妹，月光正照在她那恬静的脸上，照着她睁得大大的眼睛，她仿佛也看到了，看到了她从来没有看到过的景象，在月光照耀下的波涛汹涌的大海。（《月光曲》）

运用联想的方式是将内容写具体的好方法。请阅读上面两段话，指出哪些是联想，删去如何？

生：删去联想后就变成了：

一阵风把蜡烛吹灭了。月光照进窗子来，显得格外清幽。贝多芬望了望站在他身旁的穷兄妹俩，借着清幽的月光，按起琴键来。

皮鞋匠静静地听着，看看妹妹，月光正照在她那恬静的脸上，照着她睁得大大的眼睛。

这是缩写，但不生动了。

二、出示本节课学习目标

师：对。复习就到这里。这一节课我们的学习目标，大家请看——屏幕出示：

通过品读词句领会课文抒情的方法，能够有感情地朗读课文，力争当堂背诵。

三、品读第一自然段

师：请齐读第一自然段。

生齐读。

师：请看第一句话。这里的"低低地、缓缓地"表示什么样的情感色彩？可以结合上下文来理解。

生：邓爷爷很爱中国，爱人民，爱祖国。

师：不错。这是结合第六节小平爷爷的话说的。仿佛邓小平爷爷不愿离开人间，他要再看一眼他深爱的人民。

生：在首都上空飞，表明全党全中国人民爱邓爷爷、思念邓爷爷，邓爷爷慈祥。

师：你们怎么看出来的？

生：从这一段的相关词语，就是下文，比如衷心爱戴，表现出人们怀念、沉痛悼念之情。

生：我增加一点,首都繁荣,聚集各族人民,首都代表全国人民,以点带面。这样写出全国人民对小平爷爷的感受。

生：我和他们不一样,更能突出当时悲痛的气氛。

生：让人们都看到载着邓爷爷骨灰的飞机,对邓爷爷离去伤心。不忍他的离开。

师：非常好,大家能结合下文来理解。同学们的回答主要从两个方面,一个是邓爷爷的不愿离开,二是大家的痛悼之情。怎么读呢？

生：读时应低一点,慢一点。个别读(再慢一点更好。)

指名读,齐读。

师：再看第二句。这里有许多地方值得注意,"安放"改成"放"行吗？为什么？把手放一下,大家自己注意一下就可以了。"安放"变"放"不可以的原因,自己思考品味。再看最后一句。

师出示第一节第三句话。"崭新历史"是什么意思？结合新华社记者何平、刘思扬所写的长篇通讯《在大海中永生——邓小平同志骨灰撒放记》,就好理解了。出示课件：指邓爷爷带领中国人民进行改革开放,使全国人民过上了好日子。

师：结合第二节思考一下"最后一个篇章"是什么意思？请联系第二节理解。一起把第二节读一遍,看看"最后一个篇章"是什么意思？

生："最后一个篇章"的意思是"鲜花伴着骨灰,撒向无垠的大海"。

师：对了。如果我们结合何平、刘思扬所写的长篇通讯《在大海中永生——邓小平同志骨灰撒放记》,就更好理解了。师出示资料,文中写道：

邓小平同志临终前,再三叮嘱,死后捐献角膜,解剖遗体,不留骨灰,撒入大海,这是他把自己的一生毫无保留地献给祖国和人民的遗愿,也是他留给党和人民的一份珍贵遗产。所以啊,骨灰撒放大海就是"完成他人生的最后一个篇章"。

这里之所以说是篇章,其实还有将人生比作一本书的意思。

生齐读第一自然段。

四、品读第二自然段

师：来看第二节。师范读。

师：有人说这里"伴"应该写成"拌",思考一下,有什么感受？

师：(出示第二节),书中"伴"能否变成"拌"？大家思考思考,思考了收获才大。

生：鲜花不是搅拌骨灰,而是陪伴。

生：搅拌不可能,鲜花在一旁陪伴逝者。表明不仅叙述事实,而且表达作者的思想感情。

师：不仅陈述事实,还要表达一定的感情。"拌"只是描述客观事实,"伴"用拟人手法写出了人情味。

生：鲜花代表人民对邓爷爷的思念。鲜花比作人,应用"伴",有作者及人们对邓爷爷的情感,有人情味。

师：好。"呜咽"是什么意思？对,是低声哭泣。大海会低声哭泣吗？作者为什么这么写？

生："呜咽"是哭泣,拟人,好处是使文章更生动。

师：为什么要用拟人呢？

生：写出骨灰撒大海的情景。

生：悲伤,大海当作人来写,大海也为邓爷爷的离去而低声哭泣。痛悼伟人的离去。

师：对,这样让景象充满情感色彩,融情于景,借景抒情。比如高兴时景色写得开心些,伤心时景色写得悲伤些。

怎么读呢？能不能像我这样声音很大、很快？

生：不能。

师：对。要读得慢一点、声音低一点。（指名读,师要求读得再慢一点、咬字清晰些、再低一点更好。）

师：全体像刚才读得好的这位同学那样读。（生齐读。）

五、品读第三自然段

师：齐读并思考,第三段写了四个地方,地点不断扩大,作者想表达的是什么意思？

生：越来越远,范围越来越大。原因是邓爷爷不管到哪,对中国、对世界都产生了很大影响。

师：结合资料,通读原文,对照看。

生：说明小平爷爷的贡献大。

师：这里用了排比、拟人、反复等修辞手法,增加了感情,增强了气势,说明了小平爷爷贡献大。

生齐读。

师：这段只换了几个表地点的词,我把后面几个地点擦掉,看看大家能否背上。

（生自由背。）

师：我再删去其他句,只留第一句,背。

师：全部删去,背。

师：大家背得很好。

师：第四段读一遍。（师出示：骨灰撒大海,鲜花送伟人。）

师：这句是对偶,非常凝练、概括地写出骨灰撒大海这一事件,表达了人们的悼念之情。

生齐读。

六、品读第七自然段

师：第五节描绘了告别大海的情景：水天一色,波翻浪涌,由此还联想到小平爷爷的话。作者用一个词"震撼人心"表达了自己的感受。一起读这句话——"我是中国人民的儿子,我深情地爱着我的祖国和人民。"

（生有感情齐读。）

师：好。正因为这样,作者情不自禁地直抒胸臆。齐读最后一段。

（生读得非常有感情。）

师：谁与大海同在？

生：小平爷爷。

师：对。这里"永生"是什么意思？小平爷爷已经逝世,怎么能永生呢？作者想说的是什么？

生：作者的心里话是,因为邓爷爷永远活在人们的心中。

生：说他的业绩、事迹。

生：他的丰功伟绩。

师：对。是歌颂他的英名和事业将永垂不朽。这一段中,顺序能变动吗？请大家课后思考。下面我们把这一段再一齐背一下。

（生不看课件,齐背第七自然段。）

七、总结本课写情方式

师：这节课我们通过词语段落品味如何抒情,看看用了哪些方法？

（师总结。）生齐读：

1. 情景交融,借景抒情
2. 修辞多样,贴切动人
3. 直抒胸臆,感人至深

八、出示作业

假如现在你是播音员,需要在大庭广众之下脱稿朗诵给大家听。你怎么办?

如果周围有人想请你详细地向他介绍《在大海中永生》,请你不看书并有感情地讲给他听。

【简评】

本文主要运用了语境教学法。首先运用上下文教学法。在教学内容确定方面,突出通讯特点,根据通讯的真实性、时效性和受众性特点,通过缩写让学生把握通讯的消息核心;通过扩写体会通讯和消息在篇幅上的区别,感受通讯中联想手法的运用;通过品味语句领悟通讯的文学性特点,学习本课的抒情方法。在教学中,将字、词、句放在上下文中品读,将课文放在原文中品读,既可以省去介绍邓小平革命业绩这一环节,又可以帮助学生深化课文理解。其次,还运用虚拟语境教学法。假定了种种虚拟语境,让缩写、扩写、诵读成为需要,让相关语文知识的学习成为需要。

二、《三亚落日》教学建议

课始。从复习第一和第二自然段入手,概括全文结构特点,点出第二自然段的作用。

学习第三和第四自然段

活动一:沉浸式朗读

1. 自由读

要求读顺畅。

2. 设身处地读

我就是落日,下面是我的自述:

活跃了一天的我,依旧像一个快乐的孩童。我歪着红扑扑的脸蛋,毫无倦态,潇潇洒洒地从身上抖落下赤朱丹彤,在大海上溅出无数夺目的亮点。于是,天和海都被我的笑颜感染了,金红一色,热烈一片。

时光悄悄地溜走,暑气跟着阵阵海风徐徐地远离。我也渐渐地收敛了光芒,变得温和起来,像一只光焰柔和的大红灯笼,悬在海与天的边缘。兴许是悬得太久的缘故,我慢慢地下沉,刚一挨到海面,又平稳地停住了。我似乎借助口大海的支撑,再一次任性地在这张硕大无朋的床面上顽皮地蹦跳。大海失去了原色,像饱饮了玫瑰酒似的,醉醺醺地涨溢出光与彩。人们惊讶得不敢眨眼,生怕眨眼的那一瞬间,我会被一只巨手提走。你瞪大双眼正在欣赏着,突然我颤动了两下,最后像跳水员那样,以一个轻快、敏捷的弹跳,再以一个悄然无声、水波不惊的优美姿势入了水,向你们道了"再见"。

3. 向太阳倾诉式读

把文中的落日改为"你",下面是我对太阳的倾诉:

活跃了一天的你,依旧像一个快乐的孩童。你歪着红扑扑的脸蛋,毫无倦态,潇潇洒洒地从身上抖落下赤朱丹彤,在大海上溅出无数夺目的亮点。于是,天和海都被你的笑颜感染了,金红一色,热烈一片。

时光悄悄地溜走,暑气跟着阵阵海风徐徐地远离。你也渐渐地收敛了光芒,变得温和起来,像一只光焰柔和的大红灯笼,悬在海与天的边缘。兴许是悬得太久的缘故,只见你慢慢地下沉,刚一挨到海面,又平稳地停住了。你似乎借助了大海的支撑,再一次任性地在这张硕大无朋的床面上顽皮地蹦跳。大海失去了原色,像饱饮了玫瑰酒似的,醉醺醺地涨溢出光与彩。人们惊讶得不敢眨眼,生怕眨眼的那一瞬间,你被一只巨手提走。我瞪大双眼正在欣赏着,突然你颤动了两下,最后像跳水员那样,以一个轻快、敏捷的弹跳,再以一个悄然无声、水波不惊的优美姿势入了水,向人们道了"再见"。

学生读时,教师可以强调读得轻一点、慢一点,要沉浸其中体会。学生身在境中受到感染。

活动二:品读式赏析

作者将落日写得如此之美,充满诗意。作者是怎么写出落日之美的?

默读,思考,并写下你的品析。

可以根据以下角度,任选一方面写。

1. 美在写出落日过程。如作者先写太阳在_____情景,再写太阳_____,最后写太阳_____的情景,展现落日的全过程。

2. 美在巧用比喻。如_____,写出了_____。

3. 美在善用拟人。如_____,写出了_____。

4. 美在叠词运用。如＿＿＿＿＿＿＿＿＿＿＿＿＿＿＿＿＿＿＿＿＿＿，
写出了＿＿＿＿＿＿＿＿＿＿＿＿＿＿＿＿＿＿＿＿＿＿＿。

5. 美在动词运用。如＿＿＿＿＿＿＿＿＿＿＿＿＿＿＿＿＿＿＿＿＿＿，
写出了＿＿＿＿＿＿＿＿＿＿＿＿＿＿＿＿＿＿＿＿＿＿＿。

6. 美在写出情趣。如＿＿＿＿＿＿＿＿＿＿＿＿＿＿＿＿＿＿＿＿＿＿，
写出了＿＿＿＿＿＿＿＿＿＿＿＿＿＿＿＿＿＿＿＿＿＿＿。

7. 美在写出感受。如＿＿＿＿＿＿＿＿＿＿＿＿＿＿＿＿＿＿＿＿＿＿，
写出了＿＿＿＿＿＿＿＿＿＿＿＿＿＿＿＿＿＿＿＿＿＿＿。

8. 美在巧用烘托。如＿＿＿＿＿＿＿＿＿＿＿＿＿＿＿＿＿＿＿＿＿＿，
写出了＿＿＿＿＿＿＿＿＿＿＿＿＿＿＿＿＿＿＿＿＿＿＿。

……………

写完后交流。教师相机出示：

三亚落日	歪在海上	像快乐孩童	抖落	溅	感染
	悬在海边	像大红灯笼	挨 蹦跳	醉	惊讶
	落入大海	像跳水员	颤动	入水	瞪大眼睛
	过程	比喻 拟人	动作	情趣	感受

活动三：感受式诉说

最后一段写作者的感受：

哦，这就是三亚的落日！

1. 说说这句的好处：照应上文（"三亚的"照应第一和第二节；"落日"照应了第三和第四节），总绾全文。不写之写，一切尽在不言中。

2. 作者没有全面写出自己的感受，我们来做一回作者。可以用诗的语言说，也可用感叹句说。

渲染情感，书写心中感受落日之情。

哦，这就是三亚的落日！（音乐、诗引入）

教师示范，朗诵渲染：

三亚的落日，终于，

藏起了那份绚丽,
静静的,无声无息
椰子树不再摇曳,
大海也在轻轻叹息,
目送你远去,
人在斜阳里。
我不由地发出一声:"哦,这就是三亚的落日。"我被眼前的这番情景所震撼。_____。
(学生入情入境表达,写出自己对三亚落日的感受。)
(学生交流。)
3. 知道作者怎么写的吗?
出示,学生齐读。再结合课文。思考他们能构成一个整体吗?
活动四:积累式诵读
可以用渐隐法。先出示全节,齐读。删去两个比喻,读;再删去相关动词,读;再删去大海的感受,读;再删去人的感受,读:再删去第一句,读;空白呈现,齐背。
在这过程中,如果不熟悉,学生可以参看书本。
活动四可以根据教学时间灵活处理。

【简评】
运用多种语境教学方法组织学习活动。活动一为沉浸式朗读,主要用虚拟语境法,设身处地沉浸于阅读;活动二为品读式赏析,结合上下文从不同角度品味课文的艺术美;活动三为感受式诉说,一是结合上文,分析该感叹句的好处;二是结合上文续写作者感受;三是补充原文结尾,理解作者意图。活动四为积累式诵读,运用渐隐法,逐步隐去上下文引导学生在不知不觉中熟读成诵。

三、《最佳设计》教学思路
活动一:读故事,谈感受。
这儿是一个无人看管的葡萄园,你只要在路旁的箱子里投入5法郎就可以摘一篮葡萄上路。据说这是一位老太太的葡萄园,她因年迈无力料理而想出这个办法。起初她还担心这种办法是否能卖出葡萄,谁知在这绵延上百里的葡萄产区,总是她的葡萄最先卖完。

1. 默读,画出生字词,同桌交流,注音。
2. 出声读,思考给你什么启示。交流。

活动二:呈现语境,猜测感受。

有一位建筑大师,叫格罗培斯,在设计迪斯尼乐园各景点之间的道路时,遇到了麻烦。正当他焦头烂额之际,他碰巧路过了这里……

世界建筑大师格罗培斯设计的迪(dí)士尼乐园,经过3年的精心施工,马上就要对外开放了,然而各景点之间的道路该怎样设计还没有具体的方案。施工部打电报给正在法国参加庆典的格罗培斯大师,请他赶快定稿。格罗培斯从事建筑研究40多年,攻克过无数个建筑方面的难题,然而建筑学中最微不足道的一点——路径设计却让他大伤脑筋。对迪士尼乐园各景点之间的道路安排,他已修改了50多次,没有一次是让他满意的。接到催促电报,他心里更加焦躁。巴黎的庆典一结束,他就让司机驾车带他去了地中海海滨。他想清理一下思绪,争取在回国前把方案定下来。汽车在法国南部的乡间公路上奔驰,这儿是法国著名的葡萄产区,漫山遍野都是当地农民的葡萄园。一路上他看到许多园主把摘下来的葡萄提到路边,向过往的车辆和行人吆喝,但却很少有停下来的。当他们的车子拐入一个小山谷时,发现那儿停着许多车辆。原来这儿是一个无人看管的葡萄园,你只要在路旁的箱子里投入5法郎就可以摘一篮葡萄上路。据说这是一位老太太的葡萄园,她因年迈无力料理而想出这个办法。起初她还担心这种办法是否能卖出葡萄,谁知在这绵延上百里的葡萄产区,总是她的葡萄最先卖完。

1. 学生阅读默读该片段,注意生字词。
2. 指读。思考格罗培斯会怎么思考,怎么做?

学生交流猜测情况。

3. 呈现下文。

她这种给人自由,任其选择的做法使大师深受启发,他下车摘了一篮葡萄,就让司机调转车头,立即返回了巴黎。回到住地,他马上给施工部拍了封电报:撒下草种,提前开放。施工部按要求在乐园撒下草种。没多久,小草长出来了,整个乐园的空地被绿草所覆盖。在迪士尼乐园提前开放的半年里,草地被踩出许多小道,这些踩出的小道有宽有窄,优雅自然。第二年,格罗培斯让人按这些踩出的痕迹铺设了人行道。

1971年在伦敦国际园林建筑艺术研讨会上,迪士尼乐园的路径设计被评为世界最佳设计。

学生读。思考交流:

1. 格罗培斯设计路径和老太太卖葡萄有哪些地方相似?
2. 迪士尼乐园的路径设计为什么会被评为世界最佳设计?
3. 阅读全文,思考全文写作的思路是什么。

活动三　模拟作者,续写结尾。

阅读了这个大故事套小故事的内容,你可能和作者一样有许多感慨,如果你就是作者,你会怎么想,请用一句话写下你的感受。

学生思考,写,交流。

想知道写这个故事的人的感受吗?

呈现作者的感受,并齐读:

在这个世界上,不知道该怎么办的时候,顺其自然,也许是最佳选择。同样的,人在生活无所适从的时候,选择顺乎本性,也许不失为聪明之举。

【简评】

2012年凤凰语文走进淮安实验小学时,三位老师同授该课。本课设计者现场感受了三位教师的授课风采,也忍不住想尝试一下课该怎么上。该设计在学生课前未见课文的背景下,采用上下文隐现法,将课文的部分内容暂时隐去,形成猜读,多方训练学生语文能力;最后补充原文结尾,进一步丰富学生的理解。

四、用语境识字法改善识字教学——对《古诗两首》识字教学的认识

现代语文教育研究表明:语文教学就是语境教学,需要改变传统的去语境化的不当做法,做到在语境中教语文,学语文,广泛使用语境教学法来改善语文教学的现状。基于此,识字教学作为小学语文低年级教学的重头戏之一,当然离不开语境识字,需要运用语境识字法。

语境识字指利用汉字所在的语境因素开展识字教学,其方法主要有上下文识字法、情景语境识字法、社会文化语境识字法、虚拟语境识字法和认知语境识字法。这些方法各有优缺点,应扬长避短,博采众长,综合运用,灵活运用。

某老师在《古诗两首》识字教学中尝试运用多种语境识字法,努力谋求识字教学的改善,取得了一定成效,但也存在一些问题。

首先,上下文识字法的运用。上下文识字法需要借助上下文语境因素开

展识字教学,斯霞进行的随课文分散识字就是典型的上下文识字法,其基本做法就是"字不离词,词不离句,句不离文"。在教学过程上,采用分散学习音、形、义的方式,强调在熟读课文中认识字音,在理解课文中掌握字义,在写字指导中把握字形。该老师在《赠刘景文》识字教学中首先是引导学生熟读该诗,再从诗中提取生字,了解学生能否读准字音,指导学生正确读出字音;并还原到古诗语境中学习每个生字的读音,这一环节做得非常好。紧接着要求学生尽可能侧重"古诗语境"来说意思,应该说是不错的设想。但该老师除了"赠"字结合课题而外,其他生字似乎没有体现出这一要求。我们是否可以在理解诗歌意思的过程中帮助理解字义?是否可以将让学生说一说诗歌大意这一环节提前?并在此基础上指导诵读?这样也许就能够将相关字义的理解真正融汇到诗歌的上下文中了。至于写字指导,是否可以放在该诗学习的最后环节?

其次,社会文化语境识字法的运用,社会文化语境识字法一方面要利用汉字文化规律进行识字教学,能够根据汉字字形分析汉字所蕴含的文化信息,掌握每一个汉字的造字方法,努力将抽象的文字变为具体形象的生活内容,将机械识记变为有意识记,从而减轻学生识记负担。在本课教学中,该老师在这方面似乎指导得不够深入。在指导学生认识字音、学习书写时,是否可以将造字法引入,尤其是利用形声字指导读音和学习书写?另一方面要注意利用知人论世法以及语词的文化意义,帮助理解诗意。在本课教学中,是否可以引入作者和刘景文的相关身世以及荷、菊、橘、橙等的象征意味,以增加学生学习相关生字的兴味,理解诗歌的真实用意,知道诗歌意在勉人和自勉?

再次,情景语境识字法的运用。情景语境识字法强调根据现场情景,识用结合,在用中感受识字需要;根据教学对象的具体情况,情景语境识字法要求能坚持多认少写,先认后写;坚持直观性原则,选择恰当的方法激发学生的兴趣。为此,可以采用直观法,以直接的具体的刺激物作为理解词义的中介,把抽象的生字和具体形象的图画结合起来,从而理解和记忆词义。运用实物、标本、模型、图片、幻灯、录像或动作、表情、形象化的语言帮助学生理解字义。在《古诗两首》教学中,一些景物可能是学生没有见过的,是否可以运用直观法进一步帮助学生理解?

此外运用情景语境识字法,还可以根据儿童喜玩好动的心理特征,利用汉字的字形特点,采用游戏识字,在活动中综合运用各种语境识字方法。如可以采用"猜认生字""组合生字""叫字排队""送字回家""读词赏画""读文找字""孪生聚会""玩玩字卡""找找朋友"和"选难认字"等游戏方法,该老师在本课教学中是否也可以适当选用游戏法?

最后,对认知语境识字法的运用。认知语境识字法要求将儿童熟识的语言因素作为主要材料,同时充分利用儿童的生活经验,注重教给识字方法。其一是激活学生已有的认知背景,把词义的理解与学生亲身体验或实际情景结合起来,利用学生已掌握的词义去理解新的词义,即以熟词为中介,建立起新词与它所代表的事物之间的联系。主要途径有:利用学生生活经验中已有的音、义联系与字形建立新的联系;针对学生不熟悉的较抽象的词义,先帮助学生建立新的音、义联系,再与字形建立统一的联系。在《古诗两首》生字教学中,该老师做得非常好。比如回忆已学诗词,激发学生学习新诗欲望;向学生了解"你还在哪见过'它'",了解学生已有的识字经验,把握学生识字起点,避免重复劳动,提高识字效率。

还需要指出的是,将识字教学与诗歌教学结合起来是对传统的韵语识字的具体运用。这充分体现了汉字的语音特点,有利于学生在诗歌艺术的美感熏陶中体验汉字的美感。

在《古诗两首》教学中,该老师注意总结小学低年级古诗学习方法,并注意迁移运用。但在识字学习方法的总结方面,似乎还做得不够,是否可以从中总结出语境识字学习法?

此外,本课教学还启示我们提出这样的研究课题:如何将诗歌教学与低年级识字教学紧密结合起来?是根据需要侧重识字教学,还是侧重诗歌教学?抑或两者兼顾?在本课教学中似是侧重识字教学,但是诗歌的美感艺术如何在识字教学过程中进一步体现出来?似乎还有探讨的余地。

附 《古诗两首》教学设计(人教版第三册第4课)

教学目标

1. 我会读,正确、流利朗读《赠刘景文》。

2. 我会写,正确书写"首、枝、记、刘"四个生字,正确抄写《赠刘景文》。

3. 我会说,流利背诵《赠刘景文》,感悟苏轼对秋天的赞美之情以及对友人的美好祝愿。

4. 我知道,学习古诗的常用方法是:读一读,写一写,背一背,说一说。

教学过程

一、复习导入

1. 你会背诵哪些古诗？

学生"畅所欲言"，让更多的学生展示"古诗积累"。

2. 一年级学过的古诗,有哪些？

学生需要思考，一部分会思考的学生展示：《春晓》《村居》《所见》《小池》，还有《一去二三里》。

3. 表扬过渡。

孩子们真聪明，积累了这么多古诗，还能清楚明白地分类，哪些是一年级上学期学的，哪些是一年级下学期学的，还有同学，清楚记得哪些是上小学时候积累的，哪些是幼儿园时候积累的，真厉害！

谁能记得，一年级时候，老师是怎么教你们学习《春晓》《村居》……

4. 学习方法的复习。

基本方法是：读一读，说一说。

二、教学《赠刘景文》

1. 板书课题。

（1）板书"古诗两首"，提醒学生看老师写字，板书"首"字，用红色粉笔在田字格中书写，然后，让学生练写"首"三遍。

（2）板书"赠刘景文"，提醒学生注意老师蓝色粉笔的"刘""景"二字。

（3）板书"山行"，提醒学生注意老师"山"字的三竖变化。

2. 指名读课题。

可以开火车读课题，注意刚才老师特别提醒的字的读音和书写。

3. 预习反馈。

通过预习，你们觉得哪首古诗比较难读？难学？学生一般会回答《赠刘景文》，老师顺势过渡：这节课我们首先学习《赠刘景文》。

4. 学习《赠刘景文》

（1）听一听，读得正确吗？

① 老师范读，同学听一听。读完后，学生评价老师是否读正确了。

② 谁能像老师一样读正确呢？请举手孩子读《赠刘景文》，每一位同学读完，众学生都要评价"读正确了吗"。

③ 你们都能读正确吗？同桌读一读，听一听。及时指出并纠正错误

读音。

④ 随机抽取3名学生读《赠刘景文》,正确给予掌声鼓励,对于错误读音及时纠正。

(2) 认一认下列生字,它们在课文的哪儿?你还在哪里见过"它"?

开火车逐一认读"赠、刘、擎、菊、残、犹、君、须、橙、橘"10个生字。每个生字尽可能侧重"古诗语境"来说它的读音意思。如"赠",古诗题目是"赠刘景文",是作者写一首诗给"刘景文"这个人的。另外可以联系其他语境,如"六一儿童节时,我的同桌赠给我一张小卡片"。

(3) 抄一抄,能抄正确吗?

① 老师板书《赠刘景文》全诗,学生"依葫芦画瓢"逐字抄写,遇到"擎、残、傲、橘"等笔画较多的字时,老师用蓝色笔书写,并稍作停顿指导。写到"刘""枝""记"三字时,在田字格中重点指导,如"刘"字中"文"捺变长点;"枝"字中"木"旁捺变点,"记"字右半边"竖弯钩"的"钩"要学会回头,要向上。

② 自我反馈和评价,自我检查抄写是否有错,哪一个字写到很好看,可以给自己加个五角星。

(4) 诵一诵,你读得有古诗味吗?

① 老师入情入境诵读,并及时标出诵读节奏。

赠/刘/景/文

苏轼

荷尽/已无/擎雨盖,

菊残/犹有/傲霜枝。

一年好景//君须记,

正是/橙黄/橘/绿/时。

② 模仿诵读,学生可以按照我的节奏诵读。

③ 展示诵读,可以创新,比如用肢体动作、声音处理、情绪夸张等方法展示。

(5) 说一说,你读懂苏轼的心了吗?

学生声情并茂展示,把学习推到高潮后,老师及时提问:你读懂苏轼的用心了吗?学生说一说:苏轼想把这首诗赠给他的好朋友刘景文,希望他记住这一年中最好的季节——秋天,是橙黄橘绿的收获季节,也表达自己对秋天的喜爱和赞美。

三、学法迁移,学习《山行》

1. 总结《赠刘景文》学习方法。

听一听,认一认,抄一抄,诵一诵,说一说。

2. 用这样方法小组学习《山行》。

3. 集体展示。

听一听:随机抽取两名学生朗读,听是否正确。

认一认:根据自主学习时行间巡视情况,有选择抽取两名学生认读"径、斜、枫、于",及时评价。

抄一抄:有选择抽取两名学生,把其抄写本投影展示,在"正确、美观"标准下,并相机指导"于""枫"两个生字的书写要领。

诵一诵:重点反馈"古诗味"的节奏、情感,兼及背诵情况。

说一说:反馈学生对"美丽秋景的感受和赞美"情况。

四、总结延展

1. 学习"古诗两首"的方法。

2. 课外积累"秋天"古诗。

【简评】

该案例旨在运用语境教学思想改善识字教学设计,充分反映了语境教学的魅力。在评价教学设计的过程中,提出了上下文识字法、情景语境识字法、社会文化语境识字法、认知语境识字法和虚拟语境识字法,进一步整合和丰富了已有的识字经验,为识字教学的科学发展提供了新的路径。

第三节 淮安实践者参与行动研究

很多一线教师善于学习,乐于深入参与语境教学实践,取得了明显成效,验证了语境教学原理的正确性。其中深度参与的淮安教师有:淮安市实验小学顾琴、刘须锦、凌星华、刘苹老师,淮安市深圳路小学潘宝翠老师,淮阴师范学院第一附属小学姚娴老师、淮安市淮安区周恩来红军小学咸高军老师等。这里试举数例教学设计和课堂实录,以窥一斑。

一、顾琴《黄山奇松》教学设计

设计理念

《黄山奇松》是苏教版小学语文五年级上册第五单元的一篇课文,文章篇幅短小,结构清晰,内容通俗易懂,属于写景文中运用点面结合的表达方式来描写景物特征的典型文章。对于五年级学生来说,读懂课文内容不难,但学会写景类文章的写作方法不易,虽然他们之前学习、阅读过多篇描写景物的文章,但他们在阅读时,很少关注同类文体的方法习得,还没有建立类课文意识,更没有能够自觉地运用类课文学习的方法进行迁移,因此,本课教学适宜让学生用发现的方式逐渐找出知识的结构,体验、学习、形成阅读写景类文章的方法,提升学生对写景类文章的整体体悟水平,促进学生学习力的生长。

教学目标

1. 能正确、流利、有感情地朗读课文。

2. 通过在具体的语言环境中理解重点词句的含义,了解黄山奇松的特点,感受黄山松的奇美,激发学生对祖国大好河山的热爱。

3. 把握文章的结构,学习作者运用点面结合的表达方式,选取代表性景物的典型特征进行细致描写的写作方法,提高学习写景类文章的能力。

教学过程

一、激趣导入,初识奇松

1. 同学们,喜欢旅游吗?简要介绍一下你去过哪些地方?

2. 有这样一句诗:"五岳归来不看山,黄山归来不看岳",你知道诗句赞美的是什么地方?关于黄山,你了解多少?(小组内交流课前所查资料后汇报)

3. 揭题:黄山被誉为"天下第一奇山",以"奇松、怪石、云海、温泉"四绝闻名于世。今天,我们就一起去领略"黄山四绝"之一奇松的风姿。

【设计意图】调动学生直接、间接的经验,使学生入情入境,激发学生阅读的热情,也为课文的学习奠定情感基调。

二、预习反馈,乐学字词

1. 指名朗读课文,要求读准字音,读通句子。

重点指导多音字"劲",学会根据字意选择读音。

2. 学习生字词,重点指导"誉"。

① 观察字形:辨析"誉"和"誊"。

② 字理析解:誉,形声字,繁体为譽,言形舉(与)声。本义:称赞、赞美。

③ 指导书写。

【设计意图】学生自主交流,展示学习收获,养成主动读书、乐于识字的习惯。引导学生探究字理,临摹书写,在汉字文化的渗透中让字词教学简约丰厚,同时也有效地落实了新课标中关于随堂练字的要求。

三、整体感知,质疑问难

1. 浏览课文,看看黄山松给你留下什么印象?

2. 大家都觉得黄山松很奇,有谁带着问题读课文的?

3. 梳理问题:带着问题读书会让我们的阅读更有方向,更有收获。在这些问题中,你觉得哪个问题比较重要,解决了它,其他问题也就迎刃而解了?

小组讨论,全班交流,梳理出重点要研读的问题:黄山奇松奇在哪里?

【设计意图】整体感知课文,落实自主学习理念,围绕课文质疑问难,并帮助学生学会梳理问题,能抓住核心问题研读文本,以培养学生对文章的整体把握能力。

四、精读品悟,感受奇松

1. 默读课文,一边读一边圈画出你认为能够体现出黄山松"奇"的语句,抓住这些关键词再想一想,在旁边简单地写一写阅读感受。

2. 小组内交流阅读收获。

3. 全班交流:黄山松"奇"在哪里?

预设一:感受迎客松之奇

(1) 生命力顽强。

理解"饱经风霜"的意思。想象一下,"饱经风霜"这个词包含了迎客松生长过程中的哪些艰辛?请大家用这样的句式说一说。

无论是_____,还是_____,迎客松总是郁郁苍苍,充满生机。

(风撼不动它,雪压不断它。饱经风霜却郁郁苍苍,这是一种生命的奇迹!)

【设计意图】"饱经风霜"对于学生来说很难理解,化抽象为直观,在理解词语意思的同时,培养了学生的说话能力,更能让学生感受到迎客松那顽强而神奇的生命力。

(2) 姿态优美。

欣赏迎客松图片。想一想,它为什么会被称为"迎客松"呢?

(3) 拓展深化:迎客松美名传天下,有很多诗人赞美过她。

出示《迎客松赞》一诗:

奇松傲立玉屏前,

阅尽沧桑色更鲜。

双臂垂迎天下客,

包容四海寿千年。

结合课文内容,简要说说你对诗句的理解。

(4) 感情朗读:迎客松它热情好客,它生命力顽强,现在已经成为黄山松的代表,成为整个黄山的象征,也是整个安徽省的象征,乃至已经成为中华民族热情好客的象征了。作者在写迎客松时是种怎样的情感呢?

(5) 学习写法:你发现作者抓住了什么写出了迎客松的"奇"?

小结:写景,就要抓住景物的典型特征来写,才能写出它与众不同之处。

【设计意图】关注写法的指导,引领学生在阅读中揣摩、感悟写作方法,让学生知道课文是怎么写的,并通过交流总结予以强化扎根,使学生掌握得更清晰,言意兼得。

预设二:感受陪客松之奇

(1) 对陪客松,作者写得非常简略,在这句话中,你认为哪个词用得最好?(正对:位置奇;静静地站在那儿陪同游人:姿态奇)

(2) 小结:对陪客松的"奇",同样是抓住了它独有的特点。

预设三:感受送客松之奇

(1) 理解"天然盆景"。为何称它是"天然盆景"? 这是谁的杰作?

(2) 送客松奇在哪儿?

(3) 介绍三大奇松,复现文本:黄山三大名松历经沧桑风雨,却仍然生机勃勃,同时又各具姿态,让我们充分感受了黄山松树的奇美。如果你是黄山的一个小导游,你会怎么向游人介绍这三大名松呢? 可以选用这样的句式,也可以用自己的话来介绍。

"黄山松真奇啊,迎客松_____;陪客松_____;送客松_____。"

【设计意图】以导游介绍的形式,内化文本的语言,在实践运用中,使学生品尝到成功的快乐,激发起内心的创造欲望,有利于个性的发展和创造力的养成。

(4) 小结:为了突出黄山松"奇"的特点,作者重点介绍了迎客松、陪客松、送客松三棵名松,让我们感受到了黄山松的神奇,这是选取典型事物来描写的方法,我们在阅读时要注意体会。

预设四：感受奇松的千姿百态。

玉屏楼前这三大名松是最有代表性的,然而被誉为"天下第一奇山"的黄山是无石不松,无松不奇的。你还从哪里读出了黄山松的奇?

(1) 学习第一自然段。交流黄山松的奇。(生长环境险恶、姿态潇洒、挺秀)

(2) 学习最后一个自然段。

① 这段话写出了黄山松几种姿态?

② 欣赏"千姿百态"的奇松图片,并说说你的感受。

③ 同样是写姿态,这段话在句式表达上和第二段有什么不同?

(句子较短,富有变化,不重复不单调,富有节奏,这就是汉语的魅力。)

【设计意图】利用文本独特的语言表达,体会作者遣词造句的精妙,感受汉语言的博大精深和永恒的魅力。

五、学习写法,赞美奇松

1. 我们通过品读语言文字,一起领略了黄山松的奇美。那么作者是怎样把黄山松"奇"这个特点写清楚的? 小组讨论,交流总结。

2. 古往今来,陶醉于黄山美景中的文人墨客数不胜数,赞美黄山的名篇诗句不计其数。交流搜集的诗句,阅读品味。

教师推荐:

恨不能化千亿身,逐峰皆到。(袁枚)

峰奇石奇松更奇,云飞水飞山亦飞。(魏源)

欲识黄山真面目,风华半在玉屏楼。(老舍)

纵教折骨山中死,此地今生也再来。(张大千)

3. 拓展练习。

(1) 读:搜集描写"黄山四绝"的其他文章读一读,进一步了解黄山,感受黄山的独特魅力。

(2) 写:选取身边的一处景物,仿照本文写法,从三个自然段中任选一段,仿写一段话。

【设计意图】基于"大语文"的情怀,将学生的阅读引向课外,引向中华文化浩瀚的星空。通过读写结合,使工具性和人文性得以统一。

【设计说明】

课堂应让学生得到成长,成长能够让学生带着足够的兴趣、习惯、情感、思维、精神等，充满成长气息的教学才是有效的。基于这样的认识，《黄山奇松》的教学设计着眼于学生的长远发展，顺应学生类课文的学习需求，努力彰显奇松之美、语言文字之美、情景交融之美。通过朗读感悟、合作探究等方法，引导学生在品读语言文字中把握景物特点，体会作者蕴含在字里行间的赞美之情。在朝向"学会学习"的过程中，以迎客松为例，帮助学生揣摩作者的写作方法，让学生明确，只有抓住景物的典型特征才能写出景物的与众不同，再让学生运用习得的方法学习陪客松和送客松的典型之奇，进一步提升学生对写景类文章的体悟水平。最后的整合提升，渗透了写景类文体的类结构教学，帮助学生明晰了"这一类"文本的特点和阅读的方法策略，使学生在美文美读的同时，生长"类课文"的学习力。

【简评】

江苏省特级教师、淮安实验小学副校长顾琴《黄山奇松》的教学，能够依据文本特点，以及学生的基础性资源，很好地体现了课标的教学理念，落实了学生的主体地位，促进了学生类课文学习力的生长，实现了工具性与人文性的统一。具体体现在以下几点：

1. 品悟语言，把握景物特点。

文本是语言的载体，是孩子情感体验的途径。以文本的学习为基础，扎扎实实引导学生立足语言文字，进行听说读写的实践活动，就抓对了教学的起点、立足点，同时，也找到了语文教学的根本归宿。本课教学，顾琴着重引领学生在品读词句中把握景物特点，体会作者蕴含在字里行间的赞美之情。例如在感受迎客松之奇时，学生很容易被迎客松奇特的姿态所吸引，而对它顽强的生命力有所忽视。教师抓住"饱经风霜"一词，引导学生想象迎客松在生长过程中可能遭受的各种艰辛，再联系下文的"郁郁苍苍、充满生机"等词，通过想象、比较、朗读等方法体会迎客松生命的奇迹。在这样的基础上，理解迎客松的象征意义就要容易得多。

2. 揣摩写法，提升阅读能力。

阅读教学要"带学生在文章里走个来回"，这是课标对中高年级阅读教学提出的要求。语文教学不仅要引导孩子读懂文本，还要在读懂的过程中朝向"学会学习"。教学过程中，顾琴以迎客松为例，帮助学生揣摩作者的写作方法，让学生明确，只有抓住景物的典型特征才能写出景物的与众不同，再让学生运用习得的方法学习陪客松和送客松的典型之奇。最后，在对课文进行整合时,进一步帮助学生明晰作者的思路,学习作者的表达方法,提升了学生对写□类文章的整体体悟水平。

3. 注重积累,强化语言运用。

语文的学习,很重要的任务就是让学生积累言语材料,积淀语感经验,提升运用语言文字的能力。本课教学,顾琴给学生提供了多次语言实践的机会。例如,让学生用自己的话说说对《迎客松赞》的理解,用规范的句式介绍三大名松等,这样的语言训练源自文本,帮助学生积累了课文中的精妙语言,同时又高于文本,实现了语言的内化与转化,在提高学生语言运用能力的同时,又能促使学生在情感上得到"润物细无声"的深厚沉淀。

4. 拓展延伸,丰富文本内涵。

语文课程是开放而富有创新活力的,沟通课堂内外,拓展教学内容,使学生在更加广阔的背景下学习语文,这是帮助学生走入文本、品味文字,获得触及心灵感悟的重要途径。教学中顾琴适时地拓展了一些赞颂黄山的名言诗句,丰富了文本的内涵,起到了拓展认识,深化情感的作用。同时,在与课外的链接中,课文就不仅仅局限于单薄的一篇文章了,而在融通文本与生活的联系中,拓展了学生的思维,使阅读有了广度、厚度和温度,提升了学生的语文素养。

二、刘须锦《金蝉脱壳》教学过程

第一课时

一、读写生字,因词连句。读写9个生字组词,相机指导"搜""颜"等难写的字。记住这9个生字组成的词语,并在书上画出,定位字词所在的具体语境。

二、熟读词语,因词连句。学习生字词相关的语句。在文中找到9个生字组成的词语,画出词语依存的相关句子。熟读这些句子,并背诵这些句子。同时在检查中渗透"什么是句子""什么是简单句子""什么是复杂句子(几个简单句子的组合)"等常规句型知识介绍。

三、巧用熟句,连句成文。首先对照黑板上的生字词,记一记课文中相关的语句。然后以同桌对句、集体对句等形式进行比赛。最后归类,看这9个生字组成的词语所在的相应的句子,哪几个句子可以归并到一个意思里,相机渗透逻辑分段,整体感知课文。

最后,呼应语词,概说课文。请对照黑板上生字,说说课文主要写什么。

第二课时

一、词语留白处,探微语言的张力。课文共七个自然段,也许是巧合,这9个生字词只分布在其中的5段,第二段与第六段就没有生字词。意味着这两段就是上节课学习的空白。细读这两个段落却大有文章。

"这是多么神奇有趣的事啊!我决心要揭开金蝉脱壳的秘密。"(第二段)

"这是多么奇特动人的情景啊!我高兴得几乎要叫起来。"(第六段)

教学就从这两句开始。首先设下悬念:"办公室,有老师问我:'《金蝉脱壳》这篇课文其实就围绕两段来写,你同意吗?'我不知道怎么回答,你们能帮我吗?"然后学生默读课文,有学生回答是第二段和第六段,我随即板书这两段。接着教学就围绕这两句话的异同开始发散:"这是多么……"相同内容却表达不同内涵;"神奇""奇特"同中有异,异中有同;"有趣的事啊"和"动人的情景啊"区别在哪?

二、内容精彩处,感受细节的魅力。首先定位,你认为课文中"有趣的事"指什么?你认为有趣吗?你认为课文中"动人的情景"是什么?你认为动人吗?交流探讨;默读,画出动人之处并记住,展示动人情景。最后,请刚才言说动人情景的同学按金蝉脱壳的顺序来一次合作背诵。

三、文本链接处,体悟金蝉的美丽。再读第二段和第六段,细细体会金蝉的神奇、奇特。以"我高兴得几乎叫起来"过渡,问作者叫起来了吗?引入最后一段,研读"艺术品般的金蝉"。最后,回归"神奇""奇特"。

(选自刘须锦《小学语文教学思维谈》,现代教育出版社2011年版,第71-72页。有删节。)

【简评】

在本课教学中,特级教师刘须锦善于运用上下文教学法、虚拟语境教学法。第一课时,由字而词,由词而句,由句而段,由段而篇,逐层深入,做到"字不离词,词不离句,句不离文",充分反映了上下文教学精神,也体现了刘勰所说的因字积句,积句成章的上下文语境观。第二课时善用虚拟语境教学法,将教学变成一种需要;善于运用上下文教学法,抓住第二段"这是多么神奇有趣的事啊!我决心要揭开金蝉脱壳的秘密"和第六段"这是多么奇特动人的情景啊!我高兴得几乎要叫起来",勾前联后,深入品味。

三、凌星华《宋庆龄故居的樟树》教学设计

教学目标

1. 能正确、流利、有感情地朗读课文，背诵课文。

2. 学会本课五个生字，能用上下文学习法理解"瞻仰""繁衍"等生词的意思。

3. 品读课文、能用上下文学习法理解樟树"蓬蓬勃勃"的形象和"香气永存"的精神气质。

4. 能感受借物喻人、对比烘托的表现手法，体会宋庆龄追求真理百折不挠、忠贞不渝的高贵品质。

教学方法：

上下文教学法、社会文化语境教学法。

教学时间：

2课时。

第一课时

一、谈话导入，了解课题

1. 板书课题，齐读课题。

2. 解题，激发阅读兴趣。

二、初读课文，整体感知

1. 初读课文，识写生字

（1）读准字音，读通句子。

（2）正音生字，指导书写。

① 出示课后练习第3题词语，同桌互读检查。（课件出示词语）

  粗壮 稠密 保持 四季常青 蓬蓬勃勃

  崇敬 瞻仰 纪念 繁衍后代 枝枯叶落

② 教师重点检查"瞻仰"、"繁衍"，指导书写生字"瞻"。

（3）联系语境，理解词语。

① 理解"瞻仰"，结合所在句子。

学生自由说"瞻仰"的意思。

结合句子"人们怀着崇敬的心情前来瞻仰宋庆龄的故居"说。

总结方法：上下文学习法。

② 运用方法,理解"繁衍"。

呈现句子,运用上下文学习法理解。

它们还要养儿育女,繁衍后代,子子孙孙都寄居在树上。

2. 再读课文,整体把握。

宋庆龄故居的樟树给你留下什么印象?学生板书。

三、直奔重点,品读感悟

1. 学习第四自然段——走进"蓬蓬勃勃"外形特点

(1) 理解"蓬蓬勃勃",感受叠词的表达效果。

(2) 默读圈画:哪些字词语句让你感受到樟树的"蓬蓬勃勃"?

相机交流,课件出示句子:

① 樟树不高,但它的枝干粗壮,而且伸向四面八方,伸得远远的。

引导学生抓住关键词"伸",感受"蓬蓬勃勃"的力量。

② 稠密的树叶绿得发亮。

扣住一个"亮"字,体会树叶之绿,生命力之旺盛。

③ 樟树四季常青,无论是夏天还是冬天,它们总是那么蓬蓬勃勃。

理解并运用关联词"无论……总是……"。注意结合上下文理解和运用。

(3) 指导朗读,配乐朗读,指导背诵。

2. 学习第五自然段——感受樟树香气永存的精神气质。

(1) 自学,交流学习收获。

(2) 聚焦:作者是如何写出香气永存特点的?

① 对比朗读,感受对比的形式,体会表达效果。

② 教师引读,体会樟树品质。

(3) 指导朗读,背诵该段。

四、小结学习内容

本课时运用上下文学习法,重点学习了两个生词,理解了樟树的品质。

齐背课文第四和第五两个自然段。

五、课堂练习生字书写

六、作业:

1. 抄写课文第四和第五两个自然段。

2. 思考:文章仅仅是写樟树的特点吗?

第二课时

一、复习检查

1. 生字词默写。

2. 背诵课文第四和第五两个自然段。

3. 宋庆龄故居的樟树有何特点？

二、学习借物喻人写法

1. 齐读全文。

2. 思考：为什么宋庆龄会因为两棵樟树而不愿搬家？为什么人们总爱在樟树前留影？仅仅是因为樟树蓬蓬勃勃和香气永存的特点吗？

3. 补充宋庆龄追求真理百折不挠、忠贞不渝的历程。

（1）要求学生捕捉其中的关键词。

（2）朗读第四和第五两个自然段。

（3）体会樟树特点和宋庆龄品质间的关系。

（4）点出借物喻人的写作特点。

（5）联系已学过的课文，加深认识。

（6）理解本课中借物喻人写法的好处。

（7）朗读全文，进一步感受。

三、学习衬托手法

1. 学习第一至第三自然段，初步理解衬托手法。

（1）指导朗读、背诵。

思考：

① 为什么开头要写上周总理劝宋庆龄搬家的故事？可不可以删去？

② 为什么第一至第三自然段反复提到树，而且直到第三自然段才点出樟树？

③ 点出衬托手法，简要说明其好处。

2. 自学最后一段，进一步理解衬托手法。

思考：为什么要写"人们怀着崇敬的心情前来瞻仰宋庆龄的故居，也总爱在这两棵樟树前留个影，作为永久的纪念"？可不可以删去该段？

四、齐读全文，理解思路

五、比较阅读，分析两篇的优缺点

呈现茹志鹃《宋庆龄故居的樟树》原文，说说删改的地方，评价改动后的优劣。

六、小结

本节课重在通过上下文学习法和社会文化语境学习法,把握了借物喻人和衬托手法。

七、附课文与原文

《宋庆龄故居的樟树》课文

上海宋庆龄故居的庭院里有两棵树。

有一次,周恩来同志觉得那房子小了一点,就劝宋庆龄同志搬个家。她不肯,说:"我舍不得这两棵树。"

这是两棵樟树。

樟树不高,但它的枝干粗壮,而且伸向四面八方,伸得远远的。稠密的树叶绿得发亮。樟树四季常青,无论是夏天还是冬天,它们总是那么蓬蓬勃勃。

别的树木容易招虫。从同一棵石榴树上可以捉到三四种不同的虫子。它们还要养儿育女,繁衍后代,子子孙孙都寄生在树上。而樟树本身却有一种香气,而且这种香气能永久保持。即使当它枝枯叶落的时候,当它已经作为木料制作成家具的时候,它的香气仍然不变。只要这木质存在一天,虫类就怕它一天,樟树的可贵之处就在这里。

人们怀着崇敬的心情前来瞻仰宋庆龄的故居,也总爱在这两棵樟树前留个影,作为永久的纪念。

《宋庆龄故居的樟树》原文

茹志鹃

上海宋庆龄故居庭前有两棵树。

有一次,周恩来同志觉着那房子小了一点,就劝宋庆龄同志搬个家。她不肯,说:我舍不得这两棵树。

这是两棵樟树。

樟树不高,特别是它的枝干,茂茂盛盛的倒是它的枝丫。生发开来的枝丫,长到一定程度,犹如小树干那么粗壮。粗粗壮壮的枝丫,从同一个母体躯干里生发开来,四面八方,伸得远远的,繁繁密密,荫凉特大。

这是两棵树荫很大的樟树。

别的树木,容易招虫。从同一棵石榴树上,就可以捉到三四种不同的虫:花花绿绿的;屈体前进的;以叶作伪装的;密密麻麻,不易发现的。它们自己寄生在树上,还在那里养儿育女,繁衍后代,并且教唆后代如何寄生。树蛀空了,它们也还不死,而且散开去,另去物色寄生体。

樟树不招虫。这个特点,在它作为树的时候,就表现得十分充分。别的树要喷洒药水,而它却不必。其奥秘也可能是到后来才发现,原来是在树的本身,树的内里,就有一种拒虫的气味。因为这是一种有益的气味,人们就称它为香气,更难得的是,樟树将这种拒虫的香气,永久保持,至死不变。这一点,恐怕世界上任何科学制作的化妆品,都难以做到的。即使当它枝枯叶谢的时候,当它已经作为木料的时候,它的香气也永远不变,永不消失。只要这木质存在一天,虫类就怕它一天。樟树的高就高在这里,贵也贵在这里。

人们怀着崇敬的心情前来瞻仰宋庆龄的故居,也总爱在这两棵樟树前留个影,作为永久的纪念。

【简评】

本课教学最大的特点就是全面运用了语境教学法。凌星华紧扣文本教给学生语境阅读法,在联系上下文中解词释句,掌握"瞻仰""繁衍"等生词的意思;用上下文学习法指导品读课文、理解樟树"蓬蓬勃勃"的形象和"香气永存"的精神气质。运用上下文学习法、社会文化背景学习法感受借物喻人、对比烘托的表现手法,体会宋庆龄追求真理百折不挠、忠贞不渝的高贵品质。这样,借助语境教学法,指导学生全面把握中心,理解写法,使教学充满着浓郁的语文味。

四、刘苹《草原》教学设计

教学目标:

1. 学会生字,理解"渲染""翠色欲流"等词语;

2. 感受草原诗情画意的美,能联系全文体会"蒙汉情深何忍别,天涯碧草话斜阳"所描绘的意境;

3. 有感情地朗读课文,背诵第一和第二自然段。

4. 体会作者遣词造句的精妙,学习用"既……又……既……又"的句式来抒发感情。

教学重点、难点:

1. 体会作者遣词造句的精妙,感受草原之美;

2. 联系全文体会"蒙汉情深何忍别,天涯碧草话斜阳"所描绘的意境。

教学准备:

PPT 课件。

教学过程：

一、欣赏草原图画，激情导入

1. 欣赏摄影师镜头里的草原美景。

2. 学生说说草原给自己留下的印象。

3. 每个人眼中的草原是不一样的。著名作家老舍眼中的草原是什么样的呢？请大家读一读课文，想象作者笔下草原的样子。

【设计意图：因为地域的差异，草原距离学生的经验遥远。使用图片将学生拉近草原，可以帮助他们很快走入课文情境，激发读文的兴趣。】

二、初读感知，梳理脉络

1. 走进老舍笔下的草原，你有哪些体会？

2. 师引导梳理，相机板书"景　美丽　人　热情"。

3. 小结：老舍不仅写了草原景，还重点写了草原人。

【设计意图：了解文章的表达顺序，是高年级段语文学习的重点，该训练要结合每一篇课文落到实处。】

三、品词赏句，感受草原美景

1. 第一自然段描绘了草原美景。老舍是怎样写出草原的"美"的呢？请大家默读第一段，画出描写草原的语句。再仔细读一读，圈画出你觉得写得特别好的词句。

2. 组织学生朗读自己最喜欢的语句，品味精彩词句。

预设：

A.（屏幕显示句子）

羊群一会儿上了小丘，一会儿又下来，走在哪里都像给无边的绿毯绣上了白色的大花。

（1）哪个词用得最特别？"绣"花的羊群就像是草原的美容师，无时无刻不在装点美丽的草原，让我们想象一下……

【设计意图：独具匠心的词写出了草原诗情画意的美，引导学生推敲想象，走入情境，可以训练学生的语感。】

（2）喜欢这美景吗？想象着画面，读出你的喜爱。

B.（屏显句子）

那些小丘的线条是那么柔美，就像只用绿色渲染，不用墨线勾勒的中国画那样，到处翠色欲流，轻轻流入云际。

（1）这句话里哪个词用得很特别？这里为什么用"流"？见过这样的绿吗？和它意思相近的词知道吗？

（2）如果画下来，这样的小丘能在普通的纸上用墨线勾勒吗？"墨线勾勒"与"渲染"都是国画中的绘画技法。（屏显录像"勾勒与渲染"）想象讨论：为什么像"渲染"出的中国画呢？（相机理解"翠色欲流"）

【设计意图：让学生在想象中作画，化虚为实，体会小丘的柔美，作者比喻的精当。】

（3）指导读出"柔美"。能背出来吗？

3. 学习用"既……又……"的句式抒发情感。

（1）（屏显句子）

这种境界，既使人惊叹，又叫人舒服，既愿久立四望，又想坐下低吟一首小诗。

用一个词概括作者此刻的感受，会吗？为什么作者不这样概括地写呢？

（2）再读一读前面的语句，同学们如果让你也用这样的句式来写写你置身这种境界中的感受，你会怎么写？学生自由写话，写后交流。

【设计意图：仿写句式，既深化了对课文的体悟，又积累了句式，一举两得。】

四、朗读体悟，体会蒙汉情深。

1. 梳理第二至第五自然段的叙述顺序。板书"迎客　相见　款待　离别"。

2. 学习第二自然段

（1）哪些句子体现蒙古人民热情，画出来，练习朗读。

（2）（屏显相关语句）讨论："飞"字好在哪里？背诵这句话。

3. 学习第三至五自然段

（1）默读这部分课文，除了体会到蒙古人民热情，你还能从哪些语句中体会到什么？

（2）指名朗读，交流感受。板书"蒙汉情深"。

（3）联系全文，想象"蒙汉情深何忍别,天涯碧草斜阳"的情景，练习写话。

【设计意图：课文最末一句言简意赅，内涵丰富。在此设计写话，可以深化学生对文章的理解。】

五、指导写字

（屏幕出示词语）

1. 指名读词,强调"玻璃"中的"璃"读轻声。

2. 组织讨论：仔细观察,你觉得哪一个生字容易写错？

3. 重点指导"涩"的写法。

【设计意图：高年级自主学习字词能力较强,因此要充分发挥学生中"小老师"的作用,指导学生开展自主学习。】

六、作业布置

1. 认真完成《习字册》。

2. 继续练习背诵第一和第二自然段。

附板书设计：

景　美丽

草原　　　　　　蒙汉情深何忍别

天涯碧草话斜阳

人　热情

【简评】

该设计能抓住文体语境特点,紧扣散文的特征组织教学内容。散文是介于文章和文学之间的一种文类,着重叙写"这一位"作者的所见、所闻,通过独抒心机的章法、个性化的表达方式、流露心扉的语句,表达"这一位"作者在独特境遇中的所思、所感。因此,散文教学的重点是作者独特的情感认知、个人化的言说对象、个性化的语句章法[①]。从教学设计中可见,刘草一开始就对学生说："每个人眼中的草原是不一样的。著名作家老舍眼中的草原是什么样的呢？请大家读一读课文,想象作者笔下草原的样子。"将学生引导到课文独特的景物人情描绘中,接着,指导学生感受作者独特的语言运用,品味课文中词语、句子。这样,充分体现了散文文体特点对语文教学的要求。

五、姚娴《鞋匠的儿子》第二课时教学设计

教学目标：

1. 学会本课两个生字,两条绿线内的两个只识不写。理解由生字组成的

---

① 王荣生.中小学散文教学的问题及对策[J].课程·教材·教法,2011(9).

词语。

2. 能正确、流利、有感情地朗读课文,体会林肯的演说艺术。

3. 通过学习林肯演讲前后,参议员们对他的态度的变化,来体会宽容是一种力量,学习林肯襟怀坦荡、仁爱正义、宽容大度的优秀品质。

教学重点、难点:

重点为着重解读林肯面对羞辱他的参议员说的那几段话饱含深情的话,使学生体会宽容是一种力量,学习林肯襟怀坦荡、仁爱正义、宽容大度的优秀品质。

难点是通过学习课文,让学生体会林肯的演说艺术,学会宽容。

第二课时

一、复习导入

1. 上一节课,我们初步认识了一位伟人,他就是林肯。林肯是——生读题,而且他说他永远是——鞋匠的儿子。我们在第一节课学习了文章的生字词,熟读了课文后知道文章写了两件事(请学生说)教师板书:遇 羞辱 分裂。并且还知道,在这两件事中作者主要是抓住了人物的语言来刻画人物形象的。课后老师留给大家一个作业:通过初读课文两件事,用一些词语来描述一下鞋匠的儿子给你留下的初步印象。

宽容,智慧,爱国,坚定,……(学生回答,教师板书)

二、品读语言,感悟人物性格

(一)过渡:这节课我们就来仔细研读两件事中作者是如何通过语言来表现这些特点的。课文重点写的是遇羞辱这件事,请你读课文,找出参议员羞辱林肯的话读一读?然后交流一下参议员们当时会怎么想?

出示:"林肯先生,在你开始演讲之前,我希望你记住,你是一个鞋匠的儿子。"

1. (羞辱是这样读的吗?羞辱是什么意思?)他会怎么样想?其他大笑的参议员可能是怎么想的?在你们看来当总统只能是——(生答:羞辱别人),而不应该是——(生答:被别人羞辱)。

2. 如果你是林肯,你面对这样的羞辱你会怎么做?(反驳,针锋相对……)而林肯面对羞辱却显得宽容而智慧,请找出林肯在面对羞辱的时候说的三段话。默读思考:三段话中哪些词语让我们感受到林肯的宽容和智慧。

出示:"我非常感激你使我想起我的父亲。他已经过世了。我一定会永远记住你的忠告,我永远是鞋匠的儿子。我知道我做总统,永远无法像父亲做鞋匠那样做得那么好。"

1. 指名朗读。哪些词让你感受到他的宽容和智慧?

2. "感激"!林肯感激的是什么?应该怎么读?通过感激,想说什么?这段话中还有一个这样表示林肯宽容的词,你能找到吗?

3. 这段话中还有谁抓住了不同的词语有新的理解?(哪些词语更能体现?)

永远,作者连续用了三个"永远"。把这三个永远连起来读读看,你读出了什么?(宽容,智慧,大度,骄傲……)

这段话说完,参议院是一片——(静默!)刚刚还是哄堂大笑,现在却是一片静默。原因是什么?(被林肯的宽容打动了)谁能带着自己的感情来把这段话读一下?

这三段话中还有哪些词让你感受到林肯的宽容和智慧?

出示:"就我所知,我父亲以前也为你的家人做鞋子。如果你的鞋子不合脚,我可以帮你改正它。虽然我不是伟大的鞋匠,但我从小就跟父亲学到了做鞋子的艺术。"

"对参议院里的任何人都一样,如果你们穿的那双鞋是我父亲做的,而它们需要修理或改善,我一定尽可能地帮忙。但是有一件事是可以确定的,我无法像我父亲那么伟大,他的手艺是无人能比的。"

"艺术"。把父亲做鞋子说成是艺术,你想说什么?文中还有一个赞扬父亲的词,你找到了吗?("伟大",说自己父亲是伟大的,你想说什么?文中还有一个赞扬父亲的词,你找到了吗?)

师:再读这三段话,想一想,这三段话作者除了让我们认识到了林肯的宽容和智慧,你还能抓住哪些词句对林肯有新的认识?

1. 出示:如果你的鞋子不合脚,我可以帮你改正它。这句话你能读出什么?要读出文字背后的东西。(总统能做,鞋匠也能做,总统和鞋匠是一样的平等。作为参议员也一样,都是平等的,人不分贵贱都是平等的。他对那个羞辱他的参议员这样说,对所有嘲笑他的参议员也是这样说的。)(平等)

2. 同学们,真了不起,读出了语言文字背后的意思。说到这里,林肯流泪了,而所有嘲笑他的参议员这时候都把嘲笑化成了掌声。

3. 你能通过朗读再现当时由静默到掌声的情景吗？把这三段话连起来带着情感读给周围人听听。

指名读（激励掌声）

林肯说过这样一句话：出示"对任何人不怀恶意；对一切人宽大仁爱……"

师：同学们，这段话你听出了什么？（是啊，他是这么说的，也是这么做的）他面对属下这样的嘲笑和羞辱——

出示：林肯没有生气，反而心怀感激；

　　　面对嘲笑和羞辱，林肯没有_____，反而_____；

　　　林肯先生，你真_____。

教师总结：同学们，在第一件事中，作者通过对林肯的语言细节描写让我们对林肯的认识有了进一步的提升，正是通过对人物语言的研读，我们才读到了文字背后的意思，才感受到了一个宽容、智慧的林肯。

（二）过渡：我们再读读面对国家分裂时候林肯说的话，看看哪些词语让我们感受到了他的爱国和坚定。

出示："一个裂开的房子是站立不住的，我不希望这个房子塌下去""我所希望的是它结束分裂，它应该成为一个完整的整体"

1. 学生读——说——汇报。

2. 相对于第一件事，这件事作者花的笔墨明显要少得多，但是却起到了丰满人物形象的作用，让我们从一个宽容、智慧的林肯走向了另一个爱国、坚定的林肯。这正是作者写作的高明之处。抓住了人物语言表现人物特点，却又详略得当。

同学们，后人在美国首都华盛顿修建了一座林肯纪念馆，走进去第一眼我们会发现纪念馆的墙壁上有一段话，如果你是设计师，你会在这面墙上写上什么话？

（学生写）同学们，你们都已经走进了林肯的内心，已经对林肯有了一个更深的认识。想知道这面墙上的话和你写得一样吗？课后可以借助网络去寻找答案。其实世界各地有很多人对林肯进行了评价，仅有关林肯的人物传记就有很多本。我们来看一下课后作业。

三、作业布置

1. 找一些关于林肯的小故事先读一读，然后同学间交流。

2. 尝试着读一读《林肯传》这本书。

附：板书设计

$$21\ 鞋匠的儿子$$

遇 ⇒ 羞辱　宽容 智慧

遇 ⇒ 分裂　爱国 坚定

【简评】

该课能够抓住演讲的文体特征，指导学生在虚拟语境中设身处地想想林肯的演讲处境，通过演讲、朗读等方法来品味演讲的语言艺术，感悟林肯的人物形象。

六、潘宝翠《等待特级教师》实录

授课时间：2011年4月28号。

授课班级：深圳路小学五(1)授课地点多媒体教室。

师：同学们，与平常相比，今天有些不一样，你发现了吗？

生：平时我们是在五(1)教室里上课，今天在多媒体教室上课。

师：你从上课地点的变化上发现了不同。

生：今天教室里听课的老师特别多。

师：你从教室里人的变化上发现了不同。

生：潘老师今天特别漂亮，像白雪公主一样！

师：听了你的赞美，老师心里像熨斗拉过似的舒坦！

(师生笑)

生：今天我的心情有些紧张。

师：怎么个紧张法？能说具体些，让我感受到吗？

生：我的心里像十五个吊桶打水——七上八下！

师：是挺紧张的。

生：我的怀里就像有一只小鹿乱撞！

师：我仿佛听到了你"咚咚"的心跳声。

生：我的双腿就像筛糠一样。

(师生大笑)

师：看来你最紧张！

师：同学们，紧张是正常的，可以理解。有同学不紧张吗？

（一小部分学生举手）

师：能在这样的环境里保持从容和镇定，你们是值得学习的！

师：刚才，同学们从上课的人物、地点和心情等细节方面发现了今天的不同，知道今天学校发生了什么大事吗？

生：今天，开发区高效课堂教学研讨会在咱们学校举行。

师：你是怎么知道的？

生：从教室前面的条幅上看到的。

师：这就叫会观察，你有一双慧眼！会观察的孩子，生活会更丰富多彩！

师：老师还要告诉大家一个激动人心的消息！有一位江苏省特级教师（板书：特级教师）杨老师听说咱班同学思维特别活跃，发言特别踊跃，点名要和咱们班同学一起上一节课呢！在你看来，什么样的老师才能称得上特级教师？

生：桃李满天下的。

师：好的老师肯定能教出一大批好学生来！

生：温文尔雅、风度翩翩的！

师：你认为老师一定气度非凡，是吗？腹有诗书气自华，有学问的人一定会有独特的气质！

生：玉树临风。

（师生笑）

师：在你看来，特级教师的身材一定特别好，是个帅哥，是吧？不过，人家杨老师可不是凭着长得帅才被评为特级教师的哦！

生：教学经验丰富，才华横溢。

师：这是肯定的！

师：同学们，就是这样的一位特级教师要和咱们一同上课，你的心情是？

生：很激动！

生：很期待！

生：很紧张。

师：让我们怀着激动、期待和紧张的复杂心情等待杨老师的闪亮登场！

（师生静静等待1分钟）

师：（看表）按照约定时间，杨老师就该进教室了。据我观察，鲍旭同学平时在侦察老师来了没有这件事上动作最敏捷，经验最丰富。（师生笑）今天，老师就把这项任务交给鲍旭，去三楼楼梯口打探一下，看到杨老师就立刻回来报告，好让大家做好准备，能完成任务吗？

鲍旭：能！

（该生迅速去三楼楼梯口。）

师：同学们，为了表达咱们对杨老师的真诚期待和热烈欢迎，一会儿，等杨老师进教室时，咱们就全体起立，鼓掌欢迎，好吗？

生：好！

（1分钟后，敲门声响起，同学们起立）

（开门，掌声起。只见鲍旭跑进来，殷老师急匆匆进门。）

殷：同学们，我刚刚接到了杨老师打来的电话，他在来咱们学校的路上遇上了堵车，估计20分钟后才能到，对此，他让我向同学们道歉，并请大家好好利用这20分钟，一会儿，他会给大家带来惊喜。

师：杨老师一时到不了，咱们怎么利用这20分钟呢？

生：咱们把课文预习一下吧！

生：我反对，杨老师上哪课，我们还不知道呢，怎么预习呀？

师：（点点头）有道理！

生：我看这样吧，为了表达我们对杨老师的期待，我们把等待他的过程写下来，等杨老师来了，我们也把这篇作文作为一个惊喜送给他，好不好？

师：这的确是个不错的主意啊，你们同意吗？

生：同意！

师：杨老师来的时候，你最想告诉他咱们在等待他的过程中发生了哪些事？

生：我们猜杨老师什么样的，这件事很有趣！

生：鲍旭去打探老师来了没有，回来时我们都把他当老师欢迎了！

生：我们讨论怎样利用这20分钟，杨老师一定很想知道。

师：这些都是咱们等待杨老师过程中的细节（板书：细节），把细节写好，杨老师才会觉得很真实，很有趣。另外，还可以写写自己内心真实的感受，（板书：感受）发自内心的文字才能打动别人，题目自己定。

（生写作文，师巡视）

师：不少同学已经写完了。刚才，就在大家专心致志写作文的时候，杨老师已经悄悄地从后门走进教室并坐在了后排，是个惊喜吧？

（学生纷纷调头张望，小声猜测）

师：究竟谁是杨老师呢？这个秘密暂时还不能揭开。刚才我悄悄和杨老师交流了一下，他对同学们写的作文特别感兴趣，他想听听大家的作文，写得特别精彩的同学，杨老师还要和他合影留念呢！多么难得的机会，潘老师都30多岁了，还从来没有机会和特级老师合过一次影呢！好好把握机会哦！

（指生读作文）

师：大家认真听，我们一同来评评作文，你觉得写得特别精彩的地方或需要修改的地方，就举手示意。

刘杰读作文：

神秘的杨老师

杨老师，我们是多么想看看您那玉树临风的样子，（师插话：杨老师究竟是不是玉树临风呢？等看到他本人时，你再决定用不用这个词，好吗？）我们知道您一定是一位学富五车的、才华横溢的老师，因为潘老师说您是一位特级教师。

当然，您也肯定是一位和蔼可亲的老师。当您在路上遇到堵车时，您打了一个电话，告诉我们您一时来不了了，向我们道歉，我们感觉到您是多么民主啊！我们知道，您的心情一定很焦急，我们也非常急切地想看到神秘的您。（生评价：写出了自己的感受。）

虽然有些同学有些垂头丧气，（生评价：用了两个"有些"，显得重复，建议去掉一个。）但我们依然相信，您一定会在20分钟后出现在大家眼前，让我们感受到您出众的才华，我们知道您饱经风霜，（师：为什么用这个词形容杨老师？生：我觉得特级教师肯定经过层层选拔和考验，吃了很多辛苦，特别不容易。师：有道理，这一点连老师也没想到，多么富有个性的表达！）从您的角度来说，您肯定也非常想见到我们这群可爱的学生吧？

杨老师，您快点来吧！

鲍旭读作文：

等　　待

今天下午，老师举行了一次淮安经济技术开发区2011年高效课堂现场会。（生评价：建议将"老师"改成"学校"。）

刚进入上课教室,哇!大约有百十来位老师坐在后面。潘老师跟我们讲有一位特级教师杨老师要来给我们上课。大家好期待哦!我想:杨老师是男的还是女的,如果是男的,长得帅不帅啊?如果是女的,会不会很漂亮呢?(师插话:写出了你内心活动,看来,你很在意老师的外表哦!生大笑。)潘老师说我在"侦察"老师来没来这件事上动作最敏捷,经验最丰富,派我前去打探一翻。于是我立马冲出门外,跑到三楼楼梯口,像长颈鹿似的伸长脖子张望,可是,一个人影也没有,我想:咦,人呢?我要不要再到二楼去瞧瞧?正想着,一位年轻的女老师急匆匆地上楼了,她大概就是杨老师吧?我得赶快回去报告,好让大家做好准备。于是,我撒腿就往教室跑去。(生评价:能抓住人物的动作、心理等细节来写,读起来又真实又生动。)

教室的门刚打开,同学们就噼里啪啦地鼓起掌来,我像得胜的将军似的,昂首阔步走上座位去,心想:我真是不辱使命哪!不一会儿,"杨老师"进门了,大家的掌声更热烈了,没想到,她一脸歉意地说,她不是杨老师,而是一(3)班的殷老师,杨老师在路上遇到了堵车,20分钟后才能到,我晕!(生评价:心理活动写得很风趣)

杨老师啊,我们等着您……

(学生争论刘杰和鲍旭谁该和杨老师合影,有人认为是刘杰,因为他写出了内心的感受,很真实,表达还有个性。有人认为是鲍旭,因为他既写出了自己的内心感受,还抓住了"侦察杨老师"这一细节,写得很风趣。)

师:究竟谁能有幸和杨老师合影留念呢?这个问题我说了不算,大家说了也不算,还是亲自问问杨老师吧!掌声有请杨老师闪亮登场。

(杨老师登场评作文,并和两位同学一同合影留念。)

师:请班长课后将刘杰和鲍旭的邮箱登记一下给我,我将照片发到他们的邮箱里,给他们留作永久的纪念。下节课,就请大家将作文进一步修改,誊到作文本上。

(下课)

(潘宝翠《〈等待特级教师〉教学实录》,《小学语文教学·园地》,2012年第2期,第37-38页)

【简评】

该课借鉴了于永正的《描述人物外貌,并转述通知》,创造性地利用现场情景语境因素,将口语交际、写作训练置于特定的课堂交际语境中去,为学生提供素材,让学生感受到写作有特定的交际目的,认识到写作就是在做事;写作□特定的读者对象,从而使参与写作、参与评价成为学生解决问题的需要。从中你会感受交际语境写作教学的魅力所在,会感受到学习语境教学经典课例的价值。

七、黄海霞《咏华山》第二课时教学设计

教学目标:

1. 能正确、流利、有感情地朗读课文、背诵古诗。

2. 学会本课中的3个生字,理解生字和由生字组成的词语。

3. 通过朗读展开想象,感受华山的雄伟壮丽,并能诗文画对照,体会古诗的意思。

教学过程:

一、复习导入

1. 读课题。

2. 复习生字词

出示词语:

　　　zhǔn huà

寇 准 华 山 沿着 艰难 山顶

情不自禁 吟诵 称赞 宋代

(1) 自由练读。(注意第二排词语前后鼻音比较多,要认真区分。)

(2) 指名学生读。

(3) 齐读。

3. 指着第一排词语简述主要内容。

第一排词语告诉我们,在古时候,有个小孩儿名叫——(生答:寇准),他跟先生去登——(生答:华山),他们——(生答:沿着)山路——(生答:艰难地)地爬上——(生答:华山山顶)。他们觉得(出示:啊!华山真高哇!)

二、细读课文,借文悟诗

(一) 理解华山的高。

1. 猜高度。

2. 讲高度。

华山有2200多米,我们的教室只有一层楼高,想想,十层楼有多高? 一百层呢? 而华山有六百层楼那么高。能读出华山的高吗? 谁来?

3. 指导读。

指名读。

师评价：

① 你读得真好，让我觉得华山真高哇！

② 你不仅读好了真高，还把两个表示赞美的感叹词"啊""哇"读好了！真棒！

③ 读的时候，还要读好这两个"！"，它们更多地表达赞叹、赞美的语气。

齐读。你们的朗读让我的眼前仿佛看到了高高的华山，你们看到了吗？伸出手指，跟老师一起把头脑中高高的华山画出来！（板画华山）

过渡：这么高的山如果让你去爬，感觉怎样？

（二）理解华山的险。

出示：他们沿着山路艰难地爬上山顶。

1. 抓词体会。这句话里哪个词语告诉我们登上华山太难太难了？能读好这个词吗？（出示词语"艰难"）

2. 看图体会。是啊！自古华山一条道。（出示云梯图，师述：百丈云梯几乎直上直下。这样的道路，想要爬上去真是十分艰难）相信你们一定能读好这句话（出示句子）。

3. 训练朗读。

（三）欣赏美景文字

出示：除了蓝天，远远近近的山都在自己的脚下。太阳显得那么近，山腰间飘着朵朵白云。

1. 找出景物。（蓝天、远远近近的山、太阳、白云）

2. 理解句子，合作板画。边板画边说：远远近近的山是说山很多很多！瞧，远处的、近处的，一座连着一座，那么多的山连在一起，这才叫远远近近的山。接着画太阳、画白云。咱们合作完成的板画美吗？我相信你们的朗读一定会更美！头脑中带着这幅板画美美地去读这两句话吧！

3. 指导朗读

（1）自由读。

（2）评价读。

（四）借文解诗

寇准站在高高的华山顶上，欣赏着如此美丽的景色，情不自禁地吟诵起来——(出示古诗)像你们这样忍不住和老师一起读就叫(出示:情不自禁)明白吗? 指名读这个词! 一起读!

1. 诗文对照,理解诗意。

(1) 这首诗的意思就藏在左边的文字里,读读看能不能找出来。

(2) 交流:"只有天在上,更无山与齐"什么意思? 谁来读给大家听听? 对啊! 就是说远远近近的山没有一座山能和华山一样高!"举头红日近,回首白云低"的意思找到了吗? 谁来说?"举头"是什么样的? 是啊! 举头就是抬头,一起做做这个动作(抬头),抬头看到太阳显得——(生答:特别近)。"回首"呢? 这里的"首"指的是——(生答:头),那回首就是回——(生答:头),谁来做做回首的动作? 一起做做看。对啊! 寇准站在山上回头往下一看,看到山腰间飘着——(生答:朵朵白云)。

2. 诗画对照,朗读古诗

师指着板画带领学生读诗。

现在,你就是站在山顶上的小诗人寇准,看着面前的大好景色,情不自禁地吟诵古诗。来,试试看!

生读。

(五) 读书游戏,体会诗妙。

1. 读诗,体会诗的简洁。

2. 读诗,悟韵。

3. 这首诗里面没有一个"高"字和"美"字,却让我们觉得华山高大壮美,真是妙啊!

(六) 总结升华,背诵古诗

三、理解"咏",回顾全文

其实很多表达赞叹、赞美之情的古诗名字中都带有"咏"字,(《咏鹅》《咏柳》)咏鹅是赞美——(生答:鹅的),咏柳是赞美——(生答:柳的),那咏华山是——(生答:赞美华山的),再读课题,读出赞叹、赞美的语气!(齐读课题)

四、指导书写

指导书写"间、称、代"。

五、课后拓展

文中寇准的《咏华山》一诗,仅仅是赞美华山吗?

【简评】

该设计全面体现了语境教学精神。首先,善于利用上下文语境中学习生字、理解华山的特点。教者将生字放在词中,将词放在文意概括中运用,并注意结合上下文理解、诵读相关语句。其次,借文解诗。能够根据"文"描绘的情景语境指导学生解读诗歌大意,充分发挥了文包诗中"文"的造境功能。再次,能够借助学生的认知背景理解华山高大,在作业布置中,则进一步拓展语境的妙用,结合汉语语境中词汇的文化意味和寇准的人生经历,拓展诗意内涵。

八、张勇《月迹》教学设计

教学目标

1. 有感情地朗读文章,体会文章富有表现力和音韵美的语言所营造的纯美月境。

2. 深入揣摩重点词句,理解文章字里行间蕴含的纯真美好的思想情感,体会特定情感依托下月亮所表现出的特殊审美意义。

教学时间:

第一课时

教学过程:

一、导课激趣

月亮是我们最熟悉的景物之一了,在你的记忆中最美的一处月景是怎样的呢?

贾平凹先生的《月迹》一文,用孩子的眼睛去寻找月亮,他看到了怎样的月景呢?让我们一起走进这篇美文。

二、美文选读

请大家在课前预习的基础上,选择自己最喜欢的一处写月的文字,静心品读。努力将文章的画面再现到自己的脑海里,你会有奇妙的发现的。

三、美景循迹

刚才你选读的是哪一处月景呢?请和我们一起分享你的阅读体会。

镜中之月(变化之美):

(爬,这是个很有意思的词汇,月亮怎么会"爬"呢?作者为什么不用"升"呢?这让我注意到作者写月亮刚照进来的时候,他用的一个词。你们注意到了吗?)

"溜"很容易让人想起什么人?这哪有美呢?

请同学们留意这"溜"字前面的修饰词。加上"款款"之后,你会把这"溜"和什么人联系起来?

(切合那时那景的情景,这便是语言的情境感情韵感)"款款"不仅写出月光移动的缓慢,更有一种从容悠闲的姿态,所以后面的"溜"便有了一份调皮和可爱了。

看着这样的月亮,孩子们的心情会是怎样的呢?文句中哪个词表现了这种心情?

月亮不是经常挂在天上吗?为什么会惊喜呢?(这个"闯"字用得很好,能想一想那样的情景吗?)

【再读】——除了月亮进来的样子,此处的月亮还有吸引我们的地方吗?

伴着这样的慢慢移动,最后,月亮变成什么样子了呢?

你从这些词汇中,读到了孩子们怎样的心情。瞧,这就是语言的魅力,一个语气词,便写活了心情。

哪位同学愿意读这段文字?将这月光的调皮可爱、动态变化之美,以及孩子们的惊喜、专注之情通过朗读表现出来。

谢谢×××同学与我们的分享,经由他的指引,我们从作者的文字中得出了这么多的体会,这不就是阅读的幸福吗?

院中之月(皎洁之美):

你喜欢这一处的月景。那请你将这一段文字读给我们大家吧。

你在读这段文字时,特别想读出怎样的感觉来?你认为文段中有哪些语句,帮助你读出了这样的感觉。

同学们,作者为什么要用"玉玉的、银银的"来形容院中的月光呢?真的是那样的吗?

("尽院子的白光""我们也被裹进了这明亮洁白的月光中了"。"玉玉的、银银的"这两个词不仅写出了白亮,而且还有了温润的质感,仿佛整个环境就是一块晶莹剔透的白玉,这让我们想起了老舍在写济南冬天时的一个类似的句子;老舍在写那段文字是也只是说"自上而下全是那么清亮,那么蓝汪汪的,整个的是块空灵的蓝水晶。"并没有用"蓝蓝的、晶晶的"这样的样式,想想作者为什么会选用叠音词,而且选用的还很多呢?)

除了叠音词外,作者还选用了一种特殊的语词形式,增加了这份童心童趣(儿化音)。阅读时要特别注意将这些表现好。

杯中之月:(情态之美)

这处月景为什么会吸引你?

("浮起"——慢慢变化的过程,专注凝神;联系上下文的信息可以帮助我们更好地理解文章。

"酥酥地颤"——心里的怜爱)

酥:古代称酥油为酥;(食物)松而易碎;面粉和油加糖制成的松而易碎的点心;酥软。同学们觉得在这里选用哪一种解释更切合作者想要表达的意思?

院中其他地方的月,水中之月,瞳中之月。

如果你去找,你还会在哪些地方看到月。

(月亮竟是这么多;只要你愿意,它就有了。)

四、童趣探源

这么多美丽的月景,真让人陶醉呀!哎,有些羡慕这些孩子了,我们也常常看到月亮,怎么就没有这样的体会呢?

儿童特有的心理:"生怕会一口气吹跑了""羡慕、嫉妒起来""啊,啊!月亮是我的啦"(怎样读出三妹的口吻?)

儿童特有的体验:"我们已在了月里"(那头顶的那是什么呢?)

儿童特有的期盼:"什么都不满足""大家都满足了"(沿着月迹寻找美丽)

儿童特有的思想:"月亮是我所要的""月亮是个好(能想到哪些好呢?那么弟弟说的'所要的'是什么呢?)"——我是怎样想的呢?"按在天空上的印章。"

长天为纸月为印。天空是我们的作品,月亮是我们的印章。我们拥有了天空,我们拥有了宇宙!拥有所想要的一切。这样一种气势真可谓气贯长虹,大气磅礴,这就是什么都不满足的儿童!

儿童的心理与前面我们所欣赏到的月景有何关联?

随着月景的变化,我们的感悟体验越来越具体丰富且深刻。这便是对美的理解和领悟呀!

五、拓展深思

(1)千百年来,月亮已然成为中国文学史上,最为人们所喜爱的意象之一,很多关于月亮的经典的诗词文赋早已熟读成诵了。同学们的记忆宝库中收藏了哪些呢?

(2)在这些月的意象中,你们读到了怎样的月景和情感?

(3)这些诗文中的"月"与今天阅读的"月迹"比起来你更喜欢哪一处?

这就是贾平凹。一个充满童心的老男孩,一个满怀爱意的追梦人。

六、作业超市

月亮独特的美,给予了人们很多的遐想,寄予了人们丰富的思想情感。课后请同学们从下列两项学习任务中任选一想完成。

(1)读_____(填人名)的月

(2)城里的月光。(写一篇城里孩子眼中的月)

附:板书设计

月迹

景美　　　　　　情真

情境美

【简评】

张老师在教学中能够引领学生经由语言的路径,获得文学审美阅读的真切体验。上课伊始的"记忆中最美丽的月景是怎样的"提问,调动学生的生活体验,引导学生自由选择最喜欢的一处写月的文字,静心品读,充分尊重学生个性化的阅读体验。

在教学中,张老师重视指导文本诵读和品味,从词语切入,引导学生品味语言的形式之美,体会词语中蕴含的丰富、深厚、细腻的情韵,感受探寻"月迹"的美妙的历程,观赏月夜美的画卷,走进作者内心。

在深入品读《月迹》中的纯美意境后,师生还就"描写月亮的经典诗词文赋"这一话题展开交流,激活学生的阅读积累,促进思维比较,更真切深入地感悟《月迹》的语言美与情趣美。

九、贾莹《渔家傲》教学设计

学习目标:

1. 抓住词中独特的意象,感受塞下秋景之异,感知作者的丰富的思想感情。

2. 通过吟诵,感知诗词的韵律之美。

3. 初步把握通过意象、意境、韵律鉴赏诗词的方法。

教学重点

1. 理解词中包蕴的诗人忧国、思乡、悯人的丰富而复杂的情感。

2. 初步了解通过意象、意境、韵律鉴赏诗词的方法。

教学难点：

结合词的文体特点，联系相关知识储备和生活经验，体会词人选择意象的特殊性和表现的生动性。

课时安排：

第一课时

教学过程：

一、导入激趣

中国是一个诗词的国度，千百年来，无数的诗人用他们真挚的情感，吟诵出大量的诗词歌赋。这些诗词是中华文化的瑰宝之一。从小学至今同学们学习了很多诗词，在这些诗词中给你印象最深的一首是什么呢？请和大家分享你的记忆。

（生背诗词）

师点评：每个人都有自己的喜好，或婉约，清新绮丽，具有一种柔婉之美；或豪放，气象恢宏，悲壮慷慨。无论是怎样的风格，诗词中都尽情地表达了作者真挚的情感。

今天我们就去学习一首词——范仲淹的《渔家傲》，一起去品读其中的情感。

二、整体感知

1. 读诗，读准字音

师：我们一起来读一遍这首词，关注一下字音和节奏。

2. 疏通词意

师：这首词在词意上有没有什么不理解的地方吗？

（生提问，师解惑）

再读：通过刚才的交流，我们扫清了阅读的障碍，带着一份初步的理解，让我们再一起读读这首词。

三、品读情感

1. 我们知道了这首词写的是什么，这便是真的读懂了吗？在这首词中，你读到了作者怎样的情感呢?

2. 诗词中哪一句或者哪一个字促使你产生了初读时的情感体验呢?("泪"字,泪是万般情感的外显。)

四、一字品读

1. 这个"泪"字包容的情感是丰富的,流的是什么样的泪呢?如果在泪前面加几个表示作品传递情感的词语,结合这首词的内容,你觉得哪些词语比较适合?

2. 文章里哪些具体的语句让你产生了这样的情感体验了呢?

【预设1】思乡的泪

衡阳雁去无留意

"衡阳雁":我们也曾学习过关于雁的诗句——"乡书何处达,归雁洛阳边""淮南秋雨夜,高斋闻雁来"。这些诗中,作者都是借雁来表现对家乡的思念。像这样有着明显的特征,有蕴含着作者丰富情感的形象就是古诗词中的意象。雁是中国古代诗歌中一个表现思归的典型文化意象。

"无留意":因为边塞天气寒冷,连大雁都不忍其寒,想早日离去。北雁南飞,其实是一个物候现象,秋去春来,雁无情思,实则是人无留意。想早日回到温暖的南方,温暖的家里。

浊酒一杯家万里

"浊酒":无法回家,只能借酒消愁,酒浊,不仅看出边地条件之艰苦,更表现了人内心万般的忧愁,酒浊心乱,喝酒并不能解千愁,而引起了万般情思。

"家万里":这里的万里不仅是空间上的距离,也是时间上和心灵上的距离。

"一""万":形成鲜明的对比,突出了抒情主人公对家乡的思念之深。

【活动方式】理解"意象"、换词

【预设2】壮志未酬的泪

燕然未勒归无计

"燕然未勒":这个典故记述的是窦宪大败北单于,杀一万三千多人,俘不计其数,出塞三千多里,登上燕然山,刻石纪功,并在后来的金微山之战中彻底解决了历时三百年之久的匈奴之患。词人借用这个典故,是想告诉我们他的凌云壮志——(想建立功业,想功成名就)。

"归无计":将士们虽处险境,生活艰苦,又倍受思乡之愁的煎熬,但由于为国家建立功业的壮志未酬,仍然不愿解甲回乡。这正是我国古代无数仁人志士那种"匈奴未灭,何以家为"的豪情壮志的生动体现。

浊酒一杯家万里

不仅有思乡的愁绪,亦有功业未建的苦闷。

【活动方式】品词、对话

【预设3】忧国的泪

四面边声连角起,千嶂里,长烟落日孤城闭

"四面边声":声音多、方向全

想象一下你能听到哪些声音?这些声音从四面八方传来的时候,你会有什么样的感受?(慌乱、急促、紧张)

"连角起":这里的角声是召唤在外的百姓和将士回城,夜晚将至,城门要关了。

"千嶂里""孤城":"千"表示多,很多的像屏障一样的山峰,仅仅把孤城包围起来,堵塞了视野,也堵塞了心灵里的万般愁绪,让人看不见未来,很是迷茫。

"千"和"孤"形成对比,不仅看出形势的严峻,也让人感受到内心的凄凉。

"千嶂""长烟""落日""孤城"这四个意象是不是并列的?有没有主次呢?哪个是主。("千嶂""长烟""落日""孤城",四个景点并非是不分轩轾的并列关系,而是主宾有序的。"孤城"是核心,前三者是它的反衬,这样措置,是为了突出孤城在空间上的渺小孤独,环境上的凶险紧张,从而暗示出困守孤城的将士们艰苦紧张的生活。)

"闭"换成"关"可不可以?

(不可以,音律上不行,诗词有韵律美,"闭"不仅有一种关的很紧的感觉,还有一种严阵以待的感受,突出了当时战事的紧张,宋朝守军力量的薄弱,太阳一落就关闭起来,暗示了这座孤城军事形势的严峻。"闭"字更写出了万般情感无法抒发出的苦闷。)

【活动方式】诵读、想象与联想

【预设4】悯人的泪

羌管悠悠霜满地

"悠悠":是一种什么样的音调?给人什么样的感受?

("悠悠":可指忧思,也有遥远长久之意,还可以形容声音飘忽不定。羌笛声音的特点是悲凉凄切,勾起人无限忧思)

谁在吹羌笛呢?

（边地的人：夜深未眠，心思惆怅，为自己担忧；战士：连战士都会了这样的乐器，表明驻守时间之久——将军白发征夫泪；将军、范仲淹：满腹愁情，忧己忧民忧国——范仲淹不仅在词中表达了自己的思乡忧国之情，也关注到了边塞不同人的内心世界——忧人）

"霜"：什么时候下霜，霜给人怎样的感受？

（夜半，时间之晚，霜寒，天气之冷，霜加重了心理之寒，更表现了作者的万般愁绪）

"满地"：将"满"换成"一"可不可以？

（满，一种范围的广，没有间隙，无处不在，全眼的白色，无法躲闪，将人困在其中，无比寒冷，不仅仅是身体，还有心灵。满，有一种动态，霜由无到有，由有到满，慢慢地扩张、延伸，就如同人的各种情感的积聚，填满内心，不断蔓延，直至无法承受。）

人不寐，将军白发征夫泪

思考：哪些人不寐？

（将军、战士、边地的人、范仲淹）

他们为什么不寐呢？

语文活动：可以想象其各自心理。

此时此刻，他们会有着怎样复杂心理活动呢？

思乡的痛、战争的苦、未建功业的愁、心怀天下的忧……

【活动方式】联想和想象

五、思想延展

1. 一行浊泪之中蕴含着丰富的情感，这是谁流的泪呢？

诗人的泪；征夫的泪；将军的泪；边疆人民的泪……

2. 都说男儿有泪不轻弹，作者却在词中以男儿泪结束，会不会冲淡这些为国戍边，英勇杀敌的将士们的形象呢？

不会，因为这恰恰表现了戍边将士们真切、平实、真挚、深远的情感。

师小结：自古表现思乡爱国情感的边塞诗词并不少见，但是如此真切地再现这样丰富情感的，恐怕非《渔家傲》莫属。这就是范仲淹：不仅自己思乡忧国，也关注到了边民们、将士们内心丰富情感，有着悲悯的情怀。这就是"先天下之忧而忧，后天下之乐而乐"的他。

六、课堂总结

这节课，我们通过意象的品读，典故的体会，情感的体验，走进了北宋西北边塞的军旅生活，感受了那荒凉的秋景，决绝的雁阵，四面的边声……体会了这首词中思乡、建功、悲悯的情怀。然而一节课是很难读尽这首词的，课后，大家可以先去看一看范仲淹的《岳阳楼记》，然后重读《渔家傲》，也许你会有新的发现。

七、课后作业

"我读边塞诗词"文学活动：

以今天学到的方法去读读其他边塞诗词，可以和《渔家傲》做个比较，不久后举办一个交流会，相信大家会有精彩的表现，丰富的收获！

【简评】

贾莹紧密结合"词言情"的文体语境特点，抓住范仲淹《渔家傲》中的一系列典型意象以及汉语词汇的文化意蕴，结合学生已有的知识储备和生活经验，指导学生咀嚼、品读、体会词人选择意象的特殊性和表现的生动性，加深对词中所体现出的思乡、建功、悲悯等情怀的感受，使学生获得深切的审美享受。

十、井伊康《石榴》教学设计

教学目标：

1. 引导学生体会状物类文章的特点——抓住特征，形神兼备，或托物言志，或咏物抒情。

2. 反复诵读体会本文优美生动的语言。

3. 理解作者写作意图，感受作者的思想感情。

教学重点、难点：

1. 状物类文章的特点的把握。

2. 对生动、凝练语言的赏析。

教学方法：

语境教学法、诵读法

教学过程：

一、激趣导入

二、介绍作者，知人论世

1. 学生根据初一所学知识及自己的积累介绍作者。

2. 明确：郭沫若（1892—1978年），中国现代杰出的作家、诗人、历史学家、剧作家、考古学家、古文字学家、著名的社会活动家。文章创作于1942年,同当时的许多散文一样抒发了民族美好的情操。

三、初读课文,理清思路

1. 学生选择自己喜欢的方式读课文。

2. 理清思路

＿＿＿＿＿石榴→＿＿＿＿＿石榴→＿＿＿＿＿石榴

3. 提问：课文的主体部分写了什么?

明确：枝干、枝叶、花、果(以石榴的生长过程为序)

四、以目观物,寻找画面美

石榴美吗? 美在哪? 快速从文章中找出它们的特点。

枝干：形(奇崛清新)

枝叶：形(精致小巧)

花：布局(匀称)色(陆离、华贵、妙幻、渐变)形(丰腴)态(咧口大笑)

果：色(透明)质(光嫩)味(酸、甜、美)

五、以心观物,品味语言美

1. 文章具体描写了石榴的特征,语言生动形象,学生自由阅读自己最喜爱的句子或段落,然后在小组内探讨、交流,说出喜爱的理由。小组选出代表发言,在班上交流(教师可作巡回引导,让学生品味生动、活泼的语言以及领会拟人、比喻等修辞的作用)

教师适时对品味语句的方法进行指导。

2. 就你喜欢的语句和文段有感情地朗读,注意语调和感情的把握。

(学生：朗读、评价)

六、以理观物,体会情感美

1. 作者用妙笔画出了石榴的可爱。作者如此喜欢它,于是,在课文第七小节直接表达了自己的情感,用笔划出来。

2. 作者为什么把石榴比喻成夏天的心脏? 作者是单纯的状物吗,还是寄寓什么深层次的意思?

从物象本身看,石榴的颜色是红色的,形状是圆形的与喻体"心脏"相似;从深层含义看,"心脏"是人体重要器官,提供了全身的生命活力,所以将"石榴"比喻成"夏天的心脏",正是说石榴为夏天提供了生命力和活力。

联系本文写作的历史背景,对"夏天""阳光"等意象进行点拨,从石榴不惧威压,在烈日下绽放美丽,演幻出充满喜悦的变奏曲,不就象征着那种在抗日战争期间不怕威压,勇于斗争的精神吗！由此可见,作者如此喜欢石榴,绝不仅仅因为石榴的外在美,更是喜欢石榴的旺盛的生命力。

七、总结课文,指点方法

本文是一篇托物言志的优美的散文,请大家回忆我们本节课的学习过程,归纳总结学习内容和方法。

一篇优秀的状物记叙文必须具备以下特点:

1. 结构上:思路清晰,层次分明。

本文开头部分概写,总领全文;中间部分围绕中心分层展开,写得细腻、传神;结尾部分简略生动,照应开头,点明文意。

2. 语言上:抓住特征,细腻描绘。

本文既抓住了石榴的外在特征,运用对比、拟人、比喻等手法进行形象的描绘,还赋予石榴"内在"的特征,如质朴俊逸的风度、不畏炎阳的品格等。

3. 情感上:托物言志,借物抒情。

作者赞美石榴,实际上是要赞美那种英勇无畏的品格和敢于斗争、蓬勃向上的时代精神。

说明:分析时联系单元说明,让学生把握本单元文章的学习目的,引导他们自己概括出本文的写作特点,并就此对学生如何写状物作文进行指导。

八、布置作业,小试牛刀

放眼丰富多彩的自然,山水花木,鸟兽虫鱼,有哪一样曾触发你的联想,牵动你的情思？仿照本文的写法,完成一篇300字左右的随笔。

【简评】

在该课教学设计中,井伊康抓住咏物散文的文体特征,紧扣课文,反复诵读,分层次地引导学生体会状物类文章的特点——抓住特征,形神兼备,或托物言志,或咏物抒情,并结合社会文化背景,透过石榴的外在美和旺盛的生命力,体会蕴含其中的抗战中我国军民不怕威压,勇于斗争的精神品质。在教学中突出语言赏析和课文表现手段的运用,语文味得到具体彰显。

参考文献

一、专著

1. 程红兵.程红兵与语文人格教育[M].北京:国际文化出版公司,2003.
2. 程少堂.程少堂讲语文[M].北京:语文出版社,2008.
3. 丁有宽.丁有宽与读写导练[M].北京:北京师范大学出版社,2006.
4. 董旭午.真教语文 教真语文:董旭午生活化语文教读课例精选精评36[M].太原:陕西师范大学出版社,2013.
5. 窦桂梅.听窦桂梅老师讲课[M].上海:华东师范大学出版社,2006.
6. 干国祥.生命中最好的语文课——干国祥语文课堂教学实录[M].天津:文化艺术出版社,2011.
7. 郭初阳.言说抵抗沉默——郭初阳课堂实录[M].上海:华东师范大学出版社,2006.
8. 韩雪屏.语文课程知识初论[M].南京:江苏教育出版社,2011.
9. 洪镇涛.洪镇涛语感教学实录[M].北京:开明出版社,2005.
10. 洪宗礼.洪宗礼文集[M].南京:江苏教育出版社,2008.
11. 黄厚江.享受语文课堂[M].北京:教育科学出版社,2012.
12. 黄玉峰.活得像个人:我的大语文教学[M].上海:上海教育出版社,2011.
13. 蒋军晶.课堂打磨:蒋军晶小学语文典型课例[M].北京:北京师范大学出版社,2009.
14. 孔凡成.从情境到语境——小学语文课堂教学的发展走向[M].北京:现代教育出版社,2012.
15. 孔凡成.语境教学研究[M].北京:人民出版社,2009.
16. 李冲锋.语文教学范式[M].北京:华龄出版社,2006.
17. 李吉林.小学语文情境教学[M].南京:江苏教育出版社,1996.
18. 李建成.小学阅读教学的革命[M].北京:中国文史出版社,2004.
19. 李卫东.李卫东讲语文[M].北京:语文出版社,2007.

20. 李镇西.听李镇西老师讲课[M].上海:华东师范大学出版社,2005.

21. 刘须锦.小学语文教学思维谈[M].北京:现代教育出版社,2011.

22. 倪文锦,欧阳汝颖.语文教育展望[M].上海:华东师范大学出版社,2002.

23. 潘新和.语文:表现与存在[M].福州:福建人民出版社,2004.

24. 钱梦龙.我和语文导读法[M].北京:人民教育出版社,2005.

25. S.皮特·科德.应用语言学导论[M].上海:上海外语出版社,1983.

26. 斯霞.我的教学生涯[M],上海:上海教育出版社,1982.

27. 孙双金.孙双金教学思想与经典课堂[M].太原:山西教育出版社,2005.

28. 王荣生.听王荣生教授评课[M].上海:华东师范大学出版社,2007.

29. 王荣生.语文科课程论基础[M].上海:上海教育出版社,2003.

30. 王荣生.阅读教学设计的要诀[M].北京:中国轻工业出版社,2014.

31. 王崧舟,林志芳.诗意语文课谱——王崧舟十年经典课堂实录与品悟[M].上海:华东师范大学出版社,2011.

32. 魏惠.课堂回归:教学形态透析与示例[M].南京:江苏教育出版社,2012.

33. 咸高军.我的生活语文[M].长春:吉林教育出版社,2011.

34. 严华银.严华银讲语文[M].北京:语文出版社,2008.

35. 于漪.可以做得更好[M].上海:上海教育出版社,2001.

36. 于漪.我和语文教学[M].北京:人民教育出版社,2003.

37. 于永正.教海漫记[M].徐州:中国矿业大学出版社,2005.

38. 于永正.于永正课堂教学教例与经验[M].北京:人民日报出版社,1995.

39. 于永正.于永正语文教学实录荟萃[M].徐州:中国矿业大学出版社,2005.

40. 余映潮.听余映潮老师讲课[M].上海:华东师范大学出版社,2006.

41. 袁卫星.听袁卫星老师讲课[M].上海:华东师范大学出版社,2006.

42. 张化万.我的语文人生[M].北京:高等教育出版社,2004.

43. 郑桂华.听郑桂华老师讲课[M].上海:华东师范大学出版社,2007.

44. 郑逸农."非指示性"语文教育初探[M].杭州:江教育出版社,2006.

二、论文

1. 顾琴.从盲目走向洞察——基于学生的教学起点设定[J].江苏教育,2009(10).

2. 顾琴.唤醒儿童习作的"自我场"[J].小学教学参考,2014(2).

3. 黄艳梅.浅谈口语交际教学中的言语价值[J].小学教学参考,2013(8).

4. 黄艳梅.言语主题:对语文教学特质的追寻[J].语文教学通讯,2012(4).

5. 井伊康.初中语文体验探究式教学法探微[J].语数外学习(初中版上旬),2014(2).

6. 孔凡成.教者胸有境 入境始与亲—语境教学观概论[J].江苏教育研究,2008(11).

7. 孔凡成.孔子语文教育思想新探[J].伊犁教育学院学报,2002(1).

8. 孔凡成.论教育名家与语境教学发展[J].江苏教育研究,2013(9).

9. 孔凡成.情境教学法与语境教学法比较谈[J].钦州师专校学报,2005(2).

10. 孔凡成.情境教学研究的发展趋势[J].教育评论,2005(1).

11. 孔凡成.上下文教学观与游离文本现象[J].语文建设,2007(1).

12. 孔凡成.语境教学:语文教学的发展方向[J].语文建设,2014(2).

13. 孔凡成.语境教学观浅探[J].教育探索,2003(7).

14. 李海林.语境学与语文阅读教学[J].语文学习,1993(11).

15. 李吉林.为全面提高儿童素质探索一条有效途径(下)[J].教育研究,1997(4).

16. 李建成.让语文教育适合生命成长——我的语文教学主张的建构[J].江苏教育研究,2012(4).

17. 廖传风.语境与语境教学法[J].外语界,2000(4).

18. 凌星华.就是那种味道[J].江苏教育,2014(4).

19. 刘须锦.在儿童的语文中找一个角色[J].语文教学通讯,2011(10).

20. 潘宝翠.《待特级教师》写作实录[J].小学语文教学(园地版),2012(2).

21. 潘宝翠.透视阅读教学中的缺失现象[J].小学语文教学,2011(7).

22. 荣维东.交际语境写作:我国语文教学的发展方向[J].语文教学通讯(C刊),2013(4).

23. 沙欧,高红,曲永恒.同名异质:建构主义情境教学与李吉林情境教学之比较研究[J].长春师范学院学报(人文社会科学版),2007(3).

24. 宋明镜.《石壕吏》教学设计[J].中学语文教学,2002(6).

25. 宋明镜.引领学生走进文本的探索与思考——《流浪人,你若到斯巴……》教学感悟[J].语文教学通讯,2012(6).

26. 唐锋卢.对情境教学的反思[J].甘肃教育学院学报,2002(2).

27. 唐玉辉.站在学生的立场教学[J].江苏教育,2009(10).

28. 魏清.阅读教学应有价值考量——以《老王》教学为例[J].中学语文教学,2009(11).

29. 咸高军.对生活语文的诗意追寻[J].小学教学参考,2014(5).

30. 咸高军.简单、朴实:生活语文的本真追求[J].吉林教育,2010(9).

31. 咸高军.苏教版"文包诗"教学模式初探[J].内蒙古教育,2014(8).

32. 杨红梅.非连续性文本微课程的开发路径——立足教材、情境、生活三维视角[J].教育研究与评论(小学教育教学),2014(11).

33. 姚娴,孔凡成.语境教学观辨正[J].钦州师专学报,2006(4).

34. 张勇.循迹·探骊——《月迹》审美教学初探[J].教育研究与评论(中学教育教学),2014(7).